호남대권
선언,
김대중에서
송영길로!

일러두기

이 책의 내용 중 일부는 저자가 직접 집필에 관여한 책과 기사 등 여러 저작물의 내용을 현 시점에 맞게 원용·편집한 것입니다. 첨부 사진과 도표는 미디어워치가 직접 촬영·제작했거나, 관계 언론사로부터 저작권을 구매한 것, 또는 정당한 인용 차원에서 차용한 것임을 밝힙니다.

'서울 태생' 보수 논객
변희재가 제시하는
호남 대통령론

호남대권 선언, 김대중에서 송영길로!

변희재
지음

미디어워치

[저자서문]

송영길의 선전포고,
27년 만에 호남 대권시계 돌아간다

일본의 오바마 시와 케냐의 오바마 마을

2008년 12월, 버락 오바마 후보와 존 매케인 후보 간의 미국 대선레이스가 한창일 때, 일본 후쿠이 현 소재 인구 3만 명의 작은 항구 도시가 세계인들의 이목을 끌었다. 하필이면 이 항구 도시의 일본어 발음이 '오바마 시(小浜市)'였다.

고등어잡이와 유적지 관광으로 먹고사는 오바마 시의 시민들은, 단지 발음이 같다는 이유 하나로 미국의 오바마 후보에 빠져들었다. 시민들은 하나둘씩 모여 '오바마를 사랑하는 사람들의 모임' 웹사이트 등을 만들었다. 일부 시민들이 그렇게 자발적으로 오바마 당선 응원을 시작하더니 궁극적으로 시 전체가 나서게 된다.

특히 오바마가 미국 대통령에 당선이 되자 오바마 시에서는 각종 오바마 티셔츠, 오바마 버거를 팔기 시작했다. 오바마 시의 시장은 공식적으로 오바마의 오바마 시 방문을 요청하기도 했다.

급기야 오바마 시는 2009년 1월, 오바마의 고향인 하와이를 상징하는 훌라팀 댄스그룹 '오바마걸스'를 결성, 백악관 앞에서 공연을 하겠다고 발표한다. 깜짝 놀란 미국 워싱턴 측의 만류로 오바마걸스는 일단 오바마 시의 각종 동네잔치에서 공연을 이어간다. 그리고 오바마의 대통령 취임식이 열린 1월 20일에는 오바마 시의 온천, 유적지 등 모든 관광시설이 무료개방되었다. 오바마 시는 오바마의 대통령 당선일 11월 4일을 '오바마의 날'로 지정했다.

당시 일본에서는 오바마 대통령 당사자의 허락도 없이 이름을 판다면서 오바마 시에 대해서 "나라 망신시키지 말라"는 싸늘한 눈총을 보내고 있었다. 그러나 인구 3만 명에 불과한, 별 볼 일 없는 지역에 내세울 인물도 없는 오바마 시의 시민들은 필사적이었다. 마치 오바마 대통령이 일본 오바마 시의 큰 인물이라도 되는 양 최면에 걸린 듯이 응원했고 결국 오바마 대통령으로부터 방문 약속까지 받아낸다.

물론 그 약속이 지켜지지는 않았다. 그러나 자기들 마음대로 이름을 갖다붙인 오바마 거리, 그리고 미국 대통령 오바마와 아무런 관련도 없는 기존의 오바마역 등에 외지 관광객들이 몰려와 각종 오바마 관련 상품을 구매하면서 오바마 시는 관광수입이 크게 늘게 됐다. 지역 최고 특산물인 고등어에도 '오바마'라는 이름을 붙여 팔았을 정도였다.

오바마 시는 일본 내에서 조롱을 받으면서도 밀어붙였던 오바마 응원으로 실리를 챙겼다. 그리고 지금도 많은 세계인들은 여전히 일본의 오바마 시를 그렇게 기억하고 있다.

한편, 버락 오바마의 의붓할머니인 사라 오바마가 살던 아프리카 케냐 시아야 주에 있던 코겔로 마을도 역시 오바마 당선을 기념하여 오바마 마을로 개명했다. 당연히 마을 곳곳에 오바마 사진을 내걸고 각종 토산품에 '오바마'라는 이름을 붙여가며 관광업에 힘썼다. 근처 초등학교도 오바마 초등학교로 개명했고 이 마을로 가는 버스 역시 오바마 버스로 호칭했다.

이 덕택에 호기심이 발동한 외국인들이 그 먼 길을 마다하고 기념품 외에는 볼거리도 없는 아프리카 케냐의 한적한 마을을 자주 찾아왔다. 각종 요식업체, 숙박업체가 늘어나고 이를 지원하기 위해 전기, 통신, 도로 등 기반시설도 확충되었다.

일본 오바마 시와 케냐 오바마 마을의 사례는 동서고금을 막론하고 자기 고장에서 큰 인물이 나오길 바라는 마음은 인간 고유의 본성임을 보여준다.

특히, 단지 발음이 같다는 이유 하나로 오바마에 대한 응원에 나선 일본 오바마 시의 시민들. 실제 오바마 시에서 일본 총리가 될 정도의 큰 인물이 나왔다면 그들의 반응은 어떠했을까. 아니, 그런 인물이 나오지 않고 있으니 마치 미국 대통령 후보를 자신의 고향 사람이라도 되는 양 진심으로 응원하고 지지했을 것이다.

이는 단지 최면과 허상이 아니었다. 자기 고장의 인지도 확대는 물론, 관광수입 증가라는 실질적 이득으로도 돌아왔다. 자기 고장에서 큰 인물이 나오기를 바라는 마음은 인간의 본성, 명분과 함께 실리에도 모두 맞는 합리적인 사고인 것이다.

호남이 영남후보를 찍는 것, 이제는 승리지상주의 구태정치일 뿐

한국에서는 2002년 대선에서 호남이 부산 출신 노무현을 선택하고 밀어준 일이 매우 드라마틱한 정치혁명으로 기록되어 있다. 이전에 호남이 호남 출신 김대중을 87년, 92년, 97년 세 차례 연속 90% 이상 몰표를 준 반작용 탓이다. 특히 97년 선거에서는 호남에서 김대중에게 먼저 몰표가 쏟아지면 그 반작용으로 상대 후보에 대해 타 지역에서 몰표가 쏟아질까봐 호남 지역민들은 투표시간 마감 직전에야 투표를 하러 몰려가는 현상이 벌어지기도 했다. 이런 상황이었으니 김대중은 대선레이스 때는 아예 호남지역을 방문할 엄두도 내지 못했다. 김대중이 호남을 방문하여 열화와 같은 지지를 받고 그것이 몰표로 이어지면, 결국 지역감정 자극이란 멍에를 덮어쓰고 타 지역의 득표에서 그만큼 손해를 볼 수 밖에 없기 때문이었다.

그렇게 견제를 받은 호남의 김대중은 충청의 김종필, 경북의 박태준 등 박정희 세력과 손을 잡은 DJT란 지역·이념 연대를 통해 천신만고 끝에 집권할 수 있었다. 이렇게 집권한 김대중은 차기 대선에서는 민주당 내 호남 인물로는 절대 집권이 불가능하다고 결론내린다. 그래서 민주당 내에서 충청의 이인제, 부산의 노무현 중에서 영남후보론을 내세운 노무현을 선택하게 된 것이다. 그리고 이 영남후보론은 문재인, 이재명을 거쳐 지금까지 무려 20여 년 동안 민주당의 유일한 대선 담론이 되어있다.

호남 유권자들은 의식적, 무의적으로 "호남은 절대 호남 대통령을 만들어낼 수 없으니 영남후보를 지지해야 한다"는 강박관념에 빠지게 됐다. 김대중 퇴임 이후 20여 년간은 호남 출신 정치인들 중에서는 대권주자가 나올 수 없을 정도였다. 그렇게 희생된 호남의 큰 인물은 한화갑, 김경재, 한광옥, 강운태, 박준영, 박주선, 고건 등 셀 수도 없다. 이들이 범민주당 내에서 어떤 공정한 경쟁을 통해 영남후보에게 대권후보 자리를 빼앗긴 것이 아니다. 애초에 경쟁이랄 것도 없었다. 영남 출신이라는 이유 하나만으로 안철수, 문재인, 이재명이 범민주당 내 대권후보로서 호남의 다른 인물들보다는 열 발자국 이상은 앞서버렸기 때문이다.

지난 2022년 대선에서도 호남 출신에 5선 국회의원, 인천시장을 지낸 송영길은 대권후보가 되지 못하고 당대표로서 이재명의 조력자로 남았다. 노무현 대권후보 당시의 민주당 당대표도 전남 무안 출신의 한화갑이었다. 송영길 본인을 포함, 민주당 당원들은 이제 영남 대권후보를 호남의 당권자가 돕는 그림에 익숙해지게 됐다.

"호남인은 호남 대통령 만들자"는 주장이 왜 호남차별인가

필자는 1997년 대선에서는 김대중에게, 2002년 대선에서는 노무현에게 투표했다. 대선 당시 노무현을 지지한 정치웹진 서프라이즈의 대표로서 장외 공신 열 손가락 안에 든다는 평가를 받기도 했다. 그러나 필자는 노무현과 친노세력의 열린우리당 창당, 즉 민주당 분당에 대해서는 도무지 동의를 해줄 수도, 이해를 해줄 수도 없었다. 그것이 노무현이 그동안 추구했던 정상적인 지역감정 해소가 아니라, 과거 3당합당과도 같이 또다시 호남을 고립시키고 민주당과 호남을 억지로 떼놓는 방식으로 보였기 때문이다. 결국 노무현의 시도는 실패했고, 분당된 열린우리당과 민주당은 다시 합쳐졌다. 하지만 노무현이 만든 영남후보론이라는 범민주당의 새로운 유산 만큼은 이후에도 계속 유지됐다.

필자는 범민주당의 명분없고 혼란스러운 이합집산 과정에서 지지정당을 잃어버리고 보수진영으로 넘어가 활동을 하게 되었다. 하지만 영남후보론에 집착하는 호남과 민주당에 대한 비판적 문제의식은 보수진영에서 활동하면서도 계속 갖고 있었다. 2012년 대선에서 영남 출신 문재인이 민주당의 대선후보가 됐다. 하지만 문재인은 노무현 정권을 '부산정권'이라고 공개적으로 공식적으로 규정하기까지 했던 인사였다. 필자는 이런 인사에게도 호남이 90% 몰표를 주는 현상의 문제를 정면에서 다뤄야 한다는 생각을 하게 됐다.

이에 보수 논객의 입장에서 2014년부터 2015년까지 순천과 광주에서 "호남이 호남 대통령 만들기에 나서는 것이야말로 진짜 정치혁명이다"라는 공개 토론회를 세 차례 개최했다. 청중의 반응은 뜨거웠다. 호남 지역민들도 '왜 다른 지역은 모두 다 하는 자기 지역 출신 대통령 만들기를 호남만 하면 안 될까'에 대해서 한 번씩만 자문자답해보면 이 문제의 심각성을 충분히 이해할 수 있었을 것이다. 필자는 2014년초 '호남 대통령'건으로 채널A 박종진의 '쾌도난마'에 출연하여 다음과 같이 설명하기도 했다.

호남 사람들이 호남과 정치적 생사고락을 함께 한 김대중에게 90% 몰표를 주는 것은 너무나 당연한 것이다. 또한 호남을 고립시키려고 한 3당합당에 반대한 노무현에게 몰표를 준 것도 이해해줄 수 있다. 그러나 노무현 정권을 부산정권이라고 규정한 부산 출신 문재인에게도 몰표를 주는 것은 정상적인 표심이라고 볼 수 없다. 이는 영남후보론이라는 기득권 담론에 기생하는 진보, 그리고 호남의 교수들, 기자들이 호남 유권자들에게 최면을 걸며 정신질환을 일으키는 것이다.

필자는 이 발언으로 인해 '호남을 차별하는 이'라는 낙인이 찍히면서 방송통신심의위원회의 압박에 의한 채널A 자체 방송 영구 출연금지 처분을 받아야 했다. 호남인들 앞에서 호남 대통령을 만들자고 주장한 것이 어떻게 호남 차별인가. 그 정도로 영남후보론이란 기득권 담론에 사회 전체가 물들어버린 것이다.

이 책에서도 여러 차례 강조했지만 '호남 대통령론의 부재'는 단지 호남인들의 상실감으로 끝나는 사안이 아니다. 문재인과 이재명을 보면 알 수 있듯이, 호남으로부터 선택된 영남후보는 연고도 없는 호남 표심을 붙잡는답시고 보수진영과 끊임없이 불필요한 충돌과 갈등을 조장했다. 반대로 호남 후보였던 김대중을 보자. 그는 오히려 호남 고립을 탈피하기 위해 지역 연합과 이념 연합으로 외연을 확장했다.

지금의 시대적 과제가 좌우갈등의 해소라면, 김대중처럼 지역과 노선을 확장하게 되는 호남 출신 민주당 대권후보가 나오는 것이 호남뿐만 아니라 국익 전체에도 부합하는 것이 아닐까.

일리노이 주의 버락 오바마, 텍사스 주의 조지 부시, 아칸소 주의 빌 클린턴

자기 고장의 인물을 지지하면서 나라를 이끄는 리더가 되라고 몰표를 주는 것은 민주주의와 대통령제의 원조국인 미국이라고 다를 바 없다. 버락 오바마의 경우 핏줄은 케냐, 태생은 하와이지만 정치적, 사회적 활동 근거지는 미국 일리노이 주 시카고였다.

일리노이 주는 1988년까지는 공화당이 늘 박빙 우세를 점하던 지역이었다. 그러다 90년대에 NBA 시카고 불스의 수퍼스타 마이클 조던의 이름값으로 대도시 시카고가 급성장, 젊은 층 인구가 크게 유입됐다. 이 시카고는 당연히 젊은 흑인 지도자 버락 오바마의 정치적 고향이 될 수 밖에 없었다. 시카고의 인구가 주내 여타 농촌 인구를 압도하는 일리노이 주는 2008년 대선에서 민주당의 오바마가 62% 대 37%로 공화당의 매케인에 대승을 한다. 그 이후부터 일리노이 주는 시카고 도시 인구의 위력과 오바마의 영향력으로 민주당 절대 우세주가 되었다. 2020년 대선에서도 바이든이 트럼프를 58% 대 41%로 이겼다.

부자간 미국 대통령을 역임한 조지 부시 가문은 원래 코네티컷 주의 뉴헤븐 출신이다. 그러나 코네티컷 주는 존 F. 케네디의 영향으로 점차 민주당 강세 지역으로 변하게 된다. 공화당 상원의원을 지내고 있던 아버지 부시(조지 H. W. 부시)는 자신의 정치적 노선과 석유사업 등을 고려하여 텍사스 주로 이사한다. 이때 아들 부시의 나이가 두 살로, 아들 부시는 텍사스 주에서 유년기 전부를 보낸다.

아들 부시(조지 W. 부시)는 아버지의 사업을 이어받아 메이저리그 야구팀 텍사스 레인저스를 인수해 크게 발전시킨다. 그리고 텍사스 주지사도 지낸다. 아들 부시는 오바마와 달리 유년기 생활은 물론이고 학업부터 정치, 사회, 경제 활동 모두를 텍사스에서 거친, 텍사스 토박이라고 할 수 있다.

텍사스에서는 이주민이라고 할 수 있는 아버지 부시는 1992년 미국 대선에서 클린턴에게 41% 대 37%로 신승한다. 텍사스는 1984년 미국 대선에서 레이건이 먼데일을 상대로 64% 대 36%로 압도할 정도로 공화당과 보수진영이 강세인 지역이다. 그에 비해 아버지 부시는 보수 텃밭 텍사스에서 나름 고전한 셈이다.

반면 사실상 텍사스 토박이인 아들 부시는 2004년 대선에서 61% 대 38%로 아버지 부시와 달리 대승을 한다. 텍사스 주민들은 아들 부시에 대해서는 진짜 텍사스 주민으로 인정하고 있었던 것이다.

부시 가문에서는 심지어 젭 부시(조지 H.W. 부시의 둘째 아들)의 아들 프레스콧 부시까지 텍사스에서 정치에 나서고 있다. 3대에 걸쳐 텍사스를 기반으로 부시 가문이 정치를 하고 지지를 받아도 미국에서는 그 누구도 그들이 텍사스의 지역감정을 조장한다고 비판하지 않는다. 텍사스 주민들 입장에서는 미국을 이끄는 유력 정치 가문이 텍사스에 존재하는 게 나쁘다고 볼 이유가 없다. 다만 최근 부시 가문은 공화당의 새로운 강자 트럼프와 갈등하고 있다. 그래서 프레스콧 부시는 텍사스 주 법무부 장관 선거에서 트럼프 쪽 인물에게 패배했다. 텍사스 주민들이 텍사스 가문이라고 반드시 묻지마식 지지를 하는 것도 아니다.

빌 클린턴이 태어나고 검찰총장, 주지사까지 역임한 아칸소 주. 미국에서 이 지역은 마치 일본의 오바마 시처럼 별달리 내세울 게 없는 지역이다. 미국인 이외 대다수 세계인들도 아칸소 주라는 곳의 존재를 빌 클린턴 덕에 알게 되었을 것이다. 이에 아칸소 주도 빌 클린턴이 대통령 되자 표지판 곳곳에 '빌 클린턴의 고향'이라 명기하고 공항 이름도 '빌앤힐러리' 공항으로 바꾸었을 정도다.

아칸소 주는 미국 남부의 농촌 지역으로서 흑인 노예가 가장 많은 곳이기도 하다. 그만큼 남부 백인 농촌의 보수적 정서가 강하면서도 지역 곳곳에 흑인 문화가 배어있다. 빌 클린턴은 백인이면서도 지역의 흑인음악에 빠져 재즈 색소폰을 능수능란하게 다룬다. 실제 클린턴은 대선 국면에서도 색소폰을 들고 엘비스 프레슬리의 'heart break hotel'을 연주, 노인 소리를 듣던 아버지 부시를 제압했다. 당시에 클린턴은 단순하게 색소폰 기술을 선보인 게 아니었다. 비록 백인이지만 엘비스 프레슬리처럼 흑인문화를 익히고 즐긴다는 점을 널리 알리는 식으로 흑인표를 잡아버린 것이다.

아칸소 주는 남부 농촌답게 닉슨, 레이건을 이어오면서 보수 공화당이 압도하는 지역이다. 가장 최근인 2020년 대선에서 트럼프가 62% 대 35%로 바이든에게 완승을 거두었다. 클린턴 이전인 1988년 아버지 부시는 듀카키스 후보를 56% 대 42% 제압했고, 클린턴 이후인 2000년에는 아들 부시가 51% 대 46%로 엘 고어를 이겼다.

그런데 오직 아칸소 주 출신 클린턴이 민주당 후보로 출마한 92

년 대선, 96년 대선에서만 각각 아버지 부시를 53% 대 35%, 밥 돌을 53% 대 36%로 압도적 승리를 거두었다. 아칸소 주와 클린턴의 사례는, 심지어 해당 지역민들의 기본적 정치 성향과 출신 정치인의 노선이 다소 맞지 않는다고 해도 지역의 인물을 키우기 위해 지역민들이 몰표를 줄 수 있다는 점을 보여준다.

물론 클린턴은 보수적 지역에서 성장하다 보니 역대 미국 민주당 대권후보 중에서 경제 분야 등에서 가장 보수적인 정책, 즉 성장 위주의 정책을 공약했었다. 그래서 아버지 부시와의 대결에서 나온 그 유명한 "바보야, 문제는 경제야(It's the economy, stupid)"라는 캐치프레이즈를 내걸 수 있었다.

이런 아칸소 주와 클린턴의 사례는 한국 민주당의 호남 대통령론에도 적용할 수 있다. 즉 호남 유권자들도 호남의 대권을 위해서라면 호남 출신 정치인이 좀 더 우클릭, 보수화를 해도 충분히 용납할 수 있다는 가설이다. 실제로 지난 1997년 대선에서 호남 유권자들은 김대중이 박정희 세력인 김종필, 박태준과도 연합하는 것을 이해하지 않았나.

대통령 꿈을 이룰 송영길의 무기는 오로지 공부

보수진영에서 송영길 전 더불어민주당 대표의 인지도는 다른 운동권 출신 정치인인 임종석, 우상호 등과 비교하면 그리 높지 않다. 5선 의원에 인천시장, 집권여당 당대표까지 지냈지만, 아무래도 보수진영과 이념과 정책으로 강하게 충돌한 적이 별로 없기 때문일 것이다.

그래서 보수진영의 누군가가 송영길을 눈여겨봤다면, 그것은 한미 FTA 추진을 일관되게 밀어붙였던 점, 박정희·이승만 묘역을 참배하면서 공을 평가해준 점 등 긍정적인 면일 것이다. 반면 보수진영의 일반 대중의 경우라면 2000년도의 새천년NHK 노래방 사건이라든지, 그리고 이른바 '송트남'과 같은 왜곡되고 조작된 부정적 사건들을 주로 기억하고 있을 것이다. 그 이외에 다른 사람들은 사실 송영길을 임종석, 우상호 등 다른 운동권 학생회장 출신들과 구분도 하지도 못할 것이다. 연세대 총학생회장 출신 송영길은 그냥 '전대협 동우회' 중 한 사람으로 묶여있는 것이다.

솔직히 20여 년간 여의도에서 정치 관련 취재를 하고 칼럼을 써온 필자조차도 송영길을 단지 그 정도 수준으로만 인식하고 있었다. 작년 봄, 필자가 윤석열·한동훈이 벌인 '박근혜 탄핵용 태블릿 조작수사 사건'의 진실을 한창 본격적으로 공론화하고 있을 당시, 손혜원 전 의원이 "(정치검찰에 대해서 같은 문제의식을 갖고 있는) 송영길을 한번 만나보자"고 제안했을 때 깜짝 놀랐다. 왜냐하면 필자는 당시 송영길이 자신부터가 돈봉투 살포 의혹 사건에 몰려있어서 다른 사건은 들여다볼 여력이 안 될 것이라고 봤기 때문이다. 또한 운동권 출신이 이런 복잡한 문제에 관심을 가질까 하는 의구심도 있었다.

그러다가 2023년 6월경 목포에서 송영길과 직접 만날 수 있었다. 놀랍게도 그는 정치검찰 문제와 관련한 책들을 이미 여러 권 구해 읽었고, 특히 미디어워치가 펴낸 태블릿 조작수사 문제와 관련한 책 세 권(

『변희재의 태블릿 사용설명서』, 『변희재의 태블릿, 반격의 서막』, 『나는 그해 겨울 저들이 한 짓을 알고 있다』)은 모두 줄까지 쳐가며 정독한 상태였다. 정치검찰 문제나 태블릿 조작수사 사건의 내막에 대해서 송영길에게 더 이상의 설명을 해줄 필요가 없었다. 그 자리에서 안진걸 민생경제연구소 소장 등과 함께 8.15 광주집회를 기획하며 최소한 윤석열 퇴진까지 함께 하기로 송영길과 결의가 되었다.

송영길은 "나도 변희재 대표 당신의 책을 읽었으니, 당신도 내 책을 읽어달라"는 요청을 했다. 그날로 송영길이 집필한 시중 도서는 모두 구입해 읽어나갔다. 운동권은 공부를 안 한다고 하는 세간의 편견과 달리, 송영길은 변호사 자격증을 획득했음은 물론이거니와, 영어, 러시아어, 프랑스어, 일본어, 중국어 주요 외국어 5개를 모두 공부했으며, 중요한 외교, 경제, 과학, 인문, 경영, 사회, 법률 분야 책들은 모조리 섭렵해가면서, 20여 년 동안 차분히 지도자 준비를 해왔음을 알게 됐다. 송영길은 사석에서 "학생회장까지 하고 정계에 들어왔으면 대통령이 되겠다는 꿈을 갖고 준비를 하는 게 당연하다고 봤다. 다른 학생회장 출신들은 다 그렇게 하는 줄 알았는데 이제 와서 보니 나만 그런 공부를 하고 있었더라"고 털어놓기도 했다. 즉 송영길이 지도자가 되기 위해 각종 공부에 매진하고 있는 사이에 다른 학생회장 출신들은 서로 패거리를 지어 어울려 다니며 이권을 찾는 데만 급급했던 것이다.

함세웅 신부는 "다른 운동권 출신들이 송영길을 싫어하는 이유는 그들과 같이 놀러 다니지 않고 계속 공부만 하기 때문"이라고 발언한 바 있다. 송영길을 잘 아는 인권운동가 한 분도 "어느 때부터 송영길은 진보 측 운동가들과 만나면 하도 공부하라는 잔소리만 늘어놓아서 다들 그를 피하게 되었다"고 알려주기도 했다. 이렇게 송영길의 진짜 정체성은 언젠가 대통령이 되어 국정을 운영하게 될 것에 대비해 모든 분야에 대해 꾸준히 공부하는 정치인이었던 것이다.

송영길, 보수에서 김진태를 이기다

2023년 7월 23일에 '변희재의 진실투쟁' 네이버 카페에서는 회원들을 상대로 '차기 대선에서 송영길과 김진태 중에 누구를 선택하겠습니까'라는 설문조사를 했었다. 필자가 운영하는 이 카페는 애초에는 박근혜 무죄 석방 투쟁을 위한 홍보용으로 기획했기 때문에 보수 성향의 회원들이 여전히 대다수이다. 그럼에도 불구하고 송영길은 1천여 명이 참여한 조사에서 68%의 지지를 받아 13%의 김진태를 멀리 따돌렸다.

보수진영 대다수가 윤석열에게 투항하고 변절하며 특히 그의 치명적 과거 범죄인 태블릿 조작수사 사건 문제도 눈감아버린 데 반해, 진보진영의 송영길이 오히려 그 문제를 꾸준하게 공론화해준 데 대한 고마움이 지지로 표현된 것이다. 또한 그 복잡한 태블릿 조작수사 사건을 시간 내어 성실히 들여다보는 자세, 그리고 그 핵심을 정확히 간파해내는 실력, 또한 그밖에 경제와 외교 등 문제로도 다른 민주당 정치인들과는 달리 온건합리 노선을 걸어온 경력 등이 그에 대한 지지 요인이 되었을 것이다.

지난 20여 년간 민주당을 지배해온 영남후보론의 가장 큰 문제점은 집권만 가능하다면 김정은이건 히틀러건 그 누구라도 데려와 내세우겠다는 승리지상주의를 확산시킨다는 것이다. 이제 대한민국 국민들은 자기가 지지하는 정당 대권후보의 그 어떤 장점을 보고 투표를 하지 않게 됐다. 무조건 상대 정당 대권후보를 꺾기 위한 목적으로만 투표를 하게 됐다. 이에 지금껏 영남후보를 내세운 민주당에서도 죽기 아니면 까무러치기식의 전쟁 같은 대선을 치렀던 것이다. 그렇게 전쟁과도 같은 과정으로 집권을 하다보니 문재인 정권에서는 박근혜, 이명박을 포함해 보수인사 200여 명이 투옥되는 대참사 수준의 정치보복이 자행되었다. 그러면서 그 사냥개 역할을 수행한 윤석열이라는 정치검사도 뜨게 됐다. 그러자 영남의 보수진영에서는 이를 역이용, 사냥개 윤석열을 보수 대권후보로 데려오는 파격을 넘는 변태적 행위를 통해 대권을 쥐게 됐다. 그리고 영남의 보수진영은 송영길, 이재명에 대한 무차별 수사를 통해 이제 또다른 정치보복를 꾀하고 있는 중이다.

더 이상 상대 지역 혹은 상대 진영 후보를 데려와 나라를 절단내는 일은 중단해야 한다. 그리고 그러기 위해서는 호남과 민주당부터 내 고장의 큰 인물을 국익을 위해 전 국민에 추천하겠다는 자세를 갖출 필요가 있다.

정통 보수 논객이자 또 송영길에 대해선 나름 전문가 수준에 이른 필자의 시각으로는, 만약 호남과 민주당이 송영길 정도의 인물을 대통령 후보로 추천한다면 적어도 영남권과 보수진영에서 송영길 집권을 반드시 저지하기 위해 변태적 수단까지 강구하는 일은 절대 없을 것이라고 확신한다. 그보다는 송영길보다 더 뛰어난 영남권과 보수진영의 인재를 찾는 길을 택할 것이다.

이것이 바로 지역감정 해소는 물론 국가 전체적으로 상생과 통합의 길이 아니겠는가.

2024년 2월 27일

변희재

목 차

제 1 장

대선 때마다 우클릭으로, 김대중의 도전과 응전

김대중 "역사는 도전과 응전의 반복이다"

진보좌파 측에서는 김대중의 행보를 다룰 때 그가 당시 만주건국대학 입학을 준비했다는 사실을 누락시키는 경우가 많다. 이는 아무래도 박정희의 만주군관학교 경력을 친일로 비판해온 진보좌파의 입장 때문일 것이다. 그러나 이런 사실을 누락시켜버린다면, 김대중이 박정희의 한일수교를 지지한 이유, 그리고 훗날 그의 집권의 결정적인 계기가 된 김종필, 박태준과의 DJT연합의 성격을 제대로 이해할 수 없다. 김대중의 집권 이후 '김대중 오부치 선언', 그리고 일본문화개방을 통해 꽉 막힌 한일관계를 돌파한 것도 다 같은 맥락에서 이뤄진 일인데 말이다.

김대중이 가장 감명 깊게 읽은 책은 토인비의 『역사의 연구』로 알려져 있다. 김대중의 참모 역할을 했던 김경재 전 자유총연맹 총재는 김대중의 이러한 생각을 다음과 같이 정리했다.

> 운명은 인간에게 다음 단계로 올라가라고 도전장을 던진다. 그 단계에 이르면 다른 도전이 오고 또 다른 도전이 와서 또 다른 다음 단계로 올라가게 한다. 그렇게 죽는 순간까지 인간은 도전을 받고 살아간다. 운명의 도전에 효과적으로 응전한 사람은 인생에서 성공한 사람이 되고, 그렇지 못한 사람은 낙오자가 된다.
> 나는 운명을 사랑하는 사람만이 응전할 수 있다고 생각한다. 사랑하기 때문에 포기하지 않고, 사랑하기 때문에 참고 견디며 새로운 노력을 시작할 수 있다. 그래서 우리의 삶은 끝이 없는 것이다. (김경재 『DJ의 독서일기』[인북스, 2000년])

김대중은 훗날 평민당 시절에 김영삼과의 경쟁 과정에서 재야 운동권들을 무분별하게 끌어들여 결국 민주당을 교조적인 운동권 정당으로 전락시킨 점에 대해서 비판을 받기도 했다. 그러나 김대중의 역사관 자체는 이념과 교리 중심의 운동권과는 결이 다르게 토인비식의 도전과 응전의 역동성에 방점을 찍고 있었다. 그래서 실제 그는 4번의 대권 도전 때마다 조금씩 시대에 맞게 그 자신을 변화시켜나갈 수 있었던 것이다. 그것이 바로 김대중식의 도전과 응전이 반복된 삶이었다.

김대중과 박정희, 만주의 꿈을 꾸다

1970년대 이후 한국의 청년들에게 미국에 가면 한국인의 꿈을 이룰 수 있다는 '아메리칸드림'의 시대가 있었다. 반면 김대중의 청년 시절 1930년대 말부터 1940년대까지 조선 청년들 사이에선 만주로 진출해 사나이의 야망을 성취하고자 하는 열풍이 불었다. 시인 박용철의 "나두야 간다, 나두야 간다. 이 젊은 세월을 눈물로만 보낼거냐"라는 시구가 조선 청년들의 마음을 흔들고 있었던 것이다.

일본 정치에 관심이 많았던 김대중은 목포상업학교 3학년 시절 만주에 있는 건국대학교에 진학하기 위해 진학반으로 옮겼다. 김대중은 "그때는 이미 한반도를 비롯한 주변의 정세가 극도로 혼미했다. 좀 넓은 곳으로 가서 답을 찾고 싶었다"고 술회했다.

김대중이 가고자 했던 만주건국대학교는 만주사변을 일으켜 만주국을 건국한 주역들의 구상에 따라 설립됐다. 관동군 참모 이시와라 간지(石原莞爾)의 아시아대학 구상에 의해 일본인, 중국인, 만주인, 조선인, 몽고인, 러시아인 등 다양한 국적과 민족의 학생들을 받아들였다. 만주국에서 모든 학비와 생활비를 지급하고, 졸업과 동시에 만주국 고위관리로 취업이 보장됐다. 특히 만주건국대학교에서 중요하게 여긴 건 사격훈련, 글라이더, 조종훈련 등 장교 수준의 군사교육이었다. 이외에 유도와 검도도 정규과목으로 채택하는 등, 만주건국대학교는 학생들을 군인의 리더십으로써 만주국 현장을 이끌 수 있는 지도자로 만들려 했다.

고교 시절의 김대중과 박정희. 일제시대에 태어난 두 사람은 학창시절부터 만주에서의 입신을 꿈꿨다.

김대중의 만주행 준비는 목포상고 시절 일본인 은사 무쿠모토 이사부로(椋本伊三郞) 씨의 영향이 컸을 것으로 짐작된다. 김대중은 일본 특파원들 앞에서 "일본인 은사가 자신의 연설 등 웅변실력이 국회의원 못지 않다"고 칭찬해준 것이 정치에 뜻을 두게 된 하나의 계기가 됐다는 일화를 소개한 바 있다.

무쿠모토 이사부로 씨는 한국 방송사 SBS와의 인터뷰에서 김대중 대통령의 학창시절을 뚜렷이 기억한다면서 "워낙 뛰어났다. 반장에다 성적도 1등이었으며 일어, 영어에도 탁월했다. 특히 웅변을 잘해 칭찬도 많이 했다. 정치가가 되면 성공하겠다는 말도 해준 기억이 난다"고 회고하기도 했다. 김대중은 대통령이 된 뒤에 일본을 방문하여 과거의 은사를 직접 만나기도 했다.

만주는 그 광활한 대륙 자체가 큰 꿈을 갖고 있는 조선인 학생들에게 정신적으로 무한한 영감의 대상이 됐다. 이는 가난한 농부의 자식들인 김대중, 그리고 박정희에게도 마찬가지였다. 박정희와 마찬가지로 만주군관학교에 입학해 군인의 길을 택한 이한림은 회고록 『세기의 격랑』에서 이렇게 회고한다.

> 만주는 국제사회와는 완전히 폐쇄되어 있으면서도 그런 폐쇄 속의 은근한 풍요를 자랑하고 있었다. 일본이 삼켜버리기에는 너무 광활한 땅이었다. 국가의 행정, 법, 질서가 미치지 못하는 공지(空地)는 사람들을 활달하게 만들었던 것 같다. 야상적이고 야만적인 면도 있지만

텍사스적인 열기, 짙은 투전판의 분위기, 겨울밤 눈보라와 눈썰매, 독한 고량주, 일어-노어-중국어와 조선어의 혼합, 우글거리는 강도단, 비적, 마적단의 횡행 등 남성적 약동성이 살아있었던 것이다. 이런 만주 땅의 특징은 소극적인 것, 우유부단한 것, 엉거주춤한 중간과 기질을 혐오하도록 만들었고 강렬한 것, 적극적인 것, 분명한 것을 열망하도록 나를 변화시켰다.

송영길은 아예 박정희식 근대화가 만주에서의 경험의 산물이라 분석하기도 한다. 송영길은 2021년 민주당 대표 시절 반도체기술특위 회의에서 "박정희 정권이 포철을 만든 것을 대단히 의미있는 성과로 생각한다"며 "박정희 대통령때 야당이 반대했지만 경부고속도로를 개통시키고 포항제철을 만든 것은 국가 발전에서 아주 의미있는 일이었다고 평가한다"고 밝혔다.

이어 "박정희 대통령은 만주국 시절에 야하타 제철소를 벤치마킹한 중국 요동성의 안산 제철소를 벤치마킹했고, 만주철도의 원료를 만드는 현장을 경험했다"고도 설명했다.

정치인이 되고자 했던 조선의 가난한 청년 김대중이 선택할 수 있었던 최선의 진로 역시 만주건국대학교 입학이었던 것이다. 그러나 1941년 12월 일본이 진주만 폭격으로 태평양전쟁을 시작하면서 김대중은 만주건국대학교 진학을 포기하게 된다.

대신 김대중은 일본인이 경영하는 전남기선주식회사라는 해운회사에 입사한다. 이 시절에 김대중은 회사와 거래하는 조선은행의 일본인

지점장과 우연한 일로 인연을 맺게 된다. 김대중이 지점장과 대화를 나누면서 “A dog attached a man, cat attached to a place”, 즉 “개는 사람을 따르고, 고양이는 장소를 따른다”는 영어문장을 외워서 말했더니 지점장이 매우 친절하게 대해줬다는 것이다. 그 지점장은 미국 샌프란시스코 지점에서 근무한 경험으로 이른바 미국식 문화를 아는 인물이었다. 미일전쟁 중이었기에 영어 자체가 금기시됐을 시기, 김대중은 이 일본인 지점장 앞에서 외운 영어 한마디로 그 어떤 어려운 사업적 문제도 해결할 수 있었다고 한다. 태평양전쟁으로 좌절된 만주 유학 대신, 미국 출신 일본인 지점장을 통해 새로운 문화를 배울 수 있었던 것이다.

청년 벤처사업가에서 정치인으로

해방 이후 김대중은 자신이 사원으로 일하던 일본인 소유 해운회사를 접수하기 위해 비상한 수완을 발휘했다. 그는 이른바 적산(敵産, 일본이 한국에 남긴 자산) 인수를 위한 운영위원장으로 선출된다. 김대중은 이 회사의 관리권은 물론, 목포에서 가장 큰 조선소인 대양조선공업의 경영권까지 맡으면서 하루아침에 청년 벤처 재벌로 성공한다.

그 시절 한창 흥청거리던 목포항, 그야말로 연락선이 들락거리던 사랑과 이별의 항구, 이난영의 ‘목포의 눈물’이 울리는 목포항 부둣가에서 김대중의 술대접을 못받은 사람은 행세하는 축에 끼지 못한다고 할 만큼 잘나갔다고 한다. 그러나 김대중의 꿈은 애초에 사업보다는 정치였다. 그는 여운형을 중심으로 창립돼 한창 인기몰이를 하던 건국준비위원회 목포지부에 참여한다. 그런데 건준 목포지부는 곧 공산주의자들에 의해 장악당한다. 김대중은 당시를 다음과 같이 회고한다.

> 나는 또한 공산당에 특별한 거부감은 갖고 있지 않았다. 솔직히 일제라는 암흑시대를 겪고 난 후 나는 민주주의가 무엇인지, 공산주의가 무엇인지 잘 알지 못했다. 나는 목포지부의 선전부 과장을 맡아 기쁘게 일했다.

그러나 김대중은 곧 공산세력과 결별하게 된다. 김대중은 "나는 당시 정세에 어두웠고 우후죽순처럼 생겨나는 정당들의 색깔이나 이념적 성향을 꿰뚫기가 정말 어려웠다"고 술회한다.

김대중은 "공산주의자들은 소련을 우리 조국이라고, 적기(赤旗)를 우리 국기라고 한다"는 당내에 나도는 말을 듣고서는 발끈해 "어떤 놈이든 소련을 조국이라 하고, 붉은 깃발을 우리 깃발이라고 하는 놈은 때려죽여야 한다"며 이 문제로 주변과 심한 언쟁을 벌인 적도 있다고 한다.

특히 김대중은 6.25 전쟁 때 악덕 자본가로 몰려 인민군에 의해 감금됐다. 그의 친동생 김대의 역시 한국군 군속이라는 이유로 체포되었다. 그러다 맥아더 장군의 인천상륙작전으로 목포에 있던 인민군이 모두 철수하자 공산당원들의 감시를 피해 자물통을 부수고 탈출했다.

김대중은 훗날 "그때 나는 전쟁을 봤다. 그리고 공산당이 지배하는 세상이 어떤 것인지, 얼마나 우리가 살 수 없는 세상인지도 분명히 알았다. 그래서 평생 민족의 화해와 전쟁이 없는 세상을 꿈꾸며 살았다"고 술회했다.

6.25 전쟁을 겪으며 더 절실하게 정치인이 되기로 결의를 다진 김대중은 1954년 목포 민의원 선거에 무소속으로 출마한다. 이승만 정부에 비판적이었던 김대중은 자유당에는 갈 생각이 없었다. 또한 당시 목포지부 노동조합이 지원을 약속하며 야당인 민주한국당에서도 공천을 신청하지 말 것을 제안, 김대중은 무소속으로 첫 출마를 하게 된 것이다.

그러나 당시만 해도 노동조합은 지금과는 다른 관변단체로서 경찰 등이 개입해 김대중 지지 철회를 압박했다. 그 결과였는지 김대중은 10명의 후보 중 5등으로 첫 출마 성적표를 받는다.

낙선 이후 김대중은 더 큰 정치판에 진출하기 위해 사업을 정리하고 서울로 이주한다. 이때 김대중의 첫째 부인 차용애는 미용실을 차려 살림을 도맡는다. 대신 김대중은 노동문제연구소에 출근을 하고 월간지 「신세계」의 주간(主幹) 일을 하면서 정치적 기반을 넓혀갈 수 있었다. 김대중은 1956년 장택상이 주도한 공화당에 입당하지만 내분으로 1년 만에 해체된다.

절반이 지워진 60년 전통의 민주당 역사

김대중은 장면 부통령과의 인연으로 1956년 9월 25일 민주당에 입당한다. 이 당시 민주당은 신익희, 조병옥, 장면, 곽상훈, 백남훈이 주축이 돼 창당됐다. 그러나 민주당의 더 깊은 뿌리는 1945년 9월 16일에 창당된 보수정당인 한국민주당(한민당)이다.

당시 한민당 창당 주역들은 「동아일보」 창립자인 호남 출신 자본가 김성수를 비롯하여 윤보선, 조병옥 등 민족적 자유민주주의 계열이었다. 창당 행사 역시 윤보선의 집인 안동장에서 열렸다. 이들이 한민당 창당에 나선 이유는 해방 이후 여운형이 중심이 된 건국준비위원회와 조선인민공화국 등 좌익세력을 견제하기 위해서였다.

역사는 한민당을 민주당의 더 깊은 뿌리로 기록하고 있다. 사진은 한민당 창당 주역인 김성수, 윤보선, 조병옥.

한민당은 1949년 2월 10일 이승만 정부 때 국회의장을 지낸 신익희와 함께 당세를 확장하여 민주한국당(민한당)으로 확대 개편된다. 이 민한당이 1954년 11월 이른바 이승만이 3선을 하기 위해 사사오입 개헌안을 통과시키자 재야 세력과 합쳐 민주당으로 또다시 확대된 것이다.

윤보선, 조병옥, 신익희, 장면까지 모두 이승만과 더불어 대한민국 건국의 아버지들이다. 윤보선은 초대 정부에서 서울시장, 조병옥은 경무부장, 신익희는 국회의장, 장면은 초대 주미대사를 지내며 대한민국의 기틀을 다졌다. 이들은 김성수를 제외하고는 모두 독립운동가들이었다. 이들은 그 어려운 시기에 객지로 나가 선진문명을 접한 선구자들이기도 했다. 윤보선은 영국 에딘버러대학, 조병옥은 미국 컬럼비아대학, 장면은 미국 뉴욕가톨릭대학, 신익희는 일본 와세다대학에서 공부하고 졸업했다. 이 독립과 건국의 아버지들이 집권연장을 도모하는 이승만에 저항하여 민주당의 깃발 아래 야당으로 모여 투쟁에 나서게 된 것이다.

그러나 현재의 민주당은 이런 건국의 아버지들이자 민주당 창당의 아버지들의 흔적을 지워버렸다. 2015년 민주당 창당 60주년 행사에서 당시 새정치민주연합의 문재인 대표는 "우리 당은 국민과 함께 독재에 맞서고 분단에 맞선 투쟁의 역사였다"라고 하면서 "단결로 승리를 바치고 국민의 희망이 되는 100년 정당을 함께 만들어 나가자"고 말했다. 또한 "우리 당은 60년 전 1955년 9월 18일 사사오입 개헌으로 장기집권을 획책하는 이승만 자유당 독재정권에 맞서 민주주의를 지키기 위해 범야권이 결집해 탄생한 당"이라고 하면서 민주당의 역사에서 오직 반이승만 투쟁의 역사만을 강조했다.

하지만 민주당 창당의 주역들인 신익희, 조병옥, 그리고 그밖에 한민당 인사들은 남한 단독 선거를 실시하자는 이승만의 이른바 정읍발언을 지지하면서 분명 건국의 기틀을 만든 사람들이었다. 이들은 또한 여운형의 조선인민공화국에 맞서 상해임시정부의 법통을 계승할 것을 선언하기도 했다. 현재의 민주당은 과거 한민당과 과거 민주당도 역시 이승만과 함께 대한민국 건국의 핵심세력이었다는 점을 애써 부정하면서 반쪽짜리 역사만 보여주고 있는 셈이다.

김대중은 민주당에 입당한 뒤에 신익희가 없던 대선에서 이승만과 맞섰던 조봉암을 만났다. 조봉암은 당시 진보적 사회주의 노선으로 주목받고 있었다.

김대중은 "선생님께서는 공산당도 겪어 보시고 다시 민주진영에서 일하고 계십니다. 따라서 국민에게 왜 공산당이 나쁜지를 알리는 적임자 같습니다. 공정한 입장에서 왜 공산당을 그만두셨는지 얘기하면 국민들도 그 실상을 제대로 알게 되고 지지도 올라갈 것 같습니다"라고 건의했다.

그러나 조봉암은 "김동지 말이 맞긴 한데, 그럴 경우 지지층이 이탈할 수도 있다고 우려하는 사람도 있습니다"라며 완곡히 거절했다.

김대중은 "나는 그때 실망했다. 지도자라면, 적어도 조봉암같은 큰 정치인이라면 국민을 위해 결단할 때 결단해야 한다고 생각했다. 자신에게 집결되는 표도 중요하지만 그 표에 대해서 할 말은 하는 그런 용기가 필요하다고 생각했다"며 아쉬워했다. 김대중 본인 역시 1958년 민주당 소속으로 강원도 인제에 출마했지만, 정권의 방해공작으로 후보 등록이 무산되었다. 이후 '후보 등록 방해 사건'을 법원에 제소해 1959년 3월 재판에서 승소했다. 그리하여 다시 보궐선거에 출마했지만 이번에는 공산주의자 음해공작에 당하며 또다시 낙선했다. 세 번 연속 낙선하는 동안 가산도 탕진, 생활고에 시달리고 부인 차용애까지 잃으며 그는 인생 최악의 시기를 보내게 된다.

제2공화국 장면 정권을 지키려 했던 김대중

4.19 이후 김대중은 1960년 7월 29일 강원도 인제 참의원 선거에 출마했다. 그러나 강력한 야당 지지세인 군인표가 부재자 투표로 전국에 흩어지며 강원도 인제 토박이에게 1천 표 차이로 또 낙선하고 만다. 무려 4번 연속 낙선이었다. 다행히 김대중은 자신의 산파였던 장면에 의해 장면 내각의 대변인으로 발탁되어 정치인생을 이어갈 수 있었다.

당시 신문사 운영진들은 "정부를 공격하지 않으면 신문이 아니다"라는 말을 공공연히 하며 연일 장면 내각을 공격했다. 당시 장면 총리의 공보비서이자 「경향신문」 정치부장 출신 송원영은 "마치 언론자유는 장면 정권을 타도함으로써 완성되는 것처럼 언론이 민주정권을 독재정권보다 더 가혹하게 두들겼다"고 개탄했다.

김대중 역시 “여러분에게 지금의 자유를 준 것이 어떤 정부입니까. 여러분이 마음껏 누리는 자유, 그런 자유를 보장해 주고 있는 정권을 무너뜨린다면 그 뒤에 등장하는 것은 군사정권 뿐입니다. 그렇게 되면 여러분 혁신세력에겐 또 다시 고난의 세월이 옵니다. 이빨을 보호해주는 입술을 왜 찢고 있습니까”라고 호소했다.

김대중은 회고록에서 장면이 멀리 내다보는 눈을 가졌다고 인정하면서도 “나는 그런 장면 총리가 유약해보였고 어떤 때는 한심하다는 생각도 들었다. ‘벌써 정권의 종말을 생각하고 있는 것이 아닌가’하는 느낌이 들기도 했다”는 심정을 적기도 했다.

김대중은 1961년 5월 13일 강원도 인제의 보궐선거에 출마, 네 번 낙선 이후 마침내 다섯 번째 선거에서 당선됐다. 3일 뒤 5월 16일 김대중은 다섯 번의 출마 끝에 얻은 국회의원 당선증을 접수하러 강원도 인제에서 서울로 올라오고 있었다. 박정희 정권에서 6년간 중앙정보부장을 역임한 『김형욱 회고록』에는 다음과 같은 대화록이 게재돼있다. 김대중이 국회에 들어서자 국회 사무처 의원국 직원들이 나선다.

“아이고, 어서 오십시오. 김 선생님. 당선을 축하합니다”
“고맙습니다. 여러분 덕분입니다.”
“그런데 이를 어쩌지요? 모처럼 당선되셨는데 군인들이 국회를 없애 버리면 의원 선서도 못하게 될 것 같아서.”
“여보시오. 우선 이 의원 등록 서류를 접수해주십시오. 아직 대한민국의 국회는 엄존하고 있소.”

"그렇지만 의원 선서를 못하시면…"

"선서는 국회의원 당선에 있어서 필수불가결한 요건이 아니오. 나는 이 서류나 접수하면 되오."

"그렇지만 이 일 때문에 화를 입을까 걱정됩니다."

"허어, 쓸데없는 소리. 염려는 고맙지만 걱정마십시오. 이 의원 등록은 군사통치를 반대하는 나의 최초의 행동입니다. 여러분들에게는 결코 해가 돌아가지 않도록 하겠습니다."

그러나 김대중은 국회가 해산된 후 집안에 틀어박혀 있다가 군부세력에 의해 결국 끌려가게 되었다. 김대중은 장면 정권의 대변인직, 그리고 다섯 번째 출마 끝에 얻은 국회의원직 모두를 5.16으로 인해 상실했다. 이런 김대중은 장면 정권이 조금만 더 이어지면 애초 장면이 내세웠던 민주주의 원칙으로 질서를 회복하고 경제개발 계획을 실천할 수 있었을 것이라 믿었다. 이 믿음의 덕, 혹은 탓으로 김대중은 5.16 이후에도 무려 박정희, 전두환 정권을 거치며 36년간 야당 투사의 길을 걸은 뒤에야 4수 끝에 대통령이 될 수 있었던 것이다. 그러나 이렇게 5.16의 최대 피해자 김대중조차도, 5.16에 대해 다음과 같이 평가를 할 수밖에 없을 정도로, 그 당시 시국은 그야말로 혼란 그 자체였던 것이다.

초기 쿠데타 세력의 일처리는 쾌도난마에 비유할 수 있었다. 우유부단한 듯 보였던 장면 내각과는 판이하게 달랐다. 그리고 완전한 계엄령 체제에서 일방적으로 장면 내각을 몰아붙였다. 부패하고 무능했다는 것이다. 이같은 군사정권의 선전을 일부 국민들은 신선하게 느끼기도 했다. 사실 국민들은 장면 내각 출범 후 계속된 정쟁에 지쳐있던 게 사실이었다. 이에 비해 국민들은 민주주의 싹이 짓밟힌 것에 분노하고 아파했지만 일부에선 이러한 군인들의 과감한 일처리에 호감을 품기도 했다.

1963년 대선, 박정희가 호남에서 윤보선을 35만 표 차이로 이겨

1963년 대선에서 김대중이 소속된 민주당은 후보를 내지 않고, 민정당의 윤보선 후보를 지지했다. 그러나 군복을 벗고 출마한 박정희는 윤보선을 15만 6천여 표 차이로 이겼다. 윤보선은 박정희를 향해 "여수, 순천 반란 사건에 연루된 사람이 대통령 선거에 출마했다"며 공산주의자라고 공격했다. 박정희가 이런 혐의로 군법 회의에 기소된 일은 있었다. 그러나 이미 박정희는 공산당과 전쟁을 선포하고 반공을 국시로 내걸고 있었다.

박정희는 서울, 경기도, 강원도, 충청도에서 윤보선에게 졌다. 오직 자신의 연고지인 경상도와, 연고도 없는 전라도에서만 이겼다. 전라도에서는 윤보선에 무려 35만 표 차이로 크게 앞섰다. 김대중은 이를 여수, 순천을 겨냥한 윤보선의 용공 소동 탓으로 봤다. 그러나 전체적으로는 양반 지주 계급 출신인 윤보선과 달리 박정희가 소작농의 아들로서 경상도와 전라도 농민 표의 지지를 받은 측면이 크다. 분명한건,

1963년 선거 결과에서 전라도가 경상도 출신 박정희를 압도적으로 지지한 것만 봐도 알 수 있듯이 당시엔 지금과 같은 영호남 지역 갈등은 존재하지 않았다는 것이다. 대선 직후인 1963년 11월 26일에 있었던 6대 총선에서 김대중은 고향 목포에서 출마했다. 김대중은 압도적인 표차로 당선, 무려 6번째 출마 만에 국회 입성에 성공한다.

1963년에 김대중은 1954년 첫 도전에서는 쓴맛을 봤던 고향 목포에서 공화당의 유력 후보를 상대로 압도적 승리를 거둬 전국적으로 주목을 받게 된다. 사진은 의원 당선사례 사진.

김대중의 시련, 한일국교정상화 지지

그러나 김대중은 국회에 입성하자마자 한일국교정상화 문제로 또다시 정치적 시련을 겪게 된다. 앞서 한국의 김종필 중앙정보부장과 일본의 오히라 마사요시 외무대신 사이에서 한일국교정상화의 대가로 한국이 일본으로부터 무상경제협력 3억 달러, 정부차관 2억 달러, 상업 차관 1억 달러를 제공받기로 비밀교섭 끝에 합의를 했던 사실이 뒤늦게 드러난 것이다.

야당은 윤보선 민정당 총재가 중심이 돼 "3억 달러에 과거 침략을 면책해주고 이승만 라인을 팔아넘길 수 없다"며 한일협정 결사반대 여론을 주도하고 있었다. 그러나 김대중은 한일회담을 추진하는 당사자들을 무조건 매국노라 몰아붙이는 것에 반대했다.

> 나는 국가의 이익을 위해서 일본과의 국교정상화는 피할 수 없다고 생각했다. 그리고 지구상의 수많은 식민지 국가들도 그들을 침략한 국가들과 다시 국교를 맺고 있다는 사실에 주목했다. 국제사회는 영원한 동지도 영원한 적도 없는 법이다. 더구나 일본은 여러 가지 교류를 통해 가까운 이웃이 돼있었다.
> 당시 일본은 경제대국으로 무섭게 성장하고 있었다. 그들의 저력과 잠재력을 시기만 할 것이 아니라 그들을 알고 활용해야 마땅했다. 나는 우리나라가 일본과의 관계정상화를 미루면 자칫 세계의 흐름을 놓치고 결국 우리만 고립될 것을 우려했다.

특히 김대중은 냉전시대 미국의 권고를 무시할 수 없다고 판단했다. 북한, 중국, 소련에 둘러싸인 한국이 일본까지 잠재적 적으로 삼을 수 없다는 것이다. 이런 김대중에 대해 야당 내에선 "김대중은 여당 첩자다. 사쿠라다. 사쿠라중에서도 왕사쿠라다"라는 소문이 돌기 시작했다.

김대중은 각종 연설회에서 한일수교의 필요성을 주장하다가 지역구인 목포 지구당 간부로부터 "어쩔 작정으로 그런 위험한 연설을 하십니까? 다음 선거는 어쩌려고 그러십니까? 이제 정치 그만하려고 작정을 하셨습니까?"라는 불만을 듣자 "지금 내가 주장하는 것이 틀렸다고 판명되면 다음 선거에서 나오지도 않을 것입니다. 당신들에게 폐를 끼치지 않을 생각입니다. 하지만 나는 내 주장이 옳다는 확신을 가지고 있습니다. 우리 국민들도 일본과의 수교를 반대하지 않는다고 생각합니다. 문제는 협약 내용이고, 그 내용에 불이익이 없도록 감시하는 것입니다"라며 뜻을 굽히지 않았다.

그러나 김대중은 이 시기를 정치인생에서 괴로운 시절로 회고한다. 하의도에 있던 김대중의 부친으로부터 "앞길이 바다처럼 양양해야 할 아들이 사쿠라로 불리고 있으니 도대체 어인 일인가. 세상 사람들에게 손가락질을 받는 일을 어째서 하고 다니냐?"라는 질책성 편지도 받고, 학교에 다니던 두 아들도 친구들에게 따돌림을 당하고 울며 돌아오기도 했다. 김대중은 자신의 회고록에서 다음과 같이 심경을 토로했다.

> 야당 강경파는 국제적 고립을 스스로 불러왔다. 세계 여론이나 국가 장래의 이익에 눈을 돌렸어야 했다. 국민들도 반일 정서 때문에 수교

를 반대했지만 우리가 일본과의 관계에서 손해를 보지 않는 영리한 외교를 한다면 충분히 이해했을 것이다. 무엇보다 안보와 경제를 생각해서라도 일본을 우방으로 끌어들어야만 했던 상황이었다. 그런데 야권은 힘과 명분을 충분히 비축하지 못 한 채, 반정부 투쟁을 벌이다 결국 자신들도 감당하지 못할 수렁 속으로 빠져 들어간 것이다.

김대중의 한일관계 소신, '김대중 오부치 선언'으로 현실화

김대중의 한일관계에 대한 소신은 훗날 그가 대통령이 된 뒤인 1998년 일본 방문 당시 오부치 게이조 총리로부터 "대통령께선 일한(日韓) 국교정상화 당시 국회에서 다수 의원들이 정상화에 반대하는 가운데 용기를 갖고 정상화에 찬성하셨으며, 양국 국민 차원의 친선과 이해의 필요성을 호소하셨습니다. 1965년의 이러한 역사적 결단에 대한 언급 없이 현재와 미래의 일한 관계를 말할 수 없습니다"라고 하면서 높은 평가를 받는다.

김대중은 일본 참의원 본회의에서 "한일 두 나라는 과거를 직시하면서 미래 지향적인 관계를 만들어 나가야 할 때를 맞이했습니다. 과거를 직시한다는 것은 역사적 사실을 있는 그대로 인식하는 것이고, 미래를 지향한다는 것은 인식된 사실에서 교훈을 찾고 더 나은 내일을 함께 모색한다는 뜻입니다. 일본에겐 과거를 직시하고 역사를 두렵게 여기는 진정한 용기가 필요하고, 한국은 일본의 변화된 모습을 올바르게 평가하면서 미래의 가능성에 대한 희망을 찾을 수 있어야 합니다" 라고 주장했다.

김대중은 이때 한 걸음 더 나아가, 당시 국내 문화산업 관계자들 및 좌우 민족주의 세력으로부터 모두 비판을 받은 일본문화 개방과 한일 FTA도 제안한다. 김대중의 일본문화 개방 논리는 이랬다.

> 문화를 역사의 어느 한 시점의 우열로만 판단해 교류할 수는 없다. 문화는 현재, 미래를 잇는 끝없는 상호학습을 통해 형성되기 때문이다. 그렇게 볼 때 문화교류는 서로를 배우는 과정이다. 일본문화를 막는 것은 우리에게 수치스런 일이다.
> 더 이상 문화제국주의는 의미가 없다고 판단했다. 우리 문화는 우리 스스로 생각해도 자랑스럽다. 나는 일본문화 개방에 조금도 거리낌이 없었다. 내 예측은 빗나가지 않았다. 일본문화를 개방한 이후 오히려 일본에서 한류가 일어나지 않았는가?

실제로 1965년 한일국교정상화 당시 대학가를 중심으로 반대여론 투쟁이 벌어졌던 것과 달리, 1998년의 일본문화 개방에 대해선 서울대학교의 「대학신문」 조사 결과 서울대생 69.5%가 찬성하며 절대 지지를 받았다. 이런 대학생들과 달리 이른바 기성언론과 문화산업계에선 일본문화 개방으로 인해 한국문화가 잠식될 것을 우려했다. 다음은 「한겨레신문」 1998년 10월 21일자 사설 내용이다.

> 국무회의 의결로 실체없는 그림자였던 일본대중문화는 이제 공식 금지 상태에서 벗어나게 되었다. 연말안에 구성될 한일문화교류공동협의회에서 실천계획을 마련하는 대로 단계적으로 개방될 일본대중문화는 한동안 호황을 누리며 국내 대중문화시장을 잠식할 것이다. 한국의 일본대중문화 개방을 대비해 일본은 5년 전부터 치밀하게 전술과 전략을 짜놓은 것으로 알려져 있다. 그러나 우리의 대응은 치밀하기보다는 허술하기 짝이 없다. 정부와 생산자 소비자가 똘똘 뭉쳐 우리 대중문화의 경쟁력을 기르는 방안을 찾을 때이다.

그러나 일본문화가 개방된 뒤 오히려 일본 NHK 측에서 한국 드라마 '겨울연가'를 수입, 2000년 이후 일본 내에선 한류열풍이 불어 닥친다. 당시 NHK 측에선 침체된 일본 드라마와 영화에 새로운 활력을 찾기 위해 한국의 멜로드라마 수입을 선택했다는 입장이었다. 일본문화의 개방으로 한일 양측 문화 모두 발전의 기회가 됐던 것이다.

또한 김대중 정권에선 임기 말까지 한일FTA를 체결하기 위한 연구를 지속했다. 당시 논리는 일본의 비관세 장벽을 철폐해 대일 무역수지 적자폭을 줄이고, DRAM 반도체, 저급 가전제품, 범용석유화학제품, 저급 철강재, 일반섬유 등의 한국 강세 중화학 공업 분야에서 일본과 협조를 통해 세계시장을 확대하겠다는 전략이었다.

이러한 김대중 정권의 개방 전략은 노무현 정권에서는 아예 한미 FTA라는 더 큰 규모의 개방으로 실현되었다. 김대중, 그리고 노무현까지 이런 대외개방 전략은 기존의 야당이나 재야운동권세력과는 확실하게 차별화된 노선이었다.

박정희 정권에서 김대중조차 한일국교정상화를 지지하게 된 데에는 박정희와 김대중 모두 1910년 한일합방 이후 태어난 새로운 세대였다는 점을 감안해야 한다.

이승만은 1875년생, 장면은 1899년생으로 모두 나라가 일제에 빼앗기는 장면을 목격한 세대다. 특히 이승만 본인은 물론, 이승만과 함께 건국의 공로자이자 야당 민주당 창당의 아버지들인 조병옥, 신익희 등도 모두 항일운동가 출신들이다.

반면에 박정희와 김대중은 각각 일본 육사와 일본 해운회사에서 일본의 선진문물을 접한 경험들이 있는 인물들이다. 1897년생이자 항일운동가 출신 윤보선이 "지금의 회담 진행 상황은 일본만을 위하고 있으며 호혜평등의 원칙을 벗어났고, 일본을 아주(亞洲) 반공의 주축으로 삼으려는 미국의 대아시아 정책은 중대과오"라며 의원직을 사퇴하면서까지 반대한 것과 다른 관점과 입장일 수 밖에 없다.

윤보선은 친일잔재 청산 문제 이외에도 일본의 원조와 차관으로 한국경제가 일본에 예속될 것도 우려했다. 이에 비해 박정희와 김대중은 일본의 자본과 기술을 도입해 얼마든지 한국경제를 발전시킬 수 있을 것으로 믿었다. 이들은 이런 자신감을 바탕으로 각자의 집권기에 수출드라이브, 해외투자 촉진, FTA 추진 등 강력한 개방정책을 펴기도 했다. 특히 김대중의 개방정책은 지금 시점에서 평가해도 좌파적 시각에서 보면 한참 우클릭한 노선이었다. 그리고 이 우클릭 노선이 결국

1997년 김대중 집권의 마지막 열쇠가 된 것이다.

대선과 유신, 박정희와 김대중의 최후의 승부

1968년 박정희의 3선 개헌을 예상하고 있던 김대중의 야당은 전국적으로 반대투쟁에 돌입해 있었다. 특히 효창운동장 집회에는 김대중을 비롯해 김영삼, 이철승 등 이른바 40대 기수론의 선두 주자들이 연달아 마이크를 잡았다. 특히 김대중의 연설은 아직까지 회자될 정도로 야당 지지자들에게 큰 인기를 끌었다.

> 마지막으로 이 사람은 온갖 정성과 온갖 결심으로 박정희 씨에게 충고하고 호소합니다. 박정희 씨여! 당신에게 이 나라 민주주의에 대한 일편의 양심이 있으면, 당신에게 국민과 역사를 두려워할 지각이 있으면, 당신에게 4.19와 6.25 때 죽은 우리 영령들의 죽음의 값에 대한 책임이 있다면 어떠한 일이 있더라도 3선 개헌은 하지 마시오. 만일 당신이 기어이 개헌을 강행했다가는 이 조국과 국민들에게 말할 수 없는 저항을 받을 뿐 아니라 박정희 씨 당신 자신도, 내가 몇 월 며칠 그렇게 된다고 날짜와 시간은 말 못하지만 당신이 제2의 이승만이 되고, 공화당이 제2의 자유당이 된다는 것을, 해가 내일 동쪽에서 뜬다는 것보다 더 명백하게 말씀드립니다.

그러나 1969년 9월 14일 새벽 2시 공화당과 무소속 의원 122명은 국회에서 개헌안을 통과시킨다. 이어 국민투표에서도 압도적 지지를 받아 박정희의 3선 출마가 가능해졌다. 김대중은 김영삼, 이철승 등 40대 기수론자들과 경쟁, 결국 이철승에게 차기 당권을 보장해준다는 각서를 써주고 손을 잡아 458표 대 410표라는 간발의 차이로 김영삼을 이기고 신민당 대선후보로 선출된다.

1971년 대통령 선거에서 박정희와 맞붙었던 김대중.

1971년 대선에서 김대중은 박정희가 지난 8년간 집권하며 내놓은 주요 정책 노선을 비판하며 승부를 걸었다. 특히 향토예비군 폐지와 4대국 안전보장론이 뜨거운 이슈가 되었다. 그러나 향토예비군 폐지는 박정희로부터 "국가 존립에 중대한 위협을 주고, 이는 결과적으로 북한의 남침을 유도하는 발언으로 즉각 철회하라"는 역공을 맞았다. 4대국 안전보장론 역시 "군사분계선에서 북한이 도발해왔을 때 중공과 소련은 북한 편을 들 것이고, 미국과 일본은 한국 편을 들 것인데, 4대국이 어떻게 한반도 안전을 함께 보장해주느냐"는 비판을 받기도 했다.

훗날 김대중은 향토예비군 폐지는 다소 성급했다고 평가했지만, 4대국 안전 보장론에 대해서만큼은 "그 당시 4대국과 남북한을 합친 것이 이른바 훗날 '한반도 핵위기'를 해결하려는 6자회담 아닌가. 이는 당시나 지금이나 한반도를 둘러싼 강대국의 역학 관계와 그 실체는 변함이 없음을 방증하는 것"이라며 자신이 회고록을 쓸 시점에도 4대국 안전보장론의 정당성을 주장했다.

1971년 대선에서 박정희는 경제성장을 더 가속화하고, 또 미국이 점차 한반도에서 손을 떼려던 상황의 틈을 치고 들어오는 북한 김일성의 도발을 막기 위해, 국가 체제의 효율성을 더 강화하려는 노선을 택하고 있었다.

필연적으로 민주주의가 축소될 수 밖에 없었다. 반면 김대중은 이러한 박정희식 체제의 부작용을 짚어내며 민주주의만이 경제성장과 공정분배를 지속할 수 있다고 믿었다. 외교적으론 4대국 안전보장론을 제기하며 박정희식 '자주국방' 개념에도 문제를 제기하고 있었다.

개표 결과는 박정희 634만 2,828표, 김대중 539만 5,900표, 박정희가 약 95만 표 차이로 앞섰다. 당시 이후락 정보부장은 200만 표 이상의 대승을 거둘 것이라 장담해왔기 때문에 박정희는 상대적으로 선거

결과에 실망할 수 밖에 없었다. 결국 이러한 대선결과로 유신 개헌의 싹이 움트게 된 것이다.

이번 선거에서 김대중의 신민당은 호남소외론을 제기하고, 이에 이효상 국회의장은 "천년 신라 후손을 뽑아 경상도 대통령을 만들자"며, 처음으로 영호남 지역대결이 벌어지게 되었다. 특히 이후락의 중앙정보부에서는 선거 3일전 호남에서 영남인의 물품을 불매하기로 했다는 내용의 허위전단을 뿌려 선동하여 영남(특히 농촌지역)의 강한 지지를 이끌어냈다. 이건 내 고장 사람을 키워보겠다는 지역 옹호를 넘어서서 지역갈등을 조장한 것으로, 실제 박정희는 김대중이 호남에서 얻은 표차보다도 더 크게 영남에서 이길 수 있었다(박정희는 경상도에서 70%대 득표, 김대중은 전라도에서 60%대 득표). 즉 악성 지역갈등, 지역감정 조장이 벌어진 첫 선거였던 것이다. 이로써 김대중은 그 이후의 대선에서도 호남이 고립되면서 늘 지역대결 구도에서 어려움을 겪을 수 밖에 없었다.

반면 김대중은 야당 내에서는 확실한 차기 정치적 리더로 자리 잡는다. 1971년 5월 1일자 「동아일보」는 다음과 같이 김대중을 격려하는 칼럼을 게재 했다.

> 인간만사가 새옹득실이라 하지만 인류의 역사는 언제나 '지고도 이기는 자'인 정의의 사도에게 편들어 준다는 점을 잊어서는 아니 되겠다. 사람의 행상과 전기는 최종 장을 어떻게 마무리 짓느냐가 가장 중요

한 대목이다. 만약에 뒷사람들이 김 후보의 전기를 읽을 때면 이 나라의 국기를 파먹고 있는 부정과 부패와 과감한 싸움을 벌이다가 한 번쯤은 이러한 자질과 실의로 점철된 중장과 굴곡이 있으므로 더욱 큰 홍분과 존경심을 억누르지 못할 것이다.

실패로 끝난 김대중의 호남표 중심 4자필승론

1979년도에 김재규의 박정희 시해사건으로 유신체제가 막을 내렸지만, 전두환의 신군부가 정권을 장악하며 김대중은 또다시 삶과 죽음을 오가는 고초를 겪게 된다. 그러다 1985년 김영삼과 함께 이끈 신민당 돌풍으로 정치적 재기에 성공, 1987년 민주항쟁을 거쳐서 대통령 직선제 개헌까지 쟁취한다. 그러나 1987년 김대중은 두 번째 대선 출마에서도 고배를 마신다. 특히 김영삼과의 분열로 인한 패배여서 김대중으로선 더 뼈아픈 패배였다.

나는 진심으로 미안했다. 어찌됐든 야권 후보 단일화에 실패했기 때문이다. 많은 민주인사들의 희생과 6.10 항쟁으로 어렵게 얻은 선거에서 그것도 오랜 독재를 물리치고 16년 만에 처음으로 치른 국민의 직접선거에서 졌다. 국민들의 원성이 하늘을 찌를 듯했다. 나라도 양보를 했어야 했다. 지난 일이지만 너무도 후회스럽다. 물론 단일화했어도 이긴다는 보장은 없었다. 저들의 선거 부정을 당시로서는 막을 수 없었을 것이다. 하지만 국민들에게 분열된 모습을 보인 것은 분명 잘못됐다. 언론은 야당의 패인을 단일화의 실패에서 찾았다. 그러자 모두 거기에 동의하고 말았다.
특히 나를 지지했던 사람들의 상실감은 너무나 컸다. 우리는 세상이 바뀔 줄 알았기에 졌다는 현실이 믿기지 않았다. 대한민국은 선거 후 유증으로 무겁게 가라앉았다.

그러나 김대중이 김영삼과의 단일화 없이 독자 대선을 치른 것은 우연이 아니었다. 김대중 진영에서는 호남을 중심으로 한 이른바 4자 필승론에 경도되어 있었다. 노태우는 대구경북, 김영삼은 부산경남, 김종필은 대전충청, 그리고 김대중은 광주전라에서 각각 지역표를 얻는다면, 이중 김대중이 가장 유리하다는 판단이었다. 일단 김대중의 호남에서의 득표율이 압도적이다. 실제 김영삼이 부산에서 56%, 노태우가 대구에서 70% 득표율을 올린 데 반해, 김대중은 광주에서 무려 94%의 득표율을 올렸다. 그리고 수도권을 중심으로 광주전라에서 이주한 호남 인구도 30%대로 추정되는 만큼 지역표로 승부하면 김대중의 승리가 가능하다고 분석한 것이다.

하지만 이는 김대중의 오판이었다. 호남표가 결집하면 할수록 김대중은 타 지역에서 득표력도 떨어질 수 밖에 없었다. 예를 들면 충북에서 김영삼이 28%를 득표했지만, 김대중은 10%에 불과했다. 강원에서 김영삼이 26%, 김대중은 5%였다. 이런 문제 때문에 김대중은 총득표율에서 김영삼의 28.7%보다 적은 28%에 머물렀다. 이러한 지역별 득표 구도에 향후 김대중이 대선에 나설 때마다 두고두고 발목이 잡히게 되는 결과를 초래한다. 특히 1992년 대선은 아예 호남을 고립시키는 3당합당 체제로 치러지게 됐다.

호남포위 김영삼의 3당합당, 김대중은 정계은퇴로 몰려

1990년 1월 22일 노태우 대통령과 통일민주당의 김영삼, 그리고 공화당의 김종필은 청와대에서 긴급 회견을 열고 3당합당을 통한 민자당(민주자유당) 창당을 알렸다.

> 민주정의당과 통일민주당, 신민주공화당은 여야의 다른 위치에서 그동안 이 나라를 위해 나름대로 최선의 노력을 기울여 왔습니다. 그러나 오늘 우리의 현실은 보다 더 굳건한 정치주도 세력과 국민적 역량의 결집을 요구하고 있습니다. 우리사회의 모든 민족 민주 세력은 이제 뭉쳐야 합니다. 이같은 시대적 요청에 부응하기 위해 우리는 중도 민주 세력의 대단합으로 큰 국민 정당을 탄생시켜 정치적 안정 위에서 새로운 정치질서를 확립해 나가기로 했습니다.

3당합당으로 김대중과 김영삼은 야당 지도자끼리의 경쟁이 아닌 여야의 지도자로서 1992년 대선에서 일전을 겨루게 된다. 그리고 1992년 대선은 이런 3당합당의 결과였던 호남포위론이 그대로 반영되었다. 김영삼은 서울과 호남을 제외한 전 지역에서 김대중에 승리하면서 997

만 표 대 804만 표, 약 200만 표 차이로 예상보다 크게 이겼다. 당시 정주영 후보가 388만 표, 박찬종 후보가 151만 표를 가져간 것도 득표차의 변수가 되었다. 정주영 후보는 주로 김영삼의 표를, 박찬종 후보는 주로 김대중의 표를 잠식했다.

The Kyunghyang Daily News

1990년1월22일

京鄕新聞

民正·民主·共和 新黨창당 선언

盧대통령·두金총재 전격會

合意文발표…內閣制개헌 전

集團체제-代表최고위원 金泳三씨될듯

擧國內閣구성 6개월이내에 全黨대회

平民 議員총사퇴·總選 요구

3黨통합 강력비난

統合추진

영입人

노태우·김영삼·김종필의 3당합당은 이후 민주세력내 정통성 논란을 불러일으켰음은 물론, 김대중과 김영삼 사이를 완전히 갈라놓고, 특히 결정적으로 호남 지역을 정치적으로 고립시키는 결과를 낳았다. 당시 경향신문 1면 보도.

3당합당의 호남포위론은 김대중에게 정치적 재기의 기회를 완전히 박탈한 듯 했다. 호남의 표만으론 김대중의 대선 승리는 불가능해 보였다. 실제 김대중은 대선 패배 이후 정계은퇴를 선언하게 된다.

하지만, 김대중은 정치의 꿈을 버리지 않았다. 와신상담(臥薪嘗膽)하던 그는 1995년도에 자신이 주창해온 지방자치 선거가 다가오자 본격적으로 선거운동에 나선다. 대선에서의 세 번 낙선으로 호남을 중심으로 한 김대중의 지지층은 더욱더 견고하게 결집되고 있었다. 이런 김대중에게 선거출마자들이 너도 나도 지원유세를 강력하게 요청했다. 김대중은 전국을 순회하며 유세를 했다. 이때 김대중은 '지역등권론'을 주장하며 큰 이슈를 불러일으킨다.

우리는 그동안 TK 패권주의, PK 패권주의 속에서 살아왔습니다. 특정 지역이 모든 권한과 혜택을 독점하고, 나머지 지역은 소외받았습니다. 지역 간의 불균형과 파행이 나라 전체의 발전을 가로막아 왔습니다. 하지만 이번 6.27 지방선거를 계기로 바로 이러한 지역패권주의는 결정타를 입을 것입니다. 이번 선거로 패권주의가 아닌 등권주의, 수직적이 아닌 수평적으로 대등한 권리를 가진 지방화 시대가 열릴 것입니다.

김대중의 지역등권론, 결국 김종필과 호남-충청 연합으로 집권

당시 김영삼과 민주당은 세대교체론을 내세우며 호남과 비호남 구도로 맞섰지만, 김대중의 지역등권론은 단지 호남에만 적용된 것이 아니다. 3당합당 이후 민자당의 계파 주도권 싸움에서 패배하여 김영삼과 결별한 김종필이 만든 자민련 역시 충청권을 중심으로 지역기반을 만들어 나갔다. 결국 15개의 광역 단체장 선거에서 김대중의 민주당은 서울, 전북, 전남, 광주, 그리고 김종필의 자민련은 충남, 충북, 대전, 강원에서 승리했다. 김영삼의 민자당은 영남권을 중심으로 5곳에서만 자리를 지켰다.

지방선거에서의 승리 이후 김대중은 새정치국민회의를 창당하며 정계복귀를 선언한다. 김대중의 목표는 당연히 대통령이었다. 1997년 대선레이스가 시작될 때부터 김대중은 일찌감치 30%대 지지율을 확보하며 단독 질주했다.

그러나 이미 세 번의 대선에서 패배한 김대중은 마지막 네 번째 도전에선 다른 방식을 택한다. 호남포위구도를 깨지 않고선 대선 승리가 절대 불가능하다고 판단, 충청의 김종필과 연대를 추진한 것이다.

김대중과 김종필, DJP연합의 이론적 틀은 동국대 정치외교학과 황태연 교수가 제공했다. 그는 진보좌파 지식인의 시각에서 이른바 '지역계층연합론'을 내세우며 김대중(호남)과 김종필(충청)에 대한 각 지역민들의 지지를 '저항적 지역주의'로, 긍정적으로 해석했다. 그러면서 그는 당시 언론을 통해 늘 '망국병' 이라고 진단됐던 '지역주의'를 오히려 공세의 무기로 둬야만 정권교체가 가능하다고 주장하고 나섰다.

> 오늘날 한국 사회의 뼈대가 재벌자본주의라면 그 피와 살은 영남의 정치적 지역패권에 의해 굳혀진 '경상도 재벌자본주의'와 '내부식민

주의'이다. 36년간 대권이 경북 출신(박정희와 노태우)과 경남 출신(전두환과 김영삼) 사이에서만 왔다갔다 하는 동안, 국가 조직, 금융계, 언론계의 고위직은 영남 인맥에 의해 거의 독점되었다. (중략)
이 가공할 '경상도 재벌자본주의'는 그간 집요하게 추구된 패권적 지역주의의 작품이다. 지금까지 소외지역들은 '경상도 재벌자본주의'에 저렴한 노동력과 식량 및 지하자원을 대주는 산업배후지나 보족적 산업지대로 연명해 왔다. 일찍이 국제학계는 이런 소외지역들의 지위를 '내부식민지' 개념으로 이론화했다. 패권지역민의 번영은 이 내부식민지민의 착취와 수탈에도 근거하는 것이다.
소외지역민은 내부식민주의의 '문화적 수직분업'에 의해 음양으로 규제된다. 소외지역 출신들은 최하층 직업에 집중되고 소수가 중상층으로 올라가더라도 열등한 위치로 지역차별을 당한다. 이 경향은 바로 문화적 특징(출신지역, 방언, 기질, 민속 등의 차이)을 인지적 근거로 해서 벌어지기 때문에 '문화적' 수직분업이라 부른다. (중략)
'지역주의 망국병' 운운하는 저 무식한 고답적 설교는 이제 집어치우자. 지역 해방과 지역분권화는 오직 지역패권과의 진검 승부를 건 소외지역 당사자들의 저항투쟁과 권력형성에 의해서만 이룰 수 있다. 여기에는 모든 소외지역들 간의 저항적 '지역연합' 및 (지역패권에 의해 공히 억압당하는) 소외지역과 (특히 영남) 노동자 간의 '지역-계층연합'이 필수적이다. 서유럽에서 소외지역과 연대한 진보세력의 집권은 거의 예외 없이 이 두 개의 연합전략을 통해 달성되었다. 우리는 이 사실을 그간 저 위선적인 '망국병론'에 가려 몰랐을 뿐이다. 대선을 앞두고 별소리가 다 나오고 있으나 우리라고 '길을 두고 메로' 가야겠는가? (하략) (「한겨레신문」 〈황태연 "현실을 바로보자" '경상도 패권' 맞설 저항적 지역연합 필수〉 1997년 5월 20일)

사실 김대중이 DJP연합에 대해서 처음부터 좋게 생각한 것은 아니었다고 한다. 다만 황태연은 "김대중은 처음에는 유신잔존세력과의 연합에 부정적이었으나, 시간이 가면서 김종필과의 연대없이 집권은 불가능하다는 현실을 인정했다"고 회고했다.

실제로 당시 김대중 세력 중에서 주로 김근태 등 재야 출신들이 유신세력과의 야합이라며 결사적으로 반대했지만 "색깔론과 3당합당으로 강화된 호남 고립구도를 타파하려면 김종필과의 연합이 필요하다"는 김대중의 새로운 전략이 반대론을 압도했다. 지자체 선거때 들고 나온 김대중의 지역등권론 자체가 실은 호남과 충청의 연합을 전제로 했던 것이다.

김종필 역시 내부에서 "공산주의자 김대중을 왜 돕느냐"는 반발에 곤욕을 치르고 있었다. 김종필은 "나는 아무나 보증하지 않는다. 내가 DJ를 돕기로 한 건 이미 그의 사상에 대해 이렇게 결론을 내렸기 때문이다. DJ는 진짜 공산주의자가 아니다. 공산주의자를 경우에 따라 이용했을 뿐이지, 조총련과 같이 공산활동을 한 것이 아니다"라고 해명한다.

황태연 교수가 1990년대 중반부터 외쳐온 지역계층연합론을 집대성하여 1997년에 출간한 책 『지역패권의 나라』. 황 교수는 영남을 제외한 제주, 호남, 충청, 경기, 강원을 '내부식민지'로 규정하면서 한국 정치의 발전을 위해서는 '영남 이외 소외지역들의 연합' 및 '소외지역민과 영남서민의 연대'가 필요하다고 외쳤다. 이는 DJP연합이라는 형태로 구현됐다.

김대중은 김대중대로 박정희 정권의 2인자인 김종필은 물론, 박정희의 포철 신화 주역인 박태준과도 손잡게 되면서(DJT연합), 박정희에 대한 입장을 재정리해야 했다. 일단 김대중은 김종필의 요청에 따라 대선 직전인 1997년 12월 경상북도 구미의 박정희 생가를 찾아 박정희기념관 건립을 공약했다. 그는 대통령이 된 뒤 실제로 박정희기념관 건립비용으로 200억 원의 예산을 책정해 2002년 1월 건축공사를 착공했다. 2012년 개관한 서울 상암동의 '박정희 대통령 기념 도서관'은 김대중이 마련한 예산에서 시작된 것이다. 이에 대해서 박근혜도 한나라당 대표 시절 김대중에게 감사의 말을 전한 바 있다.

김대중은 대통령 취임 이후에도 "박정희 전 대통령은 우리나라가 6.25

폐허 속에서 허덕일 때 '우리도 하면 된다'는 국민적 자신감을 불러일으켜 국가에 공헌하고 근대화를 이룩했다"(1999년 5월 13일), "나는 어제, 돌아가신 박 전 대통령과 진심으로 화해했다. 사실 지난 대선, 구미 생가를 방문했을 때는 절반은 화해를 하고 절반은 표를 의식한 것이었는데 이번에는 진심으로 화해를 했다"(1999년 5월 14일)는 발언을 이어나갔다.

『김대중 자서전』에는 자신을 죽음의 문턱까지 몰고가며 탄압했던 박정희 전 대통령의 딸 박근혜 전 대통령에 대한 소회도 담겨있다.

김대중은 자신의 자서전에서 "세월이 흘러 그의 맏딸 박근혜가 나를 찾아왔다. 박정희가 세상을 떠난 지 25년만이었다"며 2004년 8월 박근혜가 김대중도서관을 찾아왔던 에피소드를 술회했다.

김대중은 "나는 진심으로 마음을 열어 박 대표의 손을 잡았다. 박 대표는 뜻밖에 아버지 일에 대해 사과를 했다"고 회고했다. 이어 박근혜가 '아버지 시절에 여러 가지로 피해를 입고 고생하신 데 대해 딸로서 사과 말씀드립니다'라고 말한 일을 소개하면서 "나는 그 말이 참으로 고마웠다"고 전했다. 김대중은 "'세상에 이런 일도 있구나' 했다. 박정희가 환생해 내게 화해의 악수를 청하는 것 같아 기뻤다"며 "사과는 독재자의 딸이 했지만 정작 내가 구원을 받는 것 같았다"고 감격스러웠던 소회를 밝히기도 했다.

또 대통령 재임 시절 박정희기념관을 건립하도록 결정한 것에 대해 박근혜가 고마워했다는 내용도 언급됐다. 김대중은 "박 대표에게 지역 갈등을 해소하고 국민 화합에 앞장서 줄 것을 당부했다"며 "비록 아버지는 국민을 갈라놓았지만 그 딸이 나서서 바로잡는다면 참으로 의미 있는 일이라 여겼다"고 자서전에 썼다.

이렇게 김대중은 김종필, 박태준을 통해 박정희와 화해하며 사상 공세를 빗겨나가고 충청권과의 연합으로 호남 고립 구도를 탈피할 수 있었다. 더 정확히 분석하자면, 김대중은 호남 고립을 탈피하기 위해서는 박정희 세력과의 연대는 물론, 화해와 용서라는 포용력을 보여줄 수밖에 없었다. 이것도 어찌 보면 또 하나의 우클릭 노선이었다.

그렇게 김대중은 1997년 대선을 앞두고 생각할 수 있는 모든 우클릭 노선의 카드를 꺼내 보였다. 그럼에도 불구하고 IMF 외환위기로 집권층에 대한 실망감이 커져가고 이인제가 여권 지지 성향의 500만 표를 가져간 이후에야 이회창에게 40만 표라는 간발의 차이로 김대중은 겨우 승리할 수 있었다. 김대중은 애초 단독으로는 대선에서 승리할 가능성이 없다는 것을 알고 있었던 것이다.

그러나 그렇게 집권한 뒤에 결국 김대중의 핵심공약이던 햇볕정책에 대한 이견 등으로 김종필과는 결별하게 된다. 어찌 보면 1971년 대선에서 박정희의 자주안보와 김대중의 4대국 평화보장론이 맞부딪혔던 대결구도가 집권 이후 2000년대에도 또 이어진 것이다.

김대중과 김종필의 연합이 깨지면서 결국 진보진영은 끈끈하지 못한 지역·이념연합보다는 진보진영 자체로 독자적 승리를 거두는 카드를 고민하게 된다. 그래서 나온 것이 영남후보 노무현 카드였던 것이다.

제 2 장

노무현의 영남후보론, 불안한 성공의 시작

지역감정 시한폭탄이 돌아가던 김대중 정권

김대중 정권은 김종필, 박태준 세력과의 내각제 개헌 약속을 통해 집권했기에 시작부터 불안할 수 밖에 없었다. 정권 초기에는 IMF 외환위기 극복이란 국가적 난제를 극복하며 일정 정도 국민통합을 이룰 수 있었지만 2000년 총선이 다가올수록 이념적, 지역적 분열의 요소가 작동하기 시작했다.

정권을 빼앗긴 한나라당(민자당-신한국당의 후신) 입장에서 집중적인 공격 포인트로 삼은 것은 호남정권의 호남 편중 인사이다. 박정희, 전두환, 노태우, 김영삼까지 무려 40여 년간 영남정권이 이어져 왔기 때문에, 호남정권의 인사는 더 눈에 띌 수밖에 없었다. 통계상으로 호남이 인사를 독식한다는 객관적 자료는 없었지만, 경상도를 비롯한 타지역에서 이러한 여론선동은 먹혀들었다.

실제로 2000년 총선 당시 민주당 소속으로 부산에 출마한 노무현은 한나라당 소속 허태열의 다음과 같은 연설 한 방에 승리를 놓치고 만다.

> 민주당은 전라도정권, 전라도사람이 키우고 사랑하고, 반대로 우리 한나라당은 부산시민이 키웠고 부산시민이 사랑했습니다. 지금 살림살이 나아지신 분 계십니까? 손 한번 들어보세요. 저기 몇 분 계시네요. 혹시 전라도에서 오신 거 아닙니까? 중앙정부 요직에 부산사람을 찾아 볼 수 없어서 몇몇 사람이 눈에 띄면 천연기념물이라고 합니다. 여러분 자녀들은 아무리 공부를 잘하고 사업수완이 있어도 이제는 다

틀렸습니다. 앞으로 우리의 아들 딸들이 비굴하게 남의 눈치나 살피며 종살이하지 않을 것이라고 누가 자신할 수 있습니까?

결국 총선에서 김대중의 민주당은 제1당을 놓치면서, 정국을 이끌어갈 리더십을 상실하고 만다. 반면 노무현은 세 번 연속 부산에 출마하고도 지역감정으로 모두 낙선하며 '바보 노무현'이란 애칭을 들으며 물밑에서 김대중 시대 이후를 준비할 수 있었다. 특히 노무현의 낙선소감은 허태열의 지역감정 선동과 비교하여, 민주당 지지층, 특히 호남 지지층에 큰 감동을 준다. 당시 노무현이 자신의 인터넷 홈페이지에 밝힌 다음과 같은 소신은 그가 이후 호남 기반 민주당의 대통령 후보가 되는 데 결정적인 계기가 되는데, 중요한 내용이므로 길게 인용한다.

소감이라고요? 물론 섭섭하지요. 그러나 억울하게 귀양을 가서도 아침마다 임금이 계신 북쪽을 향하여 절을 올려야 하고 임금님을 원망하거나 하는 일은 삼가야 하는 것이 충성스러운 신하의 도리라고 하니 유권자를 원망하는 이야기는 삼가야겠지요.
다만 성실히 자신을 변명하고 직언을 드린다는 선에서 몇 말씀 드리겠습니다. 승리니 패배니 하는 이야기는 하지 않았으면 합니다. 저는 누구와도 싸운 일이 없습니다. 상대 후보와 싸운 일도 없고 부산시민들과 싸운 일도 없습니다. 정치인이라면 당연히 추구해야할 목표에 도전했다가 실패했을 뿐입니다.
저 역시 투표 하루 전날만 해도 선거를 승부로 생각했고 승리를 다짐

했습니다. 그러나 개표하는 날 저녁 심란한 마음을 달래기 위하여 링컨의 연설문을 읽는 동안 그게 아니라는 것을 깨달았습니다.
링컨은 남북전쟁의 승리를 목전에 둔 시점에서 한 취임사에서 승리니 패배니 하는 말을 단 한마디도 쓰지 않았습니다. 남부를 적으로 몰아세우지도 않았고, 정의니 불의니 하는 말이나 선이니 악이니 하는 말로 남과 북을 갈라치지도 않았습니다. 화해와 사랑을 이야기했습니다. "같은 성경으로 같은 하나님을 섬기면서 제각기 상대방을 응징해 달라고 기도하고 있습니다. 그러나 하나님은 어느 쪽의 기도도 들어주지 않았습니다." 라는 구절에서는 참으로 미국의 역사가 부럽다는 생각이 들었습니다.
많은 분들이 왜 부산으로 왔느냐고 묻습니다. 다 아시는 일이라 새삼스럽습니다만 더러 오해도 있는 듯하여 다시 말씀드립니다. 제가 부산으로 간 이유를 말씀드리기 전에 오해를 불러일으킬 염려가 있는 표현 몇 가지를 바로 잡았으면 합니다. 저의 부산행을 두고 민주당의 "동진"이라거나 지역감정 "돌파" 를 위하여, 또는 지역감정과 "싸우러" 갔다는 표현들이 그것입니다. 지역감정이라는 것이 영남에만 있는 것이 아니니 민주당의 동진으로 해결될 일도 아니고 정면돌파나 싸움으로 해결될 일이 아닌데 자꾸만 전투적인 용어로 표현하는 것이 오히려 지역감정 해소에 해로울 것만 같다는 것이 근래의 저의 생각입니다.
감히 말씀드리면 저는 나라의 장래를 걱정하여 부산으로 갔습니다. 지난날 세계 여러 나라의 역사에서 정치인들이 이런 저런 이유를 내세워 집단 간의 불신과 적대감을 부추겨서 벌린 일 치고 그 집단에게 불행을 가져오지 않은 일이 없습니다. 그런데 저는 훗날 역사가 오늘날 우리나라의 상황을 그런 역사의 하나로 쓰게 되지 않을까 걱정하고 있습니다. 정치인은 그런 역사 속에서 겪어야할 우리 민족의 불행을 막아야 할 책임이 있습니다.

부산을 위해서도 그렇습니다. 90년 3당 통합 당시 김영삼 총재가 여당으로 가고 나서 저는 야당을 다시 살려 보려고 동분서주해보았습니다만 역부족이었습니다. 그리고 탄식을 하며 가는 곳마다 외쳤습니다. "김영삼 총재님, 부산에는 민주주의가 필요 없습니까? 야당없는 민주주의가 어디 있습니까?" 그리고 그 이후 저는 부산에 야당 하나 만들어 보겠다는 일념으로 뻔히 떨어질 선거에 두 번이나 출마했고 이번에 다시 부산에 도전한 것입니다. 이번에 부산에서 당선되면 부산에도 정당 간에 서로 비판하고 견제하고 경쟁하는 민주적이고 생산적인 정치, 그리고 어느 당이 정권을 잡더라도 항시 중앙정부와의 교섭통로가 열려 있는 정치구조를 만들어 보고 싶었습니다.

저의 낙선을 보고 이번 도전이 비현실적이고 무모한 짓이라고 평하는 사람도 있는 듯 합니다. 그러나 저는 그렇지 않다고 생각합니다. 결과야 패배로 나타났지만 투표 바로 직전까지도 여론조사는 저의 당선을 예측하고 있었습니다. 위험한 것은 사실이었지만 불가능한 일은 아니었습니다. 그리고 위험하다고 도전하지도 않는 사람이 세상을 변하게 할 수는 없을 것입니다.

제 홈페이지에 많은 글이 올라와 있더군요. 대부분이 부산시민들을 비난하는 글들이었습니다. 저 또한 부산시민들이 야속하고 원망스럽지 않은 것은 아니지만 외마디로 부산시민을 비난하는 데는 동의하기 어렵습니다.

지역주의가 어디 부산만의 문제인가요? 지역주의가 이기주의와 편견 또는 독선에서 비롯된 것이라고 한다면, 우리 누구도 그로부터 자유롭지 않다는 사실을 인정해야 합니다. 그런 마음가짐에서 출발해야 지역주의 문제도 해결의 실마리를 찾을 수 있을 것입니다.
특히 호남에서 부산을 욕하시는 분들께 말씀드립니다. 지금도 과거의 행적을 모두 덮어두고 김대중 대통령 옆에 서기만 하면 무조건 지지하고 만세를 부르는 일은 없습니까? 지금이라도 제가 민주당을 떠나거나 김대중 대통령과 맞서게 되더라도 호남에서 제가 당선될 것이라고 자신있게 말할 수 있겠습니까?
저를 걱정해주시는 마음들이야 모두 고맙지만 마구 욕설을 퍼붓는 일은 아무런 도움도 되지 않습니다.
"하필이면 왜 우리가 그토록 미워하는 그 사람 곁에 서서 우리에게 표를 달라고 합니까?" 이런 질문도 있었습니다. 저는 이 질문의 전체적인 맥락에서 저에 대한 나름대로의 애정을 느끼고 있습니다만 그래도 단호하게 답변하겠습니다.
왜 그토록 그를 미워하십니까? 아직도 그분이 빨갱이라고 믿기 때문입니까? 그분이 거짓말쟁이고 권모술수를 부린다는 거지요?
김영삼 씨나 이회창 씨는 그만한 거짓말을 하지 않던가요? 노태우 정권을 군정이라 규정하고 군정종식을 그토록 외쳐놓고 그 군정과 손잡은 것보다 더 큰 거짓말이나 권모술수가 따로 있던가요?
지금도 김대중 정권이 부산 경제 죽이기를 하고 있다고 믿고 계신가요? 우리 영남사람들이 정권을 가지고 있을 때 광주사람들이 백주대로에서 정권의 명령을 받은 군인들에게 총질을 당한 사실은 알고 있는지요?
지금도 서울의 잘 사는 동네는 영남사람들이 많이 살고 못사는 동네에는 호남사람들이 많이 살고 있다는 이유를 어떻게 이해하고 계신지요?
권력만 있으면 안 되는 일이 없던 지난 수십년간 권력 근방에는 얼씬도 해보지 못했던 그들의 한을 이해해주었으면 합니다.
저 역시 못마땅한 일이 한 두 가지가 아닙니다만 지난 수십년간 우리 영남사람들이 그들에게 했던 일을 사죄하는 마음으로 그들을 이해하고 도와주려고 합니다.
저의 낙선을 애석하게 생각해주시는 분들께 감사드립니다. 그러나 감정이 아니라 관용과 지혜로 이 난관을 극복해 나갑시다. 서로 처지를 바꾸어 한 발씩 물러서서 생각합시다. 그리고 합리적인 대안도 모색해 봅시다. 선거구 제도는 반드시 바꾸었으면 합니다. 지역구도의 해소에 그보다 더 확실한 방법은 없을 것 같습니다.

이러한 노무현의 호소와 절규는 김대중의 당 소속으로 부산에 출마해야 하는 그 당시 한국의 지역정치 또는 보스정치의 딜레마를 그대로 보여준다. 실제 노무현은 1988년 김영삼의 민주당 소속으로 부산에서 출마, 정치신인으로서 5공 실세 허삼수와 맞붙어 승리한다. 그러나 4년 뒤, 노무현은 김영삼의 3당합당에 합류하지 않고 독자적으로 선거에 출마, 이번에는 허삼수에게 대패한다. 즉 4년간 노무현의 당락은 그가 김영삼을 따르냐 따르지 않느냐에 결정났던 것이다.

3당합당을 반대했지만 김대중과도 손을 잡지 않고 1996년 종로에 출마한 노무현은 이명박, 이종찬에 이어 3위로 낙선한다. 반면 1998년 똑같은 종로에서 김대중의 새정치국민회의 소속으로 출마한 노무현은 손쉽게 당선된다. 김영삼때와 마찬가지로, 김대중을 따르면 당선되었던 것이다. 그래서 부산에서 낙선하며 호남의 지지를 받는 노무현은 “

만약 내가 김대중을 비판하더라도 호남인들은 나를 지지할 수 있냐"고 물어본 것이다. 호남에 이런 질문을 던졌던 노무현은 실제로 집권 이후에 민주당 분당, 열린우리당 창당으로 호남 유권자들에게 실제 선택을 강요하게 된다.

이회창 대세론, 이인제 대항마론을 뒤집은 노무현의 영남후보론

2002년 대선 레이스는 줄곧 야당의 '이회창 대세론'과 집권여당의 '이인제 대항마론'이 맞붙었다. 2000년 총선 승리 이후의 이회창은 이미 대통령으로 당선되었다고 해도 과언이 아닐 정도로 대세론을 누리고 있었다. 김대중의 최측근 권노갑은 이런 이회창의 집권을 저지할 카드로서 호남의 민주당 세력과 충청의 이인제 세력이 손잡는 제2의 호남충청연합을 구상하고 있었다.

그러나 이 카드가 성공하기에는 여러 난관이 있었다. 이기기 위해서 호남과 충청이 연합했지만, 대표 인물인 이인제가 좀처럼 이회창 대세론을 따라잡지 못하고 있었던 것이다. 2000년 말 「한겨레21」에서 정치부 기자를 상대로 한 조사에서, 이회창은 무려 70%의 당선 예측률을 기록하고 있었다. 이인제는 11%, 노무현은 1.7%였다. 대선이 열리는 2002년도 민주당의 대권후보 선출을 위한 국민경선 직전까지 이회창은 40% 이상의 고공 지지율을 기록하고 있었고, 이인제는 양자 대결의 경우조차 30%대에 머물렀다. 단지 이기기 위해서 조합한 이인제 카드는 이길 수 없다면 무용지물이나 마찬가지였다.

현 김대중도서관 연구원 장신기 박사는 당시 이인제 카드의 문제를 다음과 같이 분석했다.

> 이인제 대세론이 실제 선거에서 의미가 있으려면 거기에 빠져있는 사람들은 이인제가 이회창을 이길 수 있다고 확신해야 하는 것이 옳다. 그런데 이인제 대세론을 받아들이고 있는 사람조차도 올 대선에서 이회창이 이길 것이라고들 생각한다. 심각한 논리적 모순이 아닐 수 없다. 이인제 대세론은 과연 누구를 위한 대세론인가.
> 단언하건대 이인제 대세론은 이회창을 위한 것이다. 결코 민주당을 위한 것이 아니다. 보수세력이 이회창을 대통령으로 만들기 위해서 상대하기 쉬운 이인제를 은근히 띄워주고 있는 것이다. 그래서 보수세력은 이인제 대세론을 만들었다. (장신기 『이인제는 이회창을 이길 수 없다』[거름, 2002년] 7쪽)

노무현은 바로 이 지점을 파고들었다. 노무현이 민주당과 호남 지지층에 어필할 수 있는 점은 92년 3당합당을 거부하면서 호남 고립에 반대했다는 점이다. 3당합당을 결의하는 민주당 전당대회에서 노무현은 김영삼 앞에서 "이의있습니다"를 외쳤다. 이 장면은 노무현식 정치개혁의 상징이 되었다. 노무현은 삼김(三金) 앞에서도 반대 목소리를 냈던 것이다.

1990년 1월 30일 통일민주당 해체식에서 3당합당에 반대하며 "이의있습니다"라고 외치는 노무현. 그의 운명을 대통령으로까지 이끈 가장 극적인 장면일 것이다. 김종구 사진작가가 지역 신문의 서울주재 사진기자 시절에 찍은 사진이다.

이런 노무현은 3당합당에 따라가 김영삼 정권에서 노동부 장관, 경기지사까지 차지한 이인제가 민주당에서 자신보다 우위에 서는 것을 용납할 수 없었다. 97년 대선 때도 범민주계에서 이인제를 지지하려 하자 "그렇다면 내가 대선에 출마하겠다"며 이를 가로막은 바 있다.

노무현은 경선이 시작되자 이인제를 겨냥, 자신은 호남 고립을 막기 위해 3당합당에 반대했는데 "3당합당의 수혜자가 이 자리에 있다"며 이인제를 정면 공격하기도 했다. 이런 노무현의 공격에 차츰 이인제

대항마론은 흔들렸다.

민주당 대통령 후보를 선출하기 위한 전국 순회 국민경선이 시작되었다. 첫 번째 경선지 제주에서는 한화갑이 1위, 두번째 경선지 울산에서는 노무현이 1위를 차지하면서, 이인제 대항마론에 제동이 걸렸다. 이 과정에서 노무현이 이회창과의 양자 대결에서 앞선다는 「문화일보」 여론조사가 발표된다. 이인제가 한 번도 넘어보지 못한 벽을 노무현이 단번에 넘은 것이다. 노무현이 41.7%, 이회창이 40.6%였다. 비록 오차범위 내이긴 했으나 노무현이 이회창을 1.1%포인트 앞선다는 예측이 처음으로 나온 것이다. 반면 이인제와 이회창이 붙을 경우, 40.0% 대 45.2%로 이회창의 완승이었다. 노무현은 이 보도에 대해 "한나라당의 집권에 공포감을 느끼던 광주 민심이 심하게 요동쳤다"고 분석했다.

현 김대중도서관 연구원 장신기 박사는 이때 『이인제는 이회창을 이길 수 없다』라는 책을 발표한다. 장 박사는 김대중과 김종필이 아닌, 이인제와 권노갑의 호남충청연합으로는 영남과 강원을 압도할 이회창 대세론을 꺾을 수 없다는 논리를 제시했다. 대안으로 그는 노무현과 같은 영남권 개혁후보론으로 영남표를 가르는 게 더 효과적이라는 전략을 소개했다. 즉 이인제를 통해 충청에서 얻는 표보다는 노무현과 같은 영남개혁후보가 영남에서 얻어내는 표가 더 위력적이라는 것이다. 영남의 표는 이회창이 가져갈 표를 가져오는 것이므로 2표의 가치가 있기 때문이다. 이런 계산이 맞아떨어져 이인제가 한 번도 이겨보지 못한 이회창을 상대로 노무현은 이기는 결과가 나타났다.

제주도와 울산에 이어 세 번째로 민주당 대통령 후보 국민경선이 열리는 광주에 모든 초점이 맞춰지고 있었다. 호남을 기반으로 한 민주당의 성격상 결국 광주 경선의 승자가 민주당 대통령 후보로서 최종 승자가 될 게 뻔한 일이었다. 권노갑의 지원을 받은 이인제, 그리고 호남 출신 한화갑이 1위를 놓고 경쟁을 벌일 것이라 예상했다. 그러나 노무현의 노사모는 노무현이 이회창을 여론조사에서 이긴 「문화일보」를 대량 복사, 광주의 당원과 대의원에 대대적으로 배포하는 등 총력전을 펼치고 있었다.

2002년 3월 16일 광주 염주종합체육관에서 열린 경선에서 노무현은 595표(37.9%)로, 합산 1,018표(31.9%)로서 1위를 지켜냈다. 반면 이인제는 394표(23.4%)를 획득해 종합 885표(27.8%)에 그쳤다. 노무현의 영남 후보론이 이인제의 호남충청연합론을 누르던 순간이었다.

광주에서 3위에 그친 한화갑은 그 직후 사퇴를 하면서 "호남후보 불가론에 도전해봤지만 역부족이었다"고 심경을 토로했다. 실제로 호남 기반 민주당에서 호남후보 불가론은 한화갑 이후에도 20여 년이 넘게 이어지게 된다. 친노세력의 비토 속에서 자당에서조차 제대로 지원을 못 받았던 정동영을 제외하고, 민주당은 문재인, 이재명 등 영남 출신 대선후보만을 잇따라 배출하게 된 것이다.

사실 노무현의 광주에서의 승리는 노사모 등 평범한 국민의 힘이 아니라 김대중이 노무현을 선택한 결과라는 주장도 있다. 당시 비서실장 박지원은 공개 방송을 통해 "김대중 대통령이 노무현의 발언들을 들어 보곤 이인제 대신 선택했으며 내가 직접 호남에 내려가 조직표를 몰아주었다"는 발언을 여러 차례 한 바 있다. 실제 노무현은 2002년 대선 레이스 당시 불거진 김대중의 아들 비리 문제에 대해 "나마저 손가락질하는 건 너무 야박하지 않냐"며 일정 정도 방어해주는 태도를 보였었다. 반면 이인제는 '장남이 출세하기 위해선 다른 가족들이 헌신해야 한다'는 이른바 장자론을 내세우며 크게 인기가 떨어진 김대중과의 차별화를 강조하고 있었다.

보수 논객인 원광대 사학과 이주천 명예교수는 "아마도 김대중은 민주당 내에서 여러 정치인들을 비밀리에 인터뷰하여 의향을 타진하고 성분조사에 착수한 바, 햇볕정책의 발전적 계승을 약속하겠다는 노무현의 다짐을 받아내었을 것으로 짐작된다"고 전제하고서는 민주당의 노무현에 대한 선택을 다음과 같이 분석했다.

> 가장 당선 가능성이 많은 인물이어야 했다. 그러자면 서울을 제외하고 유권자가 가장 많은 경상도에서 일정한 표를 확보해야 한다. 서울과 충청권의 이회창 후보의 지지도를 잠식시키기 위해서는 경상도 선거구민의 지역감정을 이용해야 한다는 정략적 선택이었다. 지난번 이회창, 김대중, 이인제 등 3파전 선거에서 경상도에서 이인제 지지표가 상대적으로 이회창의 지지표를 잠식함으로써 김대중의 당선에 일등 공신 역할을 한 기억을 잊을 수가 없었다. 그 지역감정의 단맛을 향유한 집권당 민주당은 어떻게 해서든지, 경상도 표를 잠식해야 했

다. 그것을 위한 최선의 방책은 경상도 출신 인물을 선택할 수 밖에 없었다. 여기에서 노무현 이외에 다른 마땅한 인물을 찾을 수 없었다.

김영삼과의 조우, 노풍은 사라지고

민주당 대선후보 전당대회에서 노무현은 광주에서부터 역전승을 하며 이른바 '노풍'을 불러일으켰다. 한때는 50% 이상의 지지율을 보이며 이회창을 멀리 따돌리기도 했다. 이대로 가면 노무현의 집권은 확실시됐다. 그러나 노무현은 결정적인 실책을 하나 저지른다. 이른바 '김영삼 시계 사건'이다. 「시사뉴스」 2015년 11월 24일자 기사 <[특집] YS 찾아간 노무현, 12년전 시계 꺼내 보이며...>는 당시 사건을 이렇게 묘사한다.

> 2002년 4월 30일, 당시 여당이던 민주당 대통령 후보가 된 노무현은 대통령에서 물러난 YS의 상도동 자택을 방문했다. 1990년 1월, 3당합당을 승인하는 통일민주당 당무회의에서 만난 지 12년만의 만남이었다.
> 노 후보는 YS를 보자마자 "방문을 허락해주셔서 감사합니다"라고 연신 고개를 숙였다. 특히 사진기자들의 포즈 요청에 "절하는 것을 찍어야겠지요"라며 세 번이나 머리를 숙였다.
> YS는 이에 "여당 후보되는 게 보통 험한 일이 아닌데 그것을 해냈으

니 얼마나 장하냐"면서 "지금부터가 중요하다"고 흐뭇하게 웃었다.

노 후보는 "3당합당때 의견이 달랐지만 지금 생각해보면 제 판단이 틀렸을 수도 있다"며 연신 YS의 심기를 건드리지 않으려 했고, YS는 "여러 가지 경험이 많은 도움이 됐을 것"이라고 화답했다.

노 후보는 특히 YS가 1989년 일본출장 때 선물로 준 손목시계를 차고 와 YS에게 내보였다. 그 유명한 'YS 시계' 사건이었다.

노 후보는 "(YS를) 비난하고 다닐 때는 시계를 풀어서 장롱 안에 넣어두기도 했지만 총재님(YS) 생각날때는 꼭 차고 다녔다"면서 "지나고 보니 내 생각만 맞는 것 같지도 않다"고 말했다.

단독 면담이 끝난 뒤 YS는 대문 앞까지 나와 노 후보를 배웅하며 12년 만의 만남에 흡족감을 표시했다.

'YS 시계' 사건은 노무현 후보에게 역풍을 가져다주었다. "3당합당은 야합", "3김 시대 청산"을 외치던 정치인 노무현의 이미지를 스스로 부정하는 사건으로 지지자들은 받아들였다.

특히 노 후보가 그해 대선을 앞두고 치러진 2002년 6월 지방선거에서 부산-경남권에 여전한 영향력을 끼치고 있는 YS에게 도움을 요청했다는 분석이 제기되면서 "지역주의를 부활시킨다"는 역풍이 들이닥쳤다.

한나라당 이회창 후보도 "옛날로 돌아가 정략적인 합종연횡을 통해 정권을 따자는 것은 이뤄질 수도 없고, 국민이 호응하지도 않을 것"이라고 YS와 노 후보를 싸잡아 비난했다.

당시 한나라당 홍준표 의원은 "YS 시계를 보이며 애교떨고 아양떨면서 YS가 마치 민주당 공천권을 쥐고 있는 듯 얘기하는 것은 보통 코미디가 아니다"라고 노 후보의 YS 시계 사건을 꼬집었다.

급기야 노무현발 정계개편 시나리오까지 전개되면서 노 후보 지지율

> 은 급락했고, 민주당 내 후보단일화협의회(후단협)의 싹을 키웠다는 분석까지 낳는 등 'YS 시계' 사건은 잘나가던 노무현을 나락으로 떨어뜨린 일대 사건이 됐다.
> 노 후보는 이후 방송기자 클럽 초청 토론회에서 "김 전 대통령과의 회동이 지지도 하락에 영향을 미친 것 같다"고 발언, 이를 전해들은 YS가 격노했다. 12년만의 두사람의 재회가 이래저래 만신창이가 된 셈이었다.

노무현은 애초에 김영삼에 의해 발탁된 YS계 인물이다. 그러다가 3당합당을 거부한 뒤 김대중의 민주당에 가서 대선후보가 되었다. 노무현은 본인 노선의 정통성을 부각시키고자 김대중과 김영삼 양자 모두에게 지지를 받고 싶어했다. 특히 1987년 김대중, 김영삼의 분열로 집권에 실패한 범민주진영에서는 김대중과 김영삼이 손잡고 제1야당을 건설한 1985년 신민당 열풍에 대한 로망이 존재한다. 더구나 노무현은 자신의 고향인 부산경남에서 득표력을 보여줘야 하는 입장이었다. 결국 자신의 정치적 아버지인 김영삼을 찾아가 2002년 6.13 지자체 선거에서 영남권 후보를 추천해달라 요청하기까지 했다.

이러한 노무현의 정치는 노무현식 정치개혁을 바랐던 젊은층의 지지를 크게 이탈시켰다. 젊은층이 보기에 김영삼은 보수당의 대통령으로서 IMF 외환위기를 초래하여 김대중에게 정권을 넘겨준 인물에 불과했다. 새바람을 일으키겠다는 노무현이 왜 김영삼에게 머리를 조아리고 있는지 이해할 수가 없었다. 결국 노무현의 민주당은 2002년도에 치뤄진 6.13 지자체 선거에서 부산, 경남, 울산까지 영남권 광역단체장에서 모두 패배하는 결과를 지켜봐야 했다. 반면 이 선거에서 이회창의 한나라당은 서울, 경기, 인천을 모두 석권하며 전국정당으로 올라섰다. 몰아쳤던 노풍은 마치 신기루처럼 사라졌고 노무현의 지지율은 10%대로 뚝 떨어졌다. 민주당 내에서는 후보교체 논의가 시작될 수 밖에 없었다.

2002년에는 노풍만 있었던 게 아니다. 월드컵 4강 신화로 인한 축구협회 회장 정몽준 바람도 있었다. 노무현이 지자체 선거 참패로 인해 추락하는 사이, 정몽준은 월드컵과 히딩크 신드롬을 타고서 30%대의 지지율 고공행진을 이어갔다. 민주당 내에서는 호남 동교동계인 박상천, 정균환 등이 정몽준으로의 후보교체를 추진하고 있었다. 노무현으로선 최대 정치적 위기를 맞게 된 것이다.

범민주진영에서 정몽준 문제로 일대 논전이 벌어진다. 노무현으로의 독자 집권은 불가능한 상황에서 재벌 2세 정몽준과 손을 잡는 것이 정치개혁의 원칙에 맞냐는 것이다. 이에 대해 97년 대선 때는 DJP연합의 타당성을 함께 역설했던 황태연 동국대 교수와 강준만 전북대 교수가 후보단일화 문제를 놓고 정반대 입장에 서서 지상 논쟁을 벌이게 된다.

「한겨레21」(2022년 10월 24일자)이 커버스토리를 통해 상당 지면을 할애해 기획한 황태연 교수와 강준만 교수의 이 논쟁은 당시 큰 화제를 모았다. 「프레시안」은 두 사람의 입장을 다음과 같이 요약했다.

◇ 황태연, "87년 패배와 97년 승리 중 선택하라"

황 교수는 평화·개혁세력에게 후보단일화는 난해한 선택이 아니라 단순한 선택이라고 주장했다. "1987년의 패배를 반복할 것이냐 아니면 1997년 같은 승리를 다시 맛볼 것이냐"의 문제라는 것이다. 황 교수는 "민주화 세력들이 작은 이익에 사로잡혀 소탐대실한 87년을 타산지석으로 삼고 97년 성공을 벤치마킹해야 한다"고 지적했다.

그는 "이번 대선에서 평화·개혁 세력은 반드시 이겨야 하는데 이는 승리지상주의가 아니라 중차대한 민족사적·세계사적 변화의 시기에 민족화합을 통해 한반도와 동북아에 영구평화를 정착시키고 이 평화를 바탕으로 반도강국을 건설해 통일비전을 구현할 '중도개혁정권의 재창출'을 위해 필수적인 것"이라고 지적했다. 또 "이번 선거에서 우리가 지면 냉전·수구 세력은 천재일우의 민족화합과 민족대도약의 찬스를 다 망칠 것"이라고 덧붙였다.

이런 맥락에서 보자면 "노무현 후보와 정몽준 후보는 '남북평화와 개혁을 통한 민족대도약'의 대국적 관점에서 노선이 일치한다"는 것이다. 두 사람 간의 구체적 정책 차이는 '중도연합'개념을 가로막을 만큼 큰 것이 아니라는 게 황 교수의 주장이다.

또 그는 민주당 지지층의 이번 추석 민심은 "어떻게든 한나라당 후보가 승리하는 것은 막아야 하므로 후보단일화가 안되면 지지자들이라도 '될 놈 밀어주는' 식으로 표를 몰아주어야 한다는 쪽으로 귀결됐다"며 "유권자 차원의 자연 발생적인 '단일화'는 자칫 '표쏠림'이 아니라 '표분산'으로 귀착될 위험이 크다"고 지적했다. 따라서 중앙정치세력 차원에서 방향을 잡아주는 결단이 필요하다는 것이다.

더 나아가 그는 "평화·개혁세력의 헤게모니 요구만 충족되면 가급적 많은 세력을 끌어모아 '국민통합세력'으로 올라서야 한다"고 조언했다. 평화개혁과 냉전회귀의 민족사적 갈림길에서 평화·개혁세력은 자민련까지 아우르려는 따뜻한 '덧셈정치'로 단일대오를 이뤄야 한다는 것이다.

그는 "군왕도 민심을 잃으면 옥좌를 내놓아야 했고 대통령도 지지기반을 잃으면 하야한 역사를 아는지 모르는지 작은 절차적 정당성과 자기 색깔에 사로잡혀 후보직을 고집하면 그것은 97년 당시 후보직을 던진 JP의 내공만도 못한 것"이라고 일침을 놓았다.

◇ 강준만 "2002년 대선의 최대명분은 정치의 재탄생"

이에 반해 강준만 교수는 후단협에 대해 "당신들은 '자해'를 하고 있다"고 경고했다. 강 교수는 후단협 논리에 대해 "한마디로 얘기해 승리지상주의"라며 "이런 정치공학적 발상은 성공하기 어렵다"고 주장했다.

그는 "후단협의 논리는 정태적이며 97년 대선 경험에 함몰돼 있다"고 비판했다. '대한민국 건국 이래 최초의 수평적·평화적 정권교체'와 '한나라당 집권 저지'는 결코 같은 무게의 명분이 아니라는 것이다. 또 "DJP 연합이라는 정치공학이 먹힐 수 있는 당시 상황과 지금 상황은 크게 다르거니와 후단협이 꿈꾸는 정치공학은 DJP연합과는 차원을 달리해 본말의 전도까지 낳은 수준의 것"이며 "유권자들이 그 차이를 눈감아 줄 것이라고 기대하는 건 어리석다" 고 비판했다.

강 교수는 97년 대선의 최대 명분이 정권교체였다면 2002년 대선의 최대 명분은 '정치의 재탄생'이라고 보았다. 그는 "민심은 '부패정권 청산'을 넘어서 '깨끗한 정권의 탄생'을 원한다"면서 "구태의연한 정치공학이 아니라 노무현식 파격과 그 파격에 상응하는 민주당의 환골

탈태가 가장 유력한 재집권 카드"라고 주장했다.

따라서 "명분이 없거나 약해 실패할 것이 분명한 '후보단일화'로 한나라당 집권을 돕는 자해행위를 저지르는 것이 아니라 새로운 정치문화를 창출해 문자 그대로 '봉사하는 정치인'이 되겠다는 발상의 전환을 하고 그걸 실천에 옮기라"고 주장했다.

이런 맥락에서 강 교수는 "민주당의 지리멸렬상에서 후단협보다 문제가 되는 건 김근태 고문의 이상한 처신"이라고 후보단일화 주장의 선봉에 서있는 김근태 의원에게 비판의 화살을 돌렸다.

강 교수는 "한국의 망국적 학벌주의가 교묘한 위장을 통해 집요하게 노 후보에게 타격을 입힌다는 점에서 김 고문의 전폭적 노 후보 지지는 더욱 소중하다"면서 "김 고문이 시대적 대의를 앞세우는 대국적 차원에서 노 후보를 위해 분골쇄신하는 모습을 보여주기 시작하는 그 순간 '노풍'은 다시 무섭게 불 것"이라는 게 강 교수의 주장이다. (「프레시안」 〈황태연 vs 강준만, 후보단일화 대논쟁 - 한나라당 집권 저지냐 신정치세력 창출이냐〉 2002년 10월 17 일)

노무현과 정몽준, 제2의 DJP연대였나 플레이오프였나

이런 지식인들의 논쟁 속에서 2002년 11월 3일 결국 노무현은 "모든 것을 하늘에 맡긴다"면서 후보단일화를 수락한다.

이회창 후보를 두려워하는 많은 국민들이 '단일화 안하고 이기겠냐'

이렇게 걱정하고 제게 압력을 행사하고 있습니다. 정책이 다 다른데 어떻게 단일화를 할 것이냐, 이것이 제 고민이고 많은 국민들은 그렇게 해야만이 이길 수 있다는 생각을 하고 있기 때문에 자신감이 떨어져서, 이 패배주의 때문에 힘이 보이지 않습니다. ... 여러분, 원칙은 존중되어야 합니다. 정책이 같은 사람이 하나가 되어야 합니다. 그러나 무엇이 원칙이냐 하는 것을 또한 국민들에게 물어보는 것도 저는 옳다고 생각합니다. 그래서 국민들 앞에 TV토론을 통해서 확실하게 검증을 거치고 그리고 당원들끼리의 경선이 아니라 100% 국민 경선을 통해서 후보를 결정하자, 그렇게 결정했습니다. 저 또한 이 자리에서 이 결정을 수락하려고 합니다. 여러분, 용납해 주십시오.

노무현의 이 발언대로 그는 정몽준과의 후보단일화에 대해서 DJP연합과 같은 개념이 아니라, 경선을 통해 승자 한 명이 올라가는, 마치 포스트시즌의 플레이오프 같은 것으로 해석하고 있었다. 그러다보니 여론조사 방식의 후보단일화에서 노무현은 신승을 거둔 뒤에 정몽준과의 갈등이 불거질 수 밖에 없었다.

여론조사는 노·정 후보와 함께 이회창 한나라당 후보, 권영길 민주노동당 후보 등 다자구도상의 지지 후보를 물은 뒤 이 가운데 노·정 후보 지지자만을 상대로 '이회창 한나라당 후보와 맞서 경쟁할 단일후보로 노무현 후보와 정몽준 후보 가운데 누구를 지지하느냐'고 질문하는 방식으로 이뤄졌다. 리서치앤리서치사 조사 결과 노무현 후보가 46.8%, 정몽준 후보가 42.9%를 얻어 노 후보가 정 후보를 앞선 것으로 발표되었다.

사실 정몽준은 후보단일화를 협상할 때부터 "두 후보 모두 힘을 합치면 이회창을 이길 수 있는 국민적 지지율을 받는데, 여론조사 단일화로, 개중 한 명은 대통령되고, 한 명은 집으로 가는 게 맞는 건가"라며 DJP연합 방식의 후보단일화를 주장했었다.

당연히 정몽준은 후보단일화 이후 공동정권을 위한 협상을 요구했다. 이회창과의 승부를 위해 정몽준의 지원이 필요한 노무현으로서는 탐탁지 않아도 이를 받아들일 수 밖에 없었다. 협상 과정에서 노무현 측은 정몽준 측이 너무 과한 요구를 한다고 불만을 터뜨렸다. 주요 장관은 물론 총리, 국정원장까지 요구했다는 것이다. 결국 노무현은 참모들에게 "이렇게 되면 당선되어봐야 반쪽짜리 대통령으로 실패한 대통령이 될 것이다. 실패한 대통령이 될 바에야 차라리 실패한 후보가 되겠다"며 내부적으론 단일화 파기까지 염두에 두었다.

그러다가 대선 전날 결국 사고가 터졌다. 김민석의 증언에 따르면, 기존 단일화 합의는 모든 유세장에 단일후보 둘만 오르는 것으로 되어 있었다고 한다. 그러나 명동 유세에서 당 관계자의 실수로 노 후보 진영 인물 대다수가 단상에 오르게 되었다. 김민석은 사고를 직감했고 종로에서 분위기가 이상해지면 본인이 단속을 할 생각이었는데 어찌어찌하다 종로 유세에서 서갑원의 지시로 또다시 모든 인물이 단상에 오르게 되었다. 게다가 직후 정몽준 진영에서 어떤 사람이 '차기는 정몽준!'이라고 적힌 피켓을 보이자 노무현 후보가 "너무 속도위반하지 말자. 정동영, 추미애 최고위원도 있다"고 말한 것이 결정적으로 정몽준의 심기를 건드리게 되었다. 이후 이동하게 된 냉면집에서 정몽준은 화가 나서 소주만 마시고 있고 당직자들은 가만히 냉면만 먹는 분위기 속에서 정몽준의 측근인 김흥국이 화가 나서 불만을 쏟아내는 상황이 벌어졌다. 그리고 직후 정몽준은 지지 철회 오더를 내리게 된다. 발표를 맡은 인물이 바로 김행 대변인이었다.

노무현은 긴급히 정몽준 자택으로 향했지만 정몽준은 문도 열어주지 않았다. 그러나 결과적으로 정몽준을 떨구고 노무현이 이회창에게 단독으로 승리하자 노사모 등 지지층은 DJP연합과 달리 100% 승리라고 더 환호했다. 사실 갑작스런 정몽준의 지지 철회로 화들짝 놀란 젊은 유권자들이 대거 노무현으로 결집한 효과가 있기는 했었다. 예를 들면 5%대 득표율이 예상되었던 민주노동당의 권영길은 3%대 득표율밖에 얻지 못했다. 약 2% 정도가 다급한 상황에서 노무현 쪽으로 이동한 것이다. 그럼에도 불구하고 당시 노무현 진영의 최고 논객 유시민은 "우린 민주노동당에 빚진 게 없다"고 자신만만한 모습을 보였는데, 실은 이런 오만함이 민주당 분당, 노무현 탄핵, 지지율 추락, 이명박으로의 정권교체 등 이후 노무현 정권의 비극을 잉태했는지도 모른다. 주로 정몽준 쪽에 있었던 동교동계 호남세력이 몰락하면서 노무현 집권 이후 민주당에서 온건 노선이 사라지고 586 중심의 강경투쟁 노선만 부각된 것도 국정운영에 큰 장애가 되었다. 정몽준의 단일화 파기가 노무현의 100% 승리라고 환호할 일이 아니라 노무현 정권 실패의 중차대한 요소가 될 수 있었다는 점을 간과하고 있었던 것이다.

또한 영남후보로서 노무현은 막상 부산에서 29%, 경남에서 27% 득표율을 얻는 데 그쳐 기대에 미치지 못했다. 내심 30%, 욕심을 내자면 40%대의 득표율도 바라봤었는데 말이다. 노무현은 기존의 영남후보론 방식으로는 지역의 벽을 허물지 못할 것이라고 판단, 결국 집권 이후에 또다시 호남을 고립시키는 2003년의 열린우리당 창당, 민주당 분당 사태를 일으키고 만다.

김대중의 1995년 민주당 분당으로 피해와 상처를 입은 노무현

김대중이 대통령이 되는 과정에서 노무현도 큰 피해를 입은 적이 있다. 1995년 지자체 선거 당시 김대중이 지역등권론을 내세우며 민주당의 호남 정통성을 강조한 것이다. 호남은 호남정당을 찍고, 충청은 충청정당을 찍은 뒤, 호남과 충청의 지역연합을 하자는 지역등권론은 실제로 김대중과 김종필의 연대로 현실화됐다. 문제는 이때 노무현은 민주당 소속으로 부산시장 선거에 출마했다는 것이다. 지역감정 철폐, 지역통합을 주장하며 부산시민을 설득하던 노무현은 지역투표를 정당화하는 지역등권론으로 인해 하루아침에 여당 후보에게 역전당하고 만다.

김대중 이사장이 지역등권론을 내세워 전라북도에서부터 지원 유세

> 를 시작했다. 격렬한 논쟁이 벌어졌다. 호남이 역사적으로 부당한 차별을 받고 소외당한 사실을 생각하면 이해할 수 있는 이론이었지만, 부산시민들은 이것을 지역주의로 이해했다. 이미 3당합당으로 영호남에는 맹목적인 지역대결 정치구도가 강고하게 자리를 잡은 상황이었다. 부산에서는 이 논리로 유권자를 설득하기 어려운 것이 현실이었다. 민주당은 다시 '김대중당'으로, 노무현은 '김대중당 후보'로 인식됐다. 결국 선거에서 졌다. 나는 지역등권론을 반대했다. 선거에서 지역 얘기를 꺼내는 것 자체를 반대했다. 일단 선거에 불리하기 때문이었다. (노무현 자서전 『운명이다』[돌베게, 2010년] 135-137쪽)

당시 노무현의 시련은 부산시장 낙선으로 끝나지 않았다. 김대중은 정계은퇴로 자신이 영국에서 공부하는 사이, 민주당의 승계자가 된 이기택과의 갈등을 봉합하지 못했다. 이기택은 애초에 1992년 대선에서 김대중이 패하면 정계은퇴를 할 것이고 그렇다면 차기 야권주자는 자신밖에 없다는 확신을 갖고 있었다. 이런 상황에서 김대중이 다시 정계복귀를 하게 되니 둘의 전쟁은 불가피했다.

1995년 7월 12일 저녁, 김대중과 그의 측근인 동교동계 17명의 의원들은 김대중의 자택으로 모였다. 권노갑·김원기·한광옥·신순범·김근태 부총재, 김상현·정대철·이종찬·이용희 고문, 김태식 사무총장, 신기하 원내총무, 김병오 정책위의장, 김영배·안동선·임채정·박상천 의원과 이해찬 서울시 부시장이었다.

이날 모인 의원들은 동교동계 중에서도 민주당을 떠나 새로운 둥지를 짓자는 '신당창당파'가 대다수였다. 이날 김상현을 비롯한 김원기, 정대철, 김근태 등이 이기택을 당에서 축출하고 전당대회를 새로 열자는 중재안을 내놓았지만 이기택에 대한 불신과 회의론이 깊은 김대중은 결국 갈라서기로 마음을 굳힌다.

결국 다음날인 7월 13일, 김대중은 기자회견을 열고 공식적인 정계 복귀와 신당 창당을 선언한다. 1992년 12월 은퇴 선언 후 2년 7개월 만의 일이었다.

> 정치 재개는 결과적으로 국민과의 약속을 지키지 못한 것이 됐습니다. 그러나 이에 대해 어떠한 변명도 하지 않겠습니다. 지금 이기택 총재의 민주당은 당권만 생각하고 책임을 지지 않는 '나눠먹기 정당'이 됐습니다. 이번 선거에선 구보수세력들이 민주당을 지지해줬습니다. 신당은 중산층을 끌어안는 모습으로 개혁할 것입니다.

이기택은 즉각 기자회견을 열고 "참담한 심정"이라고 비난한다. 김원기를 비롯한 조세형, 김근태 등 민주당 내 중재파는 '이기택도 물러나고, 김대중도 창당 작업을 멈추라'고 호소했지만, 이미 민주당의 틈새는 끝까지 갈라져 당은 두 조각으로 분리돼 있었다.

이에 대해 당시 민주당 의원이던 박석무는 2019년도에 「시사오늘」과의 인터뷰에서 "김대중은 '이기택 씨 따라갈 사람 따라가고, 나 따라올 사람은 따라오라'고 했다"며 "나를 포함해 많은 사람들이 '우리 당에 들어오셔서 당대표도 하고 대통령 후보도 하십시오'라는 이야기를 했지만 고집을 피웠고 당을 쪼갰다"고 회상했다.

1995년 9월 5일, 김대중의 새정치국민회의는 서울올림픽공원에서 성대한 창당 대회를 열었다. 김대중은 당의 총재가 됐다. 조세형, 이종찬, 정대철, 김영배, 김근태, 김상현, 권노갑, 한광옥, 신순범 등이 김대중을 따랐다. 참여한 현직 의원만 53명이었기에 순식간에 제1야당으로 등극했다. 이들은 거기서 멈추지 않고 각계 명망가 250명을 추가로 영입했다.

김대중은 새정치국민회의에 민주당 출신 의원들을 적극 영입하려고 시도한다. 정대철 등 측근을 은밀하게 보내 "나만 따라오면 공천은 문제없다"고 회유하기도 했다고 한다. 김대중의 국민회의 창당 이후 그를 따라가지 않고 민주당에 남았던 노무현은 당시 분열 상황을 다음과 같이 묘사했다.

> 민주당에 남은 사람들도 두 갈래로 나뉘었다. 이기택 대표 측과 그의 퇴진을 요구한 '구당 모임'이었다. 이철, 제정구, 김정길, 김원기, 조세형, 김근태 등의 '구당 모임'은 김대중 이사장을 심하게 비판하지 않았다. 언젠가는 다시 당을 같이 해야 한다고 생각했다. 이기택 대표는 '구당 모임'을 'DJ 2중대'라고 비난했다. 민주당은 갈등을 어설프게 봉합한 채 1996년 4월 11일 제15대 총선을 치렀다. 참패였다. 민주당에 남은 국회의원들은 거의 다 낙선했다. 국회는 신한국당과 새정치국민회의 양당 체제로 재편되었다. (노무현 자서전 『운명이다』[돌베게, 2010년] 137-138쪽)

실제 노무현 본인도 민주당 소속으로 출마하여, 신한국당(3당합당 민자당의 후신으로, 후일 이회창때 한나라당으로 개명)의 이명박, 김대중의 새정치국민회의의 이종찬에 이어 3위에 그치며, 부산시장에 이어 또다시 낙선하고 만다. 「시사오늘」은 특집기사 <[DJ 국민회의 창당] "이기택 따라갈 사람 가고, 내 따라갈 사람 오라">를 통해, 김대중이 자신의 대권을 위해 민주당을 분열시키고 새정치국민회의를 창당한 것은 매우 잘못된 방식이라고 비판했다.

> 당시 DJ의 국민회의에 따라가지 않고 민주당 잔류를 택했던 한 의원은 기자와 만나 이렇게 평가하기도 했다.
> "그 당시 DJ의 대권만을 위한 정치를 미워했었지요. 지금은 세월이 흐르니 이해가 되는 부분이 있어요. 우리에겐 여당에서 야당으로의 수평적 대권교체가 필요했습니다. 그러나 결과는 이해해도, 그 과정은 결코 옳았다고 볼 수 없어요."
> 누군가에겐 분열의 상처를, 누군가에겐 정권교체의 기쁨을 안겼던 새정치국민회의의 창당. 이를 지금 시점에서 어떻게 봐야 할까.
> 강상호 한국정치발전연구소 대표는 이날 「시사오늘」과의 통화에서 "국민회의 창당으로 대권을 얻었던 사례는 3김(김영삼·김대중·김종필)이라는 큰 인물과 이념 위주의 정당 환경이 있었기에 가능했던 것"이라며 "문제가 있을 때마다 분당과 창당을 반복하는 것은 바람직하지 않은 '옛날 정치'식 해결 방안"이라고 지적했다.

문제는 김대중의 민주당 분당으로 인해 가장 큰 피해와 상처를 입은 노무현이 이제 대통령 자리에 올랐다는 것이다.

노무현의 열린우리당 창당, 김대중과 호남에 대한 복수인가

노무현은 1995년 김대중의 민주당 분당 사태 이외에도 2002년 대선 과정에서도 박상천, 정균환 등 호남 동교동계 인사들로부터 정몽준으로의 후보교체 압력에 시달린 바 있다. 그리고 그토록 자신이 공을 들였던 부산과 경남에서 30%에 미치지 못하는 득표율에 실망하기도 했다. 부산에서 세 번 출마해 낙선한 노무현은 호남 중심의 민주당으로는 지역의 벽을 허물 수 없다는 확신을 갖게 되었다. 그래서 당선되자마자 추진한 일이 탈호남을 위한 열린우리당 창당이다. 물론 열린우리당 창당은 정동영, 신기남, 천정배 등 호남의 신진파들이 직접 추진한 일이나 노무현 정권이란 배후가 없었으면 불가능한 일이었다. 실제 열린우리당은 노무현의 당으로 인식되었다.

열린우리당의 정체성은 창당 주역인 신기남의 "호남이 더 흔들려야 한다. 호남의 표가 결집되는 걸 바라지 않는다" 이 말로 설명될 수 있다. 노무현은 자신이 부산에서 30%에 못 미치는 득표율을 얻게 된 원흉을 호남의 90% 몰표라고 판단했다. 즉 호남의 몰표를 줄여야 부산 등 타 지역의 득표가 올라갈 수 있다고 생각한 것이다. 그래서 열린우리당을 창당하면, 이 당은 호남에서는 민주당과, 영남에서는 한나라당과 경쟁하며 자연스럽게 지역의 벽을 허물수 있다고 판단한 것이다. 필자는 당시 「브레이크뉴스」 2004년 4월 12일자 칼럼 <노 대통령과 열린우리당의 신지역주의는 실패했다>를 통해 노무현의 발상을 강하게 비판한 바 있다.

> 열린우리당은 처음부터 지역주의 타파를 위한 전국정당을 목표로 했다. 기존의 민주당 간판으로는 도저히 영남에서 의석을 건질 수 없으니 민주당을 호남 자민련으로 몰아넣어 영남에서 승부를 걸어보겠다는 것이었다. 이번 총선에서 노대통령을 다시 모셔오겠다는 이외에 열린우리당이 승부를 거는 또 하나의 승부수이다. 과연 이런 열린우리당의 지역주의 철학은 성공할 수 있을 것인가? 아니 정당한 것인가?
> 결론부터 이야기하면 성공할 가능성도 극히 낮고 성공한다 할지라도 전혀 정당하지 않다는 것이다. 그리고 이러한 비판은 열린우리당 창당, 즉 민주당 분당 때부터 무수히 쏟아졌다. 노무현 대통령이 이를 듣지 않았고, 이런 비판을 하던 지식인들이 권력에 붙어 어용노릇을 하다보니 그간 잠복해 있었을 뿐이다. 작금의 열린우리당의 영호남 딜레마는 모두 지역주의에 대한 노대통령의 잘못된 신념에서 비롯되었다. 지난해 12월 발간된 전북대 신방과 강준만 교수의 『노무현은 배신자인가』 중 일부 내용이다.
> "기존의 정치구도와 질서를 바꾸는 데엔 영남의 자기 성찰이 필요한 일이었다. 지역감정, 영남 우월주의, 또는 탐욕에 휘둘려 수구냉전세력만 죽어라 하고 지지해준 것에 대한 자각이 필요했다. 그건 노무현이 착실하게 개혁을 밀고 나가면 서서히 이루어질 수 있는 문제였다. 그러나 노무현은 모험주의의 유혹을 받아 착실하게 일할 생각은 않고

정치공학에만 몰두해 일을 저지르는 바람에 영남인들로부터 그런 자각의 기회를 박탈당하고 오히려 호남에 지역주의 타파의 칼날을 겨누는 본말의 전도를 범하고 말았다. 뭐든지 한꺼번에 일시에 해치우려는 그의 기질은 좋은 뜻만으론 설명할 수 없는 것이며, 거기에 대해선 비판받아 마땅하다.

노무현식 지역구도 타파 전략은 파도 한 방에 금방 휩쓸리는 모래성과 같은 것이다. 그건 노무현이라고 하는 영남 출신 대통령의 파워와 부도덕한 정치공학이 결합해 이루어지는 것이기 때문에 언제든지 대선의 향방에 따라 달라질 수 있는 그런 허망한 것임은 머지않아 시간이 입증해줄 것이다."

노무현은 2002년 대선에서 광주에서 95%, 전남에서 93%, 전북에서 91%의 득표율을 기록했다. 김대중이 1997년 대선에서 얻은 광주 97%, 전남 94%, 전북 92%에 육박했다. 한화갑 전 민주당대표에 따르면 노무현은 이에 대해 "호남사람들이 내가 좋아서 찍었나. 이회창이 싫어서 찍은거지"라고 호남의 표심을 폄훼까지 했다고 한다.

그러나 호남고립이라는 3당합당에 합류하지 않고, 김대중의 민주당 소속으로 부산에서 연거푸 도전하다 낙선된 그의 경력만으로도 호남에서의 90%대 지지율은 충분히 설명될 수 있었다. 애초에 노무현은 호남의 몰표를 문제삼지 말고 노무현식 정치, 사회개혁으로 영남권 등 타지역 젊은층의 표심을 차분하게 잡아갔으면 되는 일이었다. 혹시라도 그런 노무현식 과격한 개혁을 불안하게 생각한 호남의 노년층, 보수층은 알아서 떠나갈 수 있었다. 노무현은 이걸 인위적으로 당을 깨면서 밀어붙인 것이다.

애초에 대한민국에서는 현대사 문제, 북한 문제 등과 관련하여 국민들 사이에 넘을 수 없는 이념의 벽, 생각의 벽이 존재한다. 이것이 영남과 호남에서의 표심에도 결정적인 영향을 미친다. 2002년 대선 당시 기준으로도 노무현이 김대중의 햇볕정책을 그대로 계승하는 순간 대북 문제와 관련 보수성이 짙은 영남권에서의 득표는 한계가 있을 수밖에 없었던 것이지, 호남의 몰표 탓에 반드시 영남이 노무현 세력에게 표를 주지 않은 게 아니라는 것이다.

실제로 무려 20년이 지난 2022년 대선에서 경북 안동 출신 이재명 민주당 후보조차 경북에서 23%밖에 득표를 하지 못했다. 2002년 대선에서 노무현이 경북에서 22%를 득표했다. 이재명은 노무현보다 더 김대중식 햇볕정책에 경도된 인물로 보수층은 인식한다. 즉 엄연히 영호남 지역민 간에 이념의 차가 존재하므로, 노무현이든 이재명이든 "나는 영남 출신 대권후보이니, 영남에서 표를 달라" 이런 주문이 그대로 먹혀들 수 없었다는 것이다.

이런 딜레마 탓에 노무현 정권은 임기 내내 영호남 모두로부터 비판을 받으면서 지지율이 추락했다. 2006년 지자체 선거를 한 달 앞둔 5월 15일에 문재인은 부산 지역 언론인들과 만난 자리에서 "노무현 정권은 부산정권이다"라고 발언하여 파문이 일었다.

문재인(文在寅) 전 청와대 민정수석은 15일 "대통령도 부산출신인데 부산시민들이 왜 부산정권으로 안 받아들이는지 이해가 안된다"며 참여정부에 대한 부산지역의 지지율 정체현상을 답답해 했다.
청와대내 위상 때문에 '왕수석'으로 불리던 문 전 수석은 이날 오후 부산지역 기자들과 만나 "APEC(아시아태평양경제협력체) 정상회의와 신항 및 북항재개발, 인사 등 정부로서는 거의 할 수 있는 만큼 부산에 신경을 쓰고 지원을 했는데 시민들의 귀속감이 전혀 없다, 엄청 짝사랑하는 것 아니냐"면서 이 같은 심정을 토로했다.
문 전 수석은 또 5.31 지방선거와 관련 "대통령은 부산에서도 지역주의가 허물어지는 계기가 됐으면 하는 마음이 간절하다"면서도 "이번 선거가 참여정부에 대한 중간평가라는 것에는 동의하지 않는다"고 선을 그었다. (「연합뉴스」 <문재인 "부산정권으로 안받아들이는 것 이해 안돼"> 2006년 5월 15일)

지자체 선거를 2주 앞둔 상황에서 문재인의 "부산정권" 발언으로, 결국 노무현의 열린우리당은 광주, 전남, 전북에서 한화갑의 민주당에 참패를 당하고 만다. 당연히 부산에서도 한나라당의 허남식에게 패배했다. 영남에 다가가려면 호남에서, 호남에 다가가려면 영남에서 참패가 반복되는 악순환에 빠진 것이다.

노무현 정권을 부산정권으로 규정한 노무현 최측근 문재인의 발언은 당시 큰 논란을 낳았다. 사진은 이 논란을 조명한 2006년 5월 16일 SBS 8시 뉴스.

문재인은 노무현의 업적인 한미FTA와 제주해군기지조차 평가절하

노무현 정권은 자기 지지층이 결사반대하는 정책을 과감하게 추진한 바가 있는데 그 대표적인 사례가 바로 '한미FTA'와 '제주해군기지 건설'이다. 이런 정책을 추진한 것은 노무현이 영남권 공략을 하기 위해서일 수도 있고, 혹은 노무현이 과거 학생운동 경력이 없어 운동권식 교조주의에 빠져들지 않았기 때문일 수도 있다. 어쨌든 이는 진보좌파 진영에서는 결사적으로 반대할 수 밖에 없는 사안이라서 추진 당시 노무현 정권은 지지층 붕괴 사태를 겪게 된다. 그럼에도 불구하고 보수층과 영남권은 마음을 열지 않아 노무현 정권 5년 차에는 지지율이 5%까지 추락하게 된다.

이런 노무현 정권의 실패를 두 눈으로 지켜본 문재인은 집권 이후에 노무현과는 정반대의 길로 달렸다. 오직 지지층이 원하는 일만 하며 자신의 지지율을 임기말까지 40%로 유지했던 것이다. 그러다보니 오히려 문재인 정권 들어서 보수층에서는 노무현에 대한 재평가를 하기도 했다.

「오마이뉴스」는 노무현 추모 12주기 행사에서 유승민 등 보수 인사들이 노무현을 다음과 같이 평가했다고 보도했다.

> 유승민 의원은 이날 페이스북에 "고 노무현 대통령은 국익을 위해서라면 지지자들의 비판을 무릅쓰고 진영을 뛰어넘는 용기를 보여줬다. 한미FTA, 이라크 파병, 제주해군기지가 그랬다"고 평했다. 이어 "그분이 살아계셨다면, 공정이 무너지고 거짓과 위선이 판을 치는 현 정권의 모습에 크게 실망했을 것"이라며 "'노무현 정신'을 진정으로 생각한다면 문재인 대통령과 민주당 인사들은 자신들의 행적을 부끄러워하고 반성해야 할 것"이라고 주장했다. 원희룡 제주지사도 전날(22일) 밤 본인 페이스북에 "적어도 노 대통령은 지지층에게 욕 먹을 용기는 있는 분이셨다"며 "문재인 대통령은 (하는) 척만 하는 대통령이다. 공정한 척, 정의로운 척, 어려운 사람을 위하는 척 하지만 실제로는 가장 반대로 움직인 정권이다"라고 비판했다. 아울러, "진정성의 노무현 대통령은 부활하였지만, 위선의 문재인 대통령은 일말의 연민

이나 동정심도 없이 사라질 것"이라고 주장했다.

국민의당도 마찬가지였다. 안혜진 국민의당 대변인은 이날 논평에서 "오늘은 대한민국 정치사에서 가장 뜨거운 가슴으로 국민을 사랑했던 고 노무현 전 대통령 서거 12주기 되는 날"이라며 "그 어느 때보다 독선과 위선. 불공정이 가득한 시대인지라 선동적이지도 않고, 위선과는 거리가 멀었던 진솔한 노 대통령이 오늘따라 무척 그립다"고 밝혔다.

특히 "상식이 통하는 사회. 반칙과 특권 없는 세상, 나라다운 나라, 살맛나는 세상을 위해 온 마음 다 바쳐 헌신한 노 대통령의 철학과 가치들이 오늘만큼은 서민팔이와 민주팔이에 여념이 없는 정치인들에게 큰 반향이 되어 작금의 어려움을 이겨내는 초석이 되었으면 좋겠다"고 밝혔다.

그러나 이러한 재평가는 노무현 정권이 끝난 2007년 기준으로도 무려 14년이 지난 후의 일이다. 2007년 대선은 노무현 정권에 대한 심판 분위기로 한나라당의 이명박으로 정권이 넘어갈 수 밖에 없었다. 문제는 하필이면 당시 이명박의 대항마가 전북 출신 정동영이었다는 점이다.

정동영은 26%라는 초라한 득표율을 얻어 이명박의 48%에 크게 미치지 못했다. 특히 당시 대선에서 이회창조차 15%란 득표율을 올렸다는 점에서 정동영의 패배는 범민주진보 진영 역사상 최대의 참패로 기록되었다. 정동영은 자신의 고향 전북에서조차 80% 득표율이었다. 이전에 노무현이 전북에서 91% 득표율을 얻었는데 말이다. 정동영은 대구에서는 불과 6% 득표율에 그쳤다.

물론 2007년 대선에서 정동영의 참패는 지지율이 5%대까지 떨어진 노무현 정권에 대한 심판의 측면이 가장 컸었다. 그럼에도 불구하고 친노세력은 참패의 모든 책임을 '호남후보' 정동영 탓으로 돌렸다. 친노세력이 득세하게 된 민주당은 이후에도 호남컴플렉스 속에서 제대로 된 내부 경쟁 없이 대권에서 문재인, 이재명 등 늘 영남후보를 옹위하는 일을 반복하게 된다.

제 3 장

노무현보다 더 큰 실패 사례가 된 문재인 정권

노무현의 죽음, 문재인이 기회를 잡은 계기?

2007년 대선에서 정동영이 이명박에게 참패를 한 이후, 2008년 총선에서도 민주당은 81석만 차지하며 대패를 당하고 만다. 집권여당인 이명박의 한나라당은 153석으로 과반을 넘겼다. 같은 보수노선의 자유선진당이 18석, 친박연대가 14석을 차지했으니, 범보수진영의 정당이 185석을 차지하는 역사에 기록될 대승이었다. 더구나 부산의 김무성, 경기의 한선교 등 친박 무소속연대 측 인사들도 12명이 당선, 총 197석으로 개헌선인 200석에 육박했다.

아무리 대선과 총선 패배의 책임을 정동영에 떠넘기려고 해도 너무 큰 패배에 이른바 친노세력은 폐족이 될 수 밖에 없었다. 민주당 내에서도 경영학자 출신 김효석 의원이 주도하여 강경투쟁 일변도의 친노 586을 배제하면서 합리적 중도층에 어필할 수 있는 정당개혁안을 준비하고 있었다. 그러나 2009년 5월 23일 박연차 뇌물수사를 받던 노무현 전 대통령이 투신자살을 하는 경천동지할 사건이 벌어진다.

원래 이명박과 노무현의 관계는 그리 불편하지 않았다. 그전 대선때도 노무현은 자당의 정동영 후보에 대해 별다른 지원을 한 바 없다. 오히려 이명박이 서울시장 당시 청계천 복원 행사를 할 때, 노무현은 대통령 자격으로 참여하여 이명박에게 합당한 예우를 해주기도 하는 등 둘은 관계가 좋았다. 노무현은 말만 앞세우는 운동권보다는 이명박의 실무능력을 높이 평가했다고 한다. 정권교체 당시 이명박의 친형 이상득 의원이 나서 "가족에 대한 보복은 없을 것"이란 장담을 했다는 설도

돌았다. 그러다보니 정동영 후보 측에서는 노무현과 이명박의 야합설을 제기할 정도였다.

두 사람의 관계는 '미국산 쇠고기 파동'으로 얼어붙게 된다. 이명박은 집권하자마자 노무현이 추진한 한미FTA 선결조건인 미국산 쇠고기 수입을 국민적 합의없이 밀어붙이게 되는데, 이로 인한 역풍으로 지지율이 10% 대로 추락하며 정권이 붕괴될 위기까지 맞게 된다.

이명박 정권에서는 당연히 애초 한미FTA를 추진한 노무현 측이 이 문제에서 도움을 주길 바랐다. 그러나 노무현 측은 "우리는 애초 30개월 미만 쇠고기 수입만 가능하다는 입장이었다"면서 무제한 수입을 선언한 이명박 측과 차별화에 나섰다. 이명박 측은 "노무현 정권이 추진한 한미FTA를 마무리짓기 위해서 어쩔 수 없었다"고 변명에 나섰다. 그런데 노무현 측은 아예 "한미 간 협정을 체결한 후에 세계적인 금융위기가 발생했다. 우리 경제와 금융 제도 전반에 관한 점검이 필요한 시기"라며 "한미FTA 안에도 해당되는 내용이 있는지 점검해 보아야 할 것이고 고쳐야 할 필요가 있는 것은 고쳐야 할 것"이라며 한미FTA와 관련 대대적인 재협상이 필요하다는 의견까지 냈다.

결국 이명박 정권 내에선 '노무현을 손봐주자'는 의견이 나오기 시작한다. 이명박의 지지율이 추락하는 사이, 노무현은 봉하마을에서 오리농법의 쌀농사를 짓고 아이들과 자전거를 타는 등 소탈한 서민의 이미지로 집권 시에 잃었던 인기를 회복해나가고 있었다. 특히 참여정부의 인사들과 함께 정치·정책 연구포럼을 여는 등 현실 정치에 참여하려는 움직임까지 보이고 있었다. 이명박으로서는 노무현을 꺾어놓지 않으면 차기 총선, 대선을 장담하기 어려운 상황에 몰리게 됐다.

결국 2009년 '박연차 게이트'로 강금원 창신섬유 회장, 정상문 청와대 비서관 등 측근들이 구속되자 수사의 칼끝은 노무현을 향하기 시작했다. 먼저 영부인 권양숙이 자녀들의 미국 저택 구입비 명목으로 박연차로부터 직접 100만 달러, 또 정상문 비서관을 통해서도 추가로 40만 달러를 받은 사실이 확인되었다. 또한 아들 노건호와 조카사위 연철호도 역시 투자금 명목으로 박연차에게 500만 달러를 받은 사실도 확인되었다.

그 다음으로 이 사실들에 대해서 노무현이 사전에 알고 있었냐로 수사의 초점이 맞춰졌다. 당시에 노무현은 과거 비서실장이던 문재인을 변호사로 영입해 "나 모르게 집사람이 한 일"이라고 해명하고 있었다. 그러나 검찰은 박연차의 "노무현이 직접 자신에게 전화해 돈을 마련하라고 했다"는 진술을 공개했다. 물론, 검찰이 훗날 박근혜 등을 수사할 때도 수많은 위증교사 혐의가 있었음이 드러났던 것을 보면, 박연차가 검찰과의 거래를 통해 노무현과 관련한 허위진술을 했을 가능성도 있다.

어떻든 당시 국민 여론은 노무현 사전구속에 대해 70% 이상이 반대하고 있었다. 그 당시 기준으로 전두환, 노태우 등의 수천억 원대 비자금 사건과 비교하여 액수가 그리 크지도 않고, 자금 대부분이 모두 자식들과 관계된 것이라 권양숙의 단독행위라고 볼 여지도 있었다. 그래서 이명박 정권 차원에서도 불구속 기소로 의견이 모아지고 있었다.

그러나 결국 노무현은 투신자살을 해버린 것이다.

노무현의 투신자살은 주요 신문들 대부분이 호외판을 낼 정도로 큰 사회적 충격을 줬다.

그러자 노무현에 대한 추모 열기가 뜨겁게 타올랐고 반대로 이명박에 대한 비난 여론이 들끓었다. 노무현을 잡기 위해 검찰 수사를 너무 오래 끌고 갔고 이른바 '논두렁 시계'를 비롯해 온갖 피의사실이 언론을 통해 공개되었다. 이미 노무현은 치유 불가능한 상처를 입은 것이다.

노무현의 영결식에서 노무현의 측근이었던 백원우 전 의원이 이명박 당시 대통령에게 공개적으로 사과를 요구했던 일은 지금도 회자되는 유명한 사건이다. 이 대통령이 헌화하려고 하자 백원우는 "사죄하

라. 어디서 분향을 하냐"고 소리쳐 경호 인력에 끌려 나갔다. 이에 문재인 당시 장례집행위원장이 이 대통령에게 다가간 뒤 고개 숙여 직접 사과하면서 자칫 큰 소동으로 번졌을 일이 정리됐다.

백원우 전 의원은 이후 문재인 정부에서 민정비서관으로 임명됐다. 백 전 의원은 과거를 회상하며 "아마도 그 장면이 많은 이들에겐 문재인이란 사람을 각인시키는 그런 장면이었다고 생각한다. 자신 역시 큰 슬픔과 분노를 갖고 있었을 것인데 이를 억누르고 당시 이명박 대통령에 머리 숙였던 모습. 그런 대인배의 모습이 오늘의 문재인을 있게 한 장면이 아닐까 싶다"고 말했다.

종편채널인 채널A 방송 '외부인'에서는 정봉주 전 의원이 출연해 비극적인 순간에도 이 전 대통령에게 담담히 사과를 할 정도로 자제력을 잃지 않았던 문 대통령이 귀가 후 119에 실려갈 정도로 통곡했다고 전해 눈길을 끌기도 했다.

김어준, "문재인은 사사롭지 않아" 대통령 만들기 선언

저 장면이 바로 노무현의 친구 문재인에서 노무현의 정치적 후계자 문재인으로 새롭게 변모하게 된 결정적 계기가 된다. 이를 간파하여 문재인 대통령 만들기 작업에 들어간 인물이 바로 김어준이다. 김어준은 2011년 『닥치고 정치』란 책을 발간, 문재인을 다음과 같이 평가했다.

내가 문재인을 처음 알아본 그 2년 전이 언제인지도 언급하고, 문재인 이야기를 끝내자고, 노무현 영결식 때야. 당시 백원우가 이명박을 향해 말 폭탄을 던졌잖아. 많은 이들이 범인은 아는데 아무도 그 범인을 지목하지도 체포하지도 못하는 상황이라고 여기고 있었기 때문에 백원우의 행동은 그렇게 생각하던 사람들에겐 통쾌한 일이었다고. 그런데 그렇게 피아가 확실히 구분되고 감정적으로 격해진 상황에서 문재인이 이명박에게 가서 머리를 조아리고 사과를 한다고. 보통 그런 상태에선 범인에게 피해자가 사과한다는 건 있을 수도 없고, 만약 그랬다면 분노하게 된다고.

그런데 문재인이 이명박에게 사과를 하니까, 비겁하거나 쓸데없다고 느껴지는 게 아니라 경우가 바르다는 생각이 퍼뜩 들었다고. 이런 건 타고나는 애티튜드의 힘이라고. 이런 건 흉내내거나 훈련할 수 없는 거야. 문재인에겐 그런 힘이 있는 거야. 박근혜도 바로 그런 애티튜드가 있는 사람이야. 그때부터 아, 저 사람이다. 저 사람이 박근혜와 똑같은 지점에서 맞설 수 있는 사람이구나, 싶었다고. 그리고 그때부터 2년후에 문재인이 뜰 거라고 주장하기 시작한 거고.

더 나아가 김어준은 문재인이 정치인으로 성공할 요소로 박근혜와 비견될 정도의 '사사롭지 않음'을 들었다.

문재인, 똑같은 지점에서 맞설 수 있는 사람은 문재인밖에 없다고 생각해. 사사롭지 않고, 약속 잘 지킬 것 같고, 진중하고, 의리 저버리지 않을 것 같고, 박근혜가 강한 지점과 정확히 일치하는 강점을 가졌어. 그런데 문재인 스스로는 자신의 약점을 언급하면서 자질이 없다고 하지. 문재인은 이런 식으로 표현하거든. '나한테 정치하라는 것은 음치에게 노래를 부르라고 하는 것이다.' 일반적인 상황에선 그런 자기 분석이 틀리지 않았어. 노무현은 대중 앞에 나서는 걸 즐겼고, 이야기하다 보면 스스로 신이 나고 흥이 났던 사람이야. 10분 얘기할 자리에서 한 시간도 이야기할 수 있었던 양반이니까. 지식인과 연예인의 자질을 동시에 갖추어야 대중정치인으로 성공할 수 있는데, 노무현은 둘 다 가진 사람이었어.

문재인의 최대 강점 역시 사사롭지 않다는 거야. 설혹 문재인이 출마를 선언한들 아무도 대권욕에 눈이 멀었다고 생각하지 않아. 일단 거기서부터 기존 정치인들과 차별화된다고. 문재인을 반대하거나 싫어하는 사람들조차 문재인이 사리사욕에 움직인다고는 생각지 않아. 문재인의 인생이 그걸 입증하고 있으니까.

문재인은 결국 2011년 6월에 자신과 노무현의 일대기를 기록한 책 『운명』을 출판하면서 사실상 정계에 데뷔하게 된다. 이 책은 "(노무현) 대통령은 유서에서 '운명이다'라고 했다. 속으로 생각했다. 나야말로 운명이다. 당신은 이제 운명에서 해방됐지만, 나는 당신이 남긴 숙제에서 꼼짝하지 못하게 됐다"는 말로 시작된다.

이명박 정권의 실정에 대한 반감이 그대로 노무현에 대한 향수로 이어졌고 그 정치적 힘을 받은 문재인은 정계 데뷔부터 승승장구한다. 결국 2016년 9월 16일에 문재인은 56%의 과반 특표율로 2위인 손학규의 22%를 크게 누르며 더불어민주당 대선 후보로 확정된다. 이 경선에서 전북 출신의 유일한 호남후보로서 민주당 당대표까지 지낸 정세균은 7% 득표율로, 경남 출신 김두관의 14%에도 미치지 못한 채 꼴찌를 기록했다. 호남 기반 민주당에서 사실상 호남후보가 전멸당한 셈이다.

그러나 막상 본선에 올라온 문재인은 민주당 경선 때와는 다른 각종 비판에 제대로 대응을 하지 못하며 지지율이 추락하여 이후 제3후보 안철수에게도 따라잡히며 고전을 하게 된다. 일단 노무현의 정치적 자산을 물려받은 것과 달리 문재인은 노무현과는 비교할 수도 없을 정도로 좌클릭으로 노선이 경도되어있다는 비판에 직면하게 됐다.

노무현이 지지층의 반대를 뚫고 국익을 위해 관철했다고 보수층에서도 높이 평가받는 한미FTA와 제주해군기지 건설과 관련, 문재인은 2012년 총선과 대선 준비과정에서 이를 뒤집었다. 총선 당시에는 통합진보당과의 야권연대를 통해 폐기를 공약했으며, 대권주자로서는 "한미FTA 비준을 현 상태로는 반대한다", "제주해군기지 건설을 중단하고 전면 재검토해야 한다"고 말해 논란을 불러일으켰다. 노무현 정권 때 제주해군기지 건설을 본격적으로 추진하기 시작한 2005년 4월과 한미FTA 협상 개시를 선언한 2006년 2월 문재인은 청와대 민정수석이었다. 두 정책이 추진되는 동안 비서실장도 지냈다. 당시 책임있는 자리에 있었으면서 정권이 바뀌자 입장을 바꿨다는 비판이 일 수 밖에 없었다.

문재인이 좌클릭하는 데에는 통합진보당과의 연대도 영향을 미쳤다. 이정희가 앞장섰던 통합진보당은 대북, 경제 분야에서 강력한 좌클릭 정책을 문재인에 요구했고, 문재인은 대부분 이를 수용했다. 그 결과 이정희는 "나는 박근혜 당신을 떨어뜨리기 위해 나왔다"는 충격적인 말을 남긴 채 후보를 사퇴하고 문재인 지지를 선언했다. 과연 2012년 대선에서 통합진보당과의 연대가 문재인에게 득이 되었을지 의문이다. 문재인보다 오른쪽에 있던 안철수에 비해서 문재인은 모든 조사에서 박근혜 상대 경쟁력이 뒤쳐졌기 때문이다.

이정희 후보는 2012년 대선후보 TV토론회에서 상대인 박근혜 후보를 상대로 "당신을 떨어뜨리기 위해 나왔다"면서 노골적이고 공격적인 발언으로 시청자들에게 충격을 줬다. 사진은 JTBC의 관련 자료화면.

또 하나는, 보수층 일각에서 주장해온 것이지만, 어떻든 노무현의 인척 관리를 똑바로 하지 못해 노무현의 비극에 있어 책임이 있는 문재인이 과연 노무현의 정치적 후계자로 나서는 게 정당하냐는 것이다.

문재인은 노무현 가족을 관리해야 하는 민정수석 출신, 그리고 비서실장 출신이었다. 이때 영부인 권양숙은 총무처 비서관 정상문을 통해 박연차의 돈 100만 달러를 청와대로 반입했다. 그 정상문은 청와대 특수활동비 약 12억 5천만 원을 횡령했고 "퇴임 후 노무현에게 주려고 했다"고 진술했다. 영부인은 청와대 내에서 100만 달러를 수수하고 총무 비서관이 대통령에게 주겠다고 12억 원 대의 돈을 횡령하는데 대체 민정수석과 비서실장은 무엇을 했냐는 것이다. 특히 이렇게 대통령을 똑바로 보좌하지 못한 측근이 노무현의 변호사로까지 나섰으니 과연 변호는 똑바로 했겠냐는 비판까지 나왔다.

보수진영에서 문재인과 대비되는 인물이 박정희 대통령의 비서실장 김정렴이다. 김정렴은 1969년 10월부터 1978년 12월까지 무려 9년 2개월 동안 대통령 비서실장으로 일했다. 김정렴은 외부적으론 건강 문제로 비서실장직을 그만둔 것으로 기록되어있다.

결국 김정렴이 그만둔 사이, 신임 김계원 비서실장의 눈앞에서 김재규 중앙정보부장이 박정희 대통령을 시해하게 된 것이다. 실제 김정렴 비서실장이 일정 정도 통제해오던 김재규 중정부장과 차지철 경호실장은 그가 그만둔 뒤 고삐 풀린 싸움개들처럼 서로 물어뜯게 된다. 10.26 당시 주일대사로 일본에 나가 있던 김정렴이 급거 귀국했을 때 그의 주위 지인들과 청와대 시절 동료들은 "당신이 청와대에 계속 남아 계셨다면 각하께서 이렇게 어이없이 돌아가시는 일은 없었을텐데..."라며 애통해했다고 한다.

김정렴은 박정희 시해 사건에 대한 무한 책임을 지고 전두환 정권의 요청에도 일체 공직에 나서지 않고 두문불출했다. 그러다 박정희의 딸 박근혜가 정계에 나서고 1999년 김대중 정권에서 박정희기념사업회를 조성하자 이사로 참여해 2007년 사업회 회장 일을 맡는다. 그는 남은 여생을 박정희 기념사업에 바친 뒤 2020년 타계했다. 이런 김정렴과 비교하면 노무현 비서실장 문재인의 정계진출은 명분적으로나 시간적으로나 너무 무리였다는 것이다.

실제로 2012년 9월에야 대권 출마를 선언한 안철수에게 문재인은 곧바로 따라잡혀 3위로 밀려나기도 했다. 이 둘의 후보단일화 과정에서 안철수로 단일화하면 박근혜에 이기는 반면, 문재인으로 단일화하면 박근혜에게 지는 것으로 나오는 여론조사가 쏟아졌다. 그러나 결국 안철수가 후보 사퇴를 선언하면서 문재인은 후보단일화의 시너지 효과 없이 박근혜와 1대1로 맞붙는다. 결과는 예상대로 51.55% 대 48.02%로 나왔고, 박근혜가 100만 표 이상 차이로 문재인을 이겼다.

김영환, "대권주자가 99% 대한민국 운운해도 되나" 문재인 비판

당시 민주당 소속이었던 현 충북지사 김영환은 "문재인 후보 측은 99% 대한민국을 말하며 1%의 기득권세력 타파를 주장했다. 반면 박근혜 후보 측은 이를 역이용 100% 대한민국이란 캐치프레이즈를 내세웠다. (문제인 후보가) 개혁세력임을 강조하고 싶다 해도, 어떻게 한 국가의 대통령이 되겠다면서 1%의 국민을 배제시키겠다는 광고문안을 내세웠는지 이해할 수 없었다"고 지적했다. 즉 노무현 사후에 노무현에 대한 복수심을 부추기면서 국민 갈등을 조장하는 듯한 표어 등이 패배의 원인었다는 것이다.

문재인은 부산에서 39%, 경남에서 36%의 득표율을 기록해 노무현이 꿈꿨던 부산경남에서의 득표는 일정 정도 이뤄낸다. 다만 이는 문재인의 실력보다는 노무현의 불운한 죽음이 그가 그토록 염원했던 고향 부산경남의 득표율 상승으로 이어졌다고 보는 게 맞을 것이다. 이 결과가 바로 노무현이 진정 바랐던 지역감정의 벽을 무너뜨린 것인가에 대해서는 확언할 수 없다. 호남 기반의 민주당이 영남후보를 내세워 영남권을 공략하자 보수진영은 결국 2022년 대선에서 충청 출신에 문재인 정권의 검찰총장 윤석열을 데려와 대구에서 75%의 몰표를 주며 정권 탈환에 성공하게 된다. 오직 선거에 이기기 위해 대구가 충청 출신에 몰표를 준 게 과연 노무현식 지역감정 해소의 성과라고 할 수 있을까.

박지원, 주승용 등이 나서며 친문 대 비문 갈등 고조

박근혜 정권이 절반을 돈 시점인 2015년초 민주당의 후신인 새정치민주연합은 문재인과 박지원 간의 당대표 경선 대결로 긴장감이 고조되고 있었다. 대선에서 패하며 정계에서 물러났던 문재인이 어느새 친문세력을 앞세워 당을 장악해나갔고, 이에 반해 박지원 등 주로 호남 측 의원들은 점점 외곽으로 밀려나는 흐름이었다. 이걸 막기 위해 박지원이 출마했지만 결국 역부족, 당대표 선거에서 문재인이 신승을 한다.

2015년 2월 8일 새정치민주연합 전당대회에서 문재인은 45.30%를 득표해, 41.78%에 그친 박지원을 제치고 결국 당권을 확보한다. 이 선거에서 문재인은 대의원투표 45.05%, 권리당원투표 39.98%, 국민여론 58.05%, 당원여론 43.29%를 득표했다. 박지원은 대의원투표 42.66%, 권리당원투표 45.76%, 국민여론 29.45%, 당원여론 44.41%로 권리당원과 당원 부문에서 문재인보다 높은 지지를 얻었다.

문재인은 국민여론조사에서 60%에 육박하는 압도적인 지지를 받았고 대의원 투표에서도 1위를 차지했다. 하지만 권리당원 투표와 당원 여론조사 등 당원들의 지지에서는 상대적으로 고전했다. 특히 경선과정에서 여론조사 룰을 문재인에게 유리하도록 바꾸면서 박지원 등 호남세력은 2016년 총선을 앞두고 친문에 대한 경계심이 높아질 수 밖에 없었다. 총선 경선에서 역시 친문에 유리한 룰로 얼마든지 바꿀 수 있기 때문이다.

그러다가 2015년 4월 29일 재보선에서 문재인의 새정치민주연합은 전패를 당하고 만다. 특히 전통적으로 민주당 강세지역인 관악을에서 새누리당의 오신환에게, 성남중원에서 새누리당의 신상진에게 대패했다. 더구나 광주 서구을에서는 무소속의 천정배가 새정치민주연합의 조영택을 52.37% 대 29.80% 대파, 결국 문재인은 당대표 실각의 위기에 몰렸다.

전남 여수 출신의 주승용 의원은 2015년 5월 8일 국회에서 열린 회의에서 모두 발언을 통해 "저는 패권주의의 또 다른 이름이 비공개, 불공정, 불공평이라고 생각한다. 선거에 패배하고 나서 (지도부가 사퇴하지 않고) 그대로 있는 것도 하나의 불공평이라고 생각했다"며 공개·공정·공평 등 제갈량의 '3공정신'을 강조하며, 문재인을 비롯 지도부 총사퇴를 요구했다. 주 의원의 요구는 문재인의 친문패권주의에 불만을 가졌던 범호남계 의원의 목소리를 대변한 것으로 여겨졌다.

그러나 친문계로 분류되던 정청래 의원은 "공개, 공정, 공평 다 맞는 말"이라면서 "(주 최고위원이 최고위원직을) 사퇴할 것처럼 해놓고 공갈치는 게 더 문제"라고 노골적인 발언으로 이에 대해 반격했다.

그러자 주승용 의원은 "공개석상에서 이렇게 말씀하는 것은 치욕적"이라며 "사퇴는 안 할 거면서 사퇴할 거라고 공갈쳤다? 설사 그렇다 하더라도 그렇게 말하면 안 된다"고 반박했다. 주 의원은 "저는 공갈치지 않았다. 공개석상에서 말했으니 저도 공개석상에서 말하는 것이다. 저는 사퇴한다. 모든 지도부는 사퇴해야 한다"고 최고위원직 사퇴를 선언한 뒤 회의장을 박차고 나갔다.

정청래의 처신은 결국 문재인 체제의 당에서 범호남계는 총선 때 숙청을 당할 것이란 우려를 확산시켰으며 2016년 총선을 앞두고 당은 분열될 수 밖에 없었다.

안철수, '국민의당' 호남신당 창당

총선을 약 두 달 앞둔 2016년 2월 2일에 국민의당 창당대회가 열렸다. 이 당에는 안철수, 김한길 전 새정치민주연합 공동대표, 박지원, 정동영 전 의원을 주축으로 새정치민주연합에서 탈당한 의원들, 그리고 천정배 전 국민회의 공동대표, 박주선 통합신당 전 창당준비위원장, 동교동계 전직 정치인들, 한상진 교수와 윤여준 전 장관, 김성식 전 의원 등이 참여했다.

2016년 3월 16일 제19대 국회에서 국민의당은 원내교섭단체를 구성했다. 계파 구성은 크게는 안철수 의원을 위시로 하여 친안계, 김한길계 등의 의원들과 박지원계, 정동영계, 천정배계 등 주로 지역 기반을 호남으로 하는 이들이 국민의당에서 중심축을 이뤘다. 이후 정대철, 권노갑, 이훈평, 정균환 전 의원 등 구 민주계·동교동계 호남 원로들도 참여했다. 면면을 보면 대권주자 안철수를 제외하면 대부분 호남이나 구 동교동계로 문재인 세력과 긴장관계에 있던 사람들이다.

국민의당은 애초에 범문재인세력이 옛 호남세력을 공천에서 모두 숙청할 것을 대비 기획된 프로젝트형 정당이었다. 과거 노무현이 옛 호남계를 버리고 열린우리당을 창당했다면 이번에는 호남계가 숙청되기 전에 먼저 움직임 셈이다. 그러다 보니 전국의 호남향우회가 지지의 기반이 되었다. 당시 전국호남향우회장은 라디오에 등장, 문재인 세력을 비판하면서 "일베를 보면, 호남사람에 대한 무차별 비하, 욕설이 난무하는데, 자세히 살펴보면 주로 과격한 노선의 문재인에 대한 비판과 불만이다. 왜 호남이 부산 출신 문재인 세력 때문에 이토록 욕을 먹어야 하나"라는 발언을 하기도 했다. 그 때문에 이 당의 노선은 자연스럽게 문재인 측의 더불어민주당보다는 온건, 중도 쪽으로 이동했다.

국민의당은 합리적 개혁주의를 내세웠으며, 성찰적 진보와 합리적 보수를 융합하는 것이 목표라고 밝혔다. 진보세력과 보수세력 내 배타적이고 갈등만 조장하는 낡은 세력을 배제하며, 일종의 중도주의 노선으로 캐스팅보트 혹은 그 이상의 역할을 하겠다는 구상이었던 것이다.

국민의당은 더불어민주당이 반대하고 있는 테러방지법과 북한인권법에 대해 "당론으로 찬성하겠다"고 했다. 그리고 당시 박근혜의 새누리당에서 추진하고 있는 서비스산업발전기본법과 기업활력제고법(원샷법)에 대해서도 "전향적으로 검토할 필요가 있다"고 지지 의사를 밝힌 바 있으며 실제로 더불어민주당의 불참 속에 새누리당과 함께 원샷법에 찬성 투표하여 통과되는 일도 있었다.

즉 보수층과 중도층 국민들이 문재인과 더불어민주당에 갖고 있는 불안감을 해소하기 위해 북한에 대해서는 보다 보수적 노선을, 그리고 경제에 대해서는 친기업적 노선을 택한 것이다. 국민의당이 중도 노선을 공략해 들어가니 문재인과 더불어민주당은 자칫 좌측에서 고립될 우려가 있었다. 사실 그간 범민주당은 호남과 좌파의 연합군이었다. 호남을 국민의당 세력이 가져가고 중도층까지 빼앗겼을 때 문재인 세력은 오직 좌파에게만 의존해야 하는 처지로 몰리게 된다.

결국 문재인은 박근혜 비대위 출신 경제통 김종인을 영입하면서 위기를 돌파한다. 김종인은 안보와 경제에서 보수에게도 통할만한 정책 노선을 취해왔다. 또한 김종인은 박근혜가 경제민주화 공약을 파기하고 기득권 재벌의 편에 서고 있다는 비판을 해왔기 때문에 박근혜 정권의 교체를 주장하는 친문노선과도 함께 할 수 있었다.

친문 강경파 정청래가 먼저 김종인에 대해 "경제민주화 선생이 오셨다"고 환영의사를 밝혔다. 물론 김종인은 그 정청래를 이해찬과 함께 친문패권주의 원흉으로 찍어 공천에서 탈락시켰다. 결국 국민의당에 호남과 중도층은 빼앗겼지만, 김종인이 선두에 서며 당시 과반이 넘는 박근혜 정권 비토층을 공략하면서 문재인과 더불어민주당은 제1당을 차지할 수 있었다.

국민의당은 호남 28석 중 25석, 비례의석 13석을 더해 총 38석이란 큰 성과를 거둔다. 특히 정당투표에서는 27%로, 26%에 머문 더불어민주당을 이기면서 미래까지 밝아보였다. 실제 보수 측 후보와의 1대 1 여론조사에선 늘 안철수가 문재인에 비해 유리한 결과가 나왔다. 이대로 가면 안철수가 호남을 기반으로 집권할 가능성도 높았다. 그러나

2016년 10월부터 불어닥친 박근혜 탄핵 광풍으로 이 모든 예측과 계산은 물거품이 되었다.

20대 총선에서는 호남에서 그간 억압됐던 중도, 보수 지향 심리가 나타나 국민의당은 상당한 성적을 내게 된다. 안철수 상임공동대표가 서울 마포구 당사에서 선거상황판에 당선된 후보의 이름표를 붙이고 박수를 치고 있는 장면.

국민의당의 대권 실패,
결국 호남 대권주자가 없었기 때문 아닌가

국민의당은 호남을 떨구고 전국정당으로 나가려 했던 노무현의 열린우리당과 정반대 방식으로 호남을 중심으로 중도층을 공략하면서 총선에서 성공한 모델이다. "대체 왜 부산의 문재인 세력 때문에, 호남 전체가 좌파로 몰려야 하냐"는 호남향우회장의 항변이 이 당의 정체성이나 다름없었다. 호남도 이제 안보에 대해서 북한 경계의 목소리도 내고, 경제에 대해서 기업 옹호의 목소리도 내면서, 호남의 정치적 지분도 챙겨보자는 것이었다.

국민의당은 비록 2016년 총선에서는 호남 전역을 석권하며 대성공을 거두었지만, 박근혜 탄핵 이후 우왕좌왕하며 결국 문재인에게 정권교체의 주도권을 빼앗기고 말았다. 한번 추락한 당세는 더 회복되지 못하고 호남세 대부분은 집권한 문재인 세력에 흡수되었고 안철수는 이후 새누리당의 후신인 국민의힘으로 넘어가고 말았다. 안철수와 국민의당이 총선 승리 이후 더 성장하지 못한 이유는 다음과 같다.

첫째, 박지원, 안철수 등이 문재인 세력보다도 박근혜 탄핵을 앞장서 주장하면서 보수층, 중도층으로부터 외면받았다. 기존의 구도로 보면 문재인 세력이 강경하게 탄핵을 밀고 나오면 안철수와 국민의당이 중간에서 캐스팅보트 역할을 했어야 했다.

실제로 박지원은 김무성과 협의, 집권여당 박근혜의 새누리당 의원 60여 명을 이탈시켜 탄핵을 성사시켰다. 김무성은 이탈세력과 박지원, 국민의당과 손을 잡고서 반기문을 영입, 이원집정제로 집권할 계획을 세웠다. 그러나 반기문은 탄핵이라는 격변을 헤치고 나갈 준비가 되어 있지 않아 문재인 세력의 견제에 걸려 바로 낙마하고 말았다. 오히려 뒤늦게 탄핵에 합류했지만 강경좌파 노선의 문재인과 민주당이 촛불세력과 손을 잡고 탄핵정국을 주도했다. 결국 안철수는 불필요하게 탄핵에 앞장서며 죽쒀서 남에게 준 격이 되었다.

둘째, 안철수와 호남의 관계가 밀접하지 않았다. 총선 때는 천정배, 정동영 등 호남 출신의 지명도 높은 인물들이 호남을 헤집고 다니며 선거를 주도했다. 그러나 막상 대선이 되자 호남 유권자들은 대체 왜 안철수를 찍어야 하는지 그 이유를 찾지 못했다.

박근혜 정권의 심판과 탄핵은 안철수와 박지원이 먼저 시작했지만, 결국 탄핵을 주도한 촛불세력은 노선상으로 문재인 측과 더 가까웠다. 더구나 안철수 역시 문재인과 같은 부산 출신이다. 호남에서는 호남 출신도 아닌 안철수를 촛불세력과 함께 탄핵을 완성시킨 문재인보다 우선하여 표를 주어야 할 이유가 전혀 없었다. 결국 호남에서 문재인은 60%대, 안철수는 30%대를 기록하며 안철수가 완패를 당한다. 더구나 대구경북에서조차 안철수는 문재인에게 14% 대 20%로 뒤진다. 참고로 2016년 총선 당시 경북에서 국민의당은 18만 표 대 15만 6천 표, 대구에서 19만 표 대 17만 표로 더불어민주당을 이겼던 바 있다. 문재인이 대구의 촛불세력 표를 확보한 데 반해 안철수는 탄핵에 앞장섰다가 영남권의 중도층, 보수층의 표도 제대로 건지지 못한 것이다.

안철수의 대선패배는 일단 안철수가 호남 출신이 아니기 때문이라는 것이 근본적인 이유일 수가 있다. 어찌 보면 안철수도 호남정당의 영남 출신 대선후보로서 지금껏 친노, 친문처럼 호남표를 묶기 위해 탄핵 때 강경노선을 택했을 수도 있다. 그러다가 탄핵 정국에서 중도의 캐스팅보트 역할을 하지 못해 영남에서 중도층, 보수층 표도 제대로 얻지 못한 것이다.

안철수 사례의 교훈은, 다음에 누군가 또다시 호남 기반의 정당을 기획한다면 반드시 호남 출신 대권주자를 확보해야 한다는 것이다. 그리고 가급적 갈등 사안에서 진보노선에 뿌리를 두고 있더라도 중도 포지션의 위치를 잃지 말아야 한다는 것이다.

박근혜 탄핵과 구속의 주역, 문재인 혹은 윤석열

문재인의 집권은 박근혜 탄핵으로 시작된 것이 분명하다. 그리고 그 박근혜 탄핵에는 윤석열이란 정치검사가 개입한다.

열린공감TV와 「썬데이저널」은 2022년 3월 대선을 앞두고, 박근혜 대통령 탄핵 관련 윤석열 후보의 녹취록을 공개했다. 이들 매체는 언제 누가 녹취한 내용인지는 밝히지 않았으나 목소리의 주인공은 충분히 윤석열로 짐작이 가능하다.

녹취록에는 윤석열이 애초에 김수남 검찰에서 박근혜를 뇌물죄로 엮었어야 했다고 주장하는 대목이 나온다. 윤석열은 "뇌물로 엮어도 되는데, 뇌물로 엮어가지고", "그런데 지금 김수남 총장이 TK잖아", "박근혜는 어차피 버리는 카드인데", "박근혜를 조짐으로써 국민들을 살살 달래가면서", "TK 보수세력들의 시간을 좀 주기 위해 해가지고,

그런 고려도 좀 있지 않았나 싶어"라고 말한다.

즉 TK 출신 김수남 검찰이 보수층 눈치를 보느라 박근혜를 뇌물죄로 엮지 못했다는 점을 지적한 것이다. 실제로 2016년 11월 20일 이영렬 서울중앙지검장은 국정농단 수사발표에서 K스포츠·미르재단 관련 뇌물죄를 적용하지 않았다. 당시 국회에서는 노무현 전 대통령 당시의 헌법재판소 판결 사례를 들면서 박근혜 당시 대통령을 탄핵시키려면 반드시 뇌물죄로 엮어야 한다는 주장이 난무했다.

윤석열은 이에 대해 "일단 뇌물로 엮어놓으면 박근혜가 나갈 수가 없잖아", "부패범죄 이렇게 되면은", "진술 받아가지고 막 엮어서 이렇게 하면은", "그러니까 저거를 뇌물죄로 엮지를 못한 게 아닌가", "그리고 이제 특검의 몫으로 넘기면서"라고 발언한다.

자신 같았으면 진술을 엮어서 뇌물죄로 잡았을텐데 검찰이 그렇게 못한 점을 아쉬워하는 대목이다. 실제 윤석열은 녹취록에서 "나는 그거 벌써 재단법인을 딱 보니까, 그림이 딱 그려지는 거야", "뇌물을 재단법인으로 받아먹었구나", "직업이 원래 재단운영이잖아"라는 발언을 한다.

윤석열의 육성 녹취록을 단독으로 폭로한 「선데이저널」 이후 유튜브 채널 열린공감TV가 이를 받아 대대적으로 알리면서 20대 대통령 선거를 앞두고 큰 논란이 됐다.

이 녹취록은 마치 윤석열이 특검수사팀 입성을 위한 면접을 보는 듯한 분위기가 풍긴다. 실제로 윤석열은 결국 2016년 12월 1일에 박영수 특검의 제4수사팀장으로 임명된다. 집권여당 새누리당 내에서 탄핵 찬성 이탈표가 절실할 때, 윤석열의 임명은 새로운 변수가 되었다. 당시 여당 내에서는 "박근혜 정권에서 한직을 맴돌았던 윤석열 정도면 조작수사를 하더라도 박근혜를 뇌물죄로 잡아넣을 수 있을 것"이라고 기대를 하게 되었다. 결국 탄핵 찬성 이탈표는 60여 표로 기대치를 크게 웃돌았다.

윤석열은 한동훈과 함께 박근혜와 삼성, 롯데 등의 대기업을 몰아붙이면서 단순히 재단에 기부한 돈까지 모두 뇌물죄로 엮어버렸다. 이 수사자료를 바탕으로 김수남의 검찰은 2017년 3월 27일 박근혜를 구속시킨다.

이 때문에 윤석열 측은 자신이 박근혜를 구속시킨 게 아니라 김수남의 검찰이 구속시킨 것이라고 항변하기도 했다. 문재인은 문재인대로, 자신은 박근혜 구속 당시에 대통령도 아니고 국회의원도 아니었다고 주장한다. 둘 다 박근혜 탄핵, 구속은 자신들이 한게 아니라는 것이다.

그러나 문재인은 집권하자마자 2017년 5월 “현재 대한민국 검찰의 가장 중요한 현안은 역시 국정농단 사건에 대한 수사와 공소유지라고 생각한다”며 이에 대한 적임자로서 윤석열을 서울중앙지검장으로 임명한다. 즉 구속된 박근혜를 철저히 관리하여 중형이 떨어지도록 공소를 유지하도록 하고 그 이외 박근혜 정권 관련 수사를 더 확대하라는 취지로 윤석열을 검찰 최고 요직에 임명한 것이다. 과연 윤석열이 뇌물죄로 박근혜를 엮지 못했다면 문재인은 윤석열을 서울중앙지검장, 그리고 검찰총장에 임명했겠는지 생각해볼 필요가 있다.

이런 윤석열은 문재인 정권의 사냥개 역할을 충실히 해낸다. 윤석열은 서울중앙지검장이자 국정농단 관련 검찰 특별수사본부장 명의로 9월 16일 1심 구속기간이 만료되는 박근혜에 대해 “본 건은 국정농단의 정점에 있는 사건으로 사안이 매우 중대하고 피고인이 공소사실을 부인하고 있다. 박 전 대통령에 대해 구속영장이 발부되지 않은 일부 뇌물수수 사건에 대해 구속영장을 발부해 주실 것을 요청드린다”면서 구속영장을 추가 발부해달라고 재판부에 요청했다.

윤석열의 검찰이 추가 구속영장 발부를 요청하며 그 사유로 언급한

'일부 뇌물수수 사건'은 롯데그룹과 관련된 '제3자 뇌물수수' 혐의와 SK그룹에 대한 '제3자 뇌물요구' 혐의를 지칭하는 것으로 풀이된다. 박 근혜는 롯데그룹을 상대로 K스포츠재단에 70억 원을 공여하도록 하고, SK그룹을 상대로 K스포츠재단에 89억 원을 추가 출연하도록 요구한 혐의를 받는다. 이 혐의는 앞선 박근혜의 구속영장 발부 사유에 포함되지 않았던 것이다. 결국 재판부는 추가 구속영장을 발부했고, 이에 분노한 박근혜는 그 이후 재판에 불출석을 하며 항의했다.

박근혜 관련 첫 번째 영장은 김수남 검찰의 것이라고 둘러댈 수 있다. 하지만 불법에 가까운 별건 수사로 추가 영장을 발부한 이는 윤석열이 분명하다. 그리고 이는 국정농단 수사와 재판을 총체적으로 관리해온 문재인의 뜻이었을 것이다.

이명박을 악으로 규정하고 분노를 표출한 문재인

윤석열과 한동훈은 이에 그치지 않고 이명박 전 대통령까지 포함하여 지난 보수정권의 보수인사 200여 명을 구속시키는 등 자신들을 영전시켜준 문재인의 요구를 200% 이상 수행했다. 특히 이명박 구속은 명백히 문재인의 뜻이었다.

문재인 정권은 박근혜를 구속한 뒤에 4대강 비리 이슈를 띄우며 전방위로 이명박 수사에 나선다. 수사 타깃은 4대강에서 점차 다스 실소유 문제로 바뀐다. 마치 윤석열 정권이 이재명, 송영길을 수사하면서 이슈를 바꿔가며 먼지가 나올 때까지 터는 것과도 유사했다. 물론 그 이명박 관련 수사도 당시 서울중앙지검장 윤석열이 도맡았다.

결국 이명박은 "최근 역사 뒤집기와 보복정치로 대한민국의 근간이 흔들리는 데 대해 참담함을 느낍니다. 적폐청산이라는 이름으로 진행되고 있는 검찰 수사에 대하여 많은 국민들이 보수를 궤멸시키고, 또 이를 위한 정치공작이자 노무현 대통령의 죽음에 대한 정치보복이라고 보고 있습니다. 저와 함께 일했던 이명박 정부 청와대와 공직자들에 대한 최근 검찰수사는 처음부터 나를 목표로 하는 것이 분명합니다"라고 말하며 응전에 나섰다.

그러자 문재인의 청와대는 박수현 대변인의 '이명박 전 대통령 성명에 대한 입장'이라는 제목의 논평을 통해 문재인의 입장을 전했다. 논평에 따르면, 문재인은 "이명박 전 대통령이 노무현 전 대통령의 죽음을 직접 거론하며 정치 보복 운운한 데 대해 분노의 마음을 금할 수 없다"고 말했다.

문재인은 이명박이 자신에 대한 정치 보복을 위해 검찰을 움직였다고 한 데 대해서도 "우리 정부에 대한 모욕이며 대한민국 대통령을 역임하신 분으로서 말해서는 안 될 사법 질서에 대한 부정이고 정치 금도를 벗어나는 일이다"라고 말했다. 이는 이명박의 주장을 도저히 용납할 수 없다는 의사를 분명히 밝힌 것으로 풀이되었다.

현직 대통령이 "분노의 마음을 금할 수 없다"는 표현까지 써가며 이명박을 맹공격한 만큼 결국 이명박은 이날 이후 약 두 달 뒤인 2018년 3월 22일 사전구속되었다.

사실, 원래 문재인은 2017년 민주당 대통령 후보 경선 당시에도 안희정과 '분노' 문제와 관련해서 설전을 벌인 바 있다. 안희정이 2017년 2월 17일 부산대 강연 중 이명박과 박근혜에 대해서 "그분들도 선의로 우리 없는 사람들과 국민들을 위해서 좋은 정치를 하려 했습니다. 근데 그게 뜻대로 안된 것이라고 생각합니다"라고 말한데 대해서 문재인은 "분노가 빠졌다"고 평가절하한 것이다.

> 안 지사는 20일 서울 캠프 사무실을 방문해 이른바 '선의 발언' 관련, "분노가 빠졌다"고 비꼰 문 전 대표를 향해 "지도자의 분노는 피바람을 불러온다"며 "문 전 대표가 아주 정확하게 말했다. 저는 분노를 사용하지 않았다"고 응수했다.
> 이어 "광화문 광장에 앉아있을 땐 나도 열을 받지만 대한민국을 이끌어야 될 지도자일 때는 분노라는 감정은 너무 조심스럽다"며 "지도자의 분노는 단어 하나만 써도 피바람을 불러온다"고 받아쳤다.
> 안 지사는 또 '선의 발언'에 대해 "계산한 말도 아니고 실수도 아니다. 마음 속에 있는 말"이라고 설명했다.
> 앞서 문 전 대표는 서울 마포구 한 스튜디오에서 '주간 문재인 6탄' 공개촬영을 한 뒤 "안 지사의 말에 분노가 담겨있지 않고 빠져있다"고 지적한 바 있다.
>
> 문 전 대표는 "분노는 정의의 출발이며, 불의에 대한 뜨거운 분노가 있어야 정의를 바로 세울 수 있다"며 "안 지사가 선의로 한 말이라고

믿고 해명을 믿는다"고 이같이 말했다. (「미디어펜」 <안희정 "분노는 피 바람" vs 문재인 "분노해야 정의" 또 설전> 2017년 2월 21일)

문재인은 불의에 대한 뜨거운 분노가 있어야 정의를 바로 세운다고 했지만, 안희정의 지적대로 현직 최고권력자 대통령이 함부로 특정인을 향해 분노 운운하니 결국 피바람이 불어 보수인사 200여 명이 구속되는 대대적 정치보복이 벌어지게 된 것이 아니냐는 것이다.

심지어 문재인은 김명수로 대법원장을 교체한 뒤 전임자 양승태 라인들을 숙청하려 했다. 물론 이 '사법농단' 수사 역시 윤석열이 맡았다. 판사 100여 명을 수사하고 양승태 대법원장과 임종헌 법원행정처 차장 등을 구속했다. 윤석열이 이런 맹활약을 펼쳤기에 문재인은 윤석열을 검찰총장에까지 임명할 수 있었던 것이다.

훗날 윤석열 정권 퇴임 이후에 문재인과 윤석열의 편파, 왜곡 조작 수사에 불만을 가진 세력이 집권하여 문재인 세력과 윤석열 세력을 분노와 정의를 내세워 무차별 구속했을 때 과연 문재인과 윤석열은 이에 대해 어떻게 반박할 것인가.

윤석열, "조국만 제거하겠다" 문재인에게 보고

윤석열은 검찰총장직에 만족하지 않고 자신의 라이벌이라고 할 수 있는 조국이 법무부 장관직에 오르는 일을 무산시킨다. 윤석열의 조국 일가에 대한 대대적인 수사는 보수진영으로 하여금 "윤석열이 조국과 문재인을 구속시킬 수 있다"는 환상을 가지게 하면서 그의 대권가도에 가장 큰 동력이 된다. 문재인의 사냥개로서 윤석열이 박근혜, 이명박 등 보수인사 200여 명을 투옥시킨 전과에 대해서는 보수진영이 아예 까맣게 잊어버리게 된 것이다.

관건은 윤석열은 검찰총장에, 조국은 법무부 장관에 임명한 당시 대통령 문재인의 태도이다. 보수진영과 진보진영 모두 윤석열이 조국에 이어 문재인까지 구속시킬 것이라며 각기 다른 이유로 선동에 나섰다. 당시에 보수진영은 윤석열을 보수 대통령으로 만들자는 것이, 진보진영은 윤석열의 칼을 하루라도 빨리 빼앗자는 것이 목표였다.

그러나 청와대 대변인 출신 김의겸은 5.18 광주민주화운동 41주기인 2021년 5월 18일 페이스북에 올린 '윤석열과 전두환'이란 글을 통해 "윤석열 전 검찰총장이 5.18을 언급하니, 젊은 시절 전두환 장군이 떠오른다. 30여 년이라는 나이 차이에도 둘의 모습은 많이 겹쳐 보인다"고 운을 뗀 뒤, "문재인 대통령에게 '조국만 도려내겠습니다'라고 보고했다고 하니, 당시만 해도 '역심'까지 품지는 않았던 것으로 보인다"며 윤석열이 조국만 제거하겠다고 보고했다고 주장했다.

김의겸은 약 두 달 뒤 2021년 7월 1일에도 MBC 라디오 '김종배의 시선집중'에 출연해 "윤 전 총장이 청와대 관계자에게 '사모펀드를 잘 아는데, 조국은 나쁜 놈'이라고 했다"고 전했다. 김의겸은 "2019년 8월

27일 조 전 장관에 대해 서른 군데 대대적인 압수수색에 들어갔는데 그 전후 상황이 다르다"며 "(윤 전 총장이) 그전에는 '내가 론스타를 해봐서 사모펀드를 잘 아는데 조국 나쁜 놈이다. 대통령께서 임명하면 안 된다. 직접 뵙고 설명할 기회를 달라'면서 두세 차례 독대 요청을 했다"고 설명했다.

진행자가 윤석열이 "(조국은) 나쁜 놈"이라는 표현까지 썼냐고 묻자 김의겸은 "그런 표현을 썼다고 한다"고 답했다. 김의겸은 "독대 요청이 받아들여지지 않자 압수수색에 들어간 이후로는 일종의 실력행사·무력행사에 들어간 것"이라고 주장했다.

김의겸은 청와대 측이 "대통령 인사권을 흔들려는 거냐. 검찰 개혁에 대한 저항이냐"고 묻자, 윤석열은 "아니다. 조국만 도려내면 된다. 조국만 잘라내면 된다. 그게 대통령을 위한 길"이라고 답했다고 당시 상황을 전했다. 즉 윤석열이 문재인에게 조국을 제거하겠다고 사전 보고했고, 결과론적으로 문재인은 이를 받아들였다는 것이다.

"조국 수사는 문재인 구하기... 방치하면 정권 큰 타격"

2022년 대선 당시 출간된 『구수한 윤석열』은 방송작가 김연우 씨가 윤석열의 서울대 법학과 79학번 동기들을 만나 들은 이야기를 담았다.

책 『구수한 윤석열』에는 윤석열이 정권의 비리와 관련해 어떤 생각을 갖고 있는지 짐작할 수 있는 이야기들이 나온다.

한 측근은 "윤 총장은 기본적으로 대통령 주변에서 벌어지는 비리 같은 걸 방치하게 되면 결국 대통령에게 독이 된다고 생각한다"며 "그런 단서가 확인됐을 때는 검찰이 제대로 규명하는 게 궁극적으로 국가의 발전이 된다고 본다"고 평가했다.

지난 2019년 조국 전 장관에 대한 수사가 한창일 당시 윤석열의 속내도 언급된다. 윤석열에게 직접 심정을 물어봤다는 동기는 이렇게 말한다.

> "(조국 수사가) 문재인 대통령 구하기 수사라고 했어요. 검찰총장이 해야 될 중요한 일 중에 하나가 정권이 무탈하게 갈 수 있도록 하는 것이고, 그러기 위해선 문제가 될 수 있는 부분들은 애초에 정리를 했어야 한다는 거죠."
> 이 동기는 "(윤 총장이) 조국 사건을 살펴보니 방치하면 정권에 막대한 타격을 줄 정도로 사안이 매우 심각했기 때문에 수사를 시작했다"는 말도 했다고 전했다. (「뉴스1」 <"조국 수사는 문재인 구하기 수사"... 구수한 윤석열의 진심?> 2014년 4월 14일)

김의겸의 증언, 윤석열이 동기들에게 털어놓았다는 진심대로라면 윤석열은 자신을 서울중앙지검장, 검찰총장으로 임명시켜준 문재인에 대한 충성심을 발휘하여 정권에 도움이 되지 않는 조국을 제거했다는 것이다. 그리고 이에 대해서 사전에 문재인에게 충분히 보고했다는 것이다.

윤석열은 조국 법무부 장관에 대한 수사는 문재인 대통령에 대한 충심에 의한 것이며, 문재인 정권의 성공을 위해 자신이 악역을 맡았다고 말했다. 당시 MBN의 관련 방송 화면.

사실 문재인은 얼마든지 윤석열을 검찰총장직에서 해임시킬 수 있었다. 그러나 문재인은 조국이 윤석열과 한동훈의 칼에 난도질당한 뒤에도 "윤석열은 우리 정권 검찰총장이다"라며 그를 두둔했다.

검찰총장 윤석열은 2020년 10월 22일 국회에서 열린 대검찰청 국정감사에서 정계 진출 의향을 묻는 말에 "퇴임하고 나면 우리 사회와 국민을 위해서 어떻게 봉사할지 그런 방법을 천천히 생각해보겠다"고 말했다.

윤석열은 대권 여론조사에서 후보로 거론된다고 하자 "지금은 제 직무를 다하는 것만으로 다른 생각을 할 겨를이 없다"고 했는데, 이것이 정치를 하겠다는 뜻이냐는 질문에는 "그건 제가 말씀드리기 어렵다"

고 답했다. 역대 검찰총장들이 정계진출 관련 질문을 받으면 "절대 불가하다"며 답을 분명히 한 것과 달리 윤석열은 "국민을 위한 봉사" 운운하며 사실상 정계진출 의사를 내비쳤던 것이다.

문재인 정권은 공공연히 정계진출 가능성까지 암시한 검찰총장을 얼마든지 국민여론의 힘을 얻어 해임시킬 수 있었다. 그러나 문재인은 오히려 신년기자회견에서 "윤석열 총장에 대해서는 여러 평가가 있지만, 저의 평가를 한마디로 말씀드리면 문재인 정부의 검찰총장이다. ... 윤 총장이 정치를 염두에 두고 검찰총장직을 수행한다고 생각하지 않는다"라며 대놓고 윤석열을 추켜세웠다.

다음날 문재인의 최측근 노영민 비서실장도 윤석열의 검찰총장 퇴임 후 정계 진출 가능성에 대해 "(검찰) 총장 직을 그만두고도 정치하지 않을 것으로 보고 있다"고 못을 박았다.

노영민은 CBS라디오 '김현정의 뉴스쇼'에서 출연해 "윤 총장이 검찰에게 보장된 정치적 중립성에 어긋나는 행동을 하고 있지 않다고 본다"고 말했다. 노영민은 전날 있었던 문 대통령 신년 기자회견의 해석을 요청하는 이날 인터뷰에서 "문재인 정부는 검찰총장의 임기와 정치적 중립성을 보장하고 있다"며 "(문재인 대통령의 발언은 윤석열 검찰총장이) 정치적 목적을 갖고 권한을 남용한다는 것은 상상할 수 없다는 의미로 이해한다"고 설명했다.

이렇게 문재인에 이어 그의 최측근 노영민까지 윤석열의 정계진출 가능성에 대해 확고히 부정해버리니 윤석열은 검찰총장 신분으로 마음껏 자기 정치를 할 수 있게 됐다. 이 당시 윤석열은 이미 대권주자로서 30% 이상의 지지율을 얻으면서 2위 이재명과 3위 이낙연을 10% 이상 차이로 따돌리고 있었다. 이 이후로 윤석열은 여론조사 기관에 대선후보로서 자신의 이름을 빼달라는 요구도 더 이상 하지 않았다.

추미애 "나는 윤석열과 싸우다 문재인 정권에서 해임되었다"

이런 상황에서 윤석열을 제어하기 위해 법무부 장관에 투입됐던 추미애는 윤석열과의 갈등 끝에 결국 법무부 장관을 그만두게 됐다. 최근 추미애는 "문재인 세력이 윤석열을 키운 것"이라는 폭로에 나서고 있다. 추미애는 "문재인이 직접 윤석열 편에 서서 자신에게 사표를 요구했다"고도 주장했다.

추미애는 자신은 사퇴한 것이 아니라 문재인의 강압에 의해 물러났다는 것, 즉 해임당했다는 주장을 되풀이하면서 '그럼 왜 사표를 냈냐'는 친문 진영과 대립각을 세웠다. 추미애는 2023년 7월 3일 자신의 SNS를 통해 "저의 '사직서'는 이 세상에 존재하지 않는다"고 했다. 즉 "임명권자(문재인)가 해임한 것이므로 저의 사직서가 필요 없어져 버렸기 때문"이라는 것이었다.

추미애가 굳이 "나는 결코 내 손으로 사표를 쓰지 않았다"고 말한 이유가 무엇일까. 그것은 SNS에 글을 남긴 날 오전에 친문인 최재성 전 청와대 정무수석이 KBS 라디오 방송에 출연 "문재인 대통령은 누굴보고 '그만두라'고 할 분 아니다", "본인 뜻으로 법무부 장관을 그만둔다고 해놓고 지금 와서 문 대통령이 그만두라고 했다는 것은 앞뒤가 안맞다"고 비판한 것을 받아치기 위해서였다.

> 추 전 장관은 사퇴와 관련해 "2020년 12월 16일 윤석열 검찰총장에 대한 징계의결이 새벽에 이루어지고 아침에 출근하자 (노영민) 청와대 비서실장으로부터 '사직서를 내달라'는 전화를 받았으나 명확하게 거절했다"며 "저에게 '사작'의 의미는 촛불국민에 대한 사명를 다 하지 않고 약속과 대의를 저버린다는 것이었기에 '사직'을 거부했고 사직서를 쓸 수가 없었다"고 말했다.
> 이어 "오후에 제가 들고 간 징계의결서가 대통령 서명으로 집행된 직후 바로 대통령으로부터 '물러나 달라'는 말을 들었다"고 한 추 전 장관은 "그 순간 저는 해임당했다"며 따라서 사직서를 낼 이유가 없어 내지 않았다고 강조했다. (「뉴스1」 <추미애 "난 사직서 쓴 적 없다, 文이 해임...사표 대신 '산산조각' 詩 첨부"> 2023년 7월 3일)

추미애는 문재인 정권의 비서실장 출신인 임종석, 노영민이 2024년 4월 총선 출마를 준비하자 이에 대해서도 비판하고 나섰다. 2024년 1월 23일, 추미애는 자신의 페이스북에 "석고대죄해야 할 문재인 정부의 두 비서실장이 총선에 나온다"고 썼다. 임종석, 노영민 두 사람은 윤석열을 발탁해 서울중앙지검장, 검찰총장으로 만들어주며 체급을 키워주고 상대 정당 대통령으로까지 만드는 데 일조했던 만큼 총선에 출마하면 안 된다는 것이다.

추미애는 '문재인 정부의 무능을 지적하지 않을 수가 없다'는 김용남 전 국민의힘 의원의 발언을 자신의 페이스북에 소개한 뒤 "(이는 윤석열 당시 검찰총장에게) 끝도 없이 힘을 주고 방치한 것을 말한다"며 "윤·한(윤석열·한동훈) 커플이 저지른 난동질을 제동걸지 못한 참담한 결과에 대해 책임감과 정치적 양심을 보여줘야 한다. 정치에 염치를 빼면 뭐가 남느냐"고 적었다.

윤석열의 부인 김건희는 「서울의소리」 이명수 기자와의 전화통화 녹취록에서 "윤석열 총장은 문재인 대통령의 가장 믿을 만한 충신이다. 결국 언젠가는 다 알게 될 거다"라고 자신했다.

실제 윤석열은 '서해 공무원 피격 사건', '강제북송' 사건을 수사하며, 서훈 전 국가안보실장을 구속, 박지원 전 국정원장과 서욱 전 국방장관을 불구속 기소했다. 문재인은 "모든 결정은 내가 내렸다"며 자신의 책임을 물으라고 요구했다. 그러나 윤석열 측은 아무런 이유도 없이 문재인에 대한 수사를 포기하고 사건을 종결했다. 그 이후 문재인은 그 어떤 수사도 받지 않고 있다. 당대표와 대선후보였던 송영길과 이재명이 전방위 수사를 받아 구속영장까지 발부된 것과 비교하면 문재인은 '언터처블'인 셈이다. 문재인 뿐만 아니라 문재인 주변의 측근들도 모두 무사하다. 오직 서훈 전 청와대 안보실장만 잠시 구속되었다가 석방되었을 뿐이다.

윤석열의 부인 김건희도 「서울의소리」 이명수 기자와의 통화에서 윤석열이 과거 충심으로 조국 법무부 장관에 대한 수사를 한 것이라고 밝혔다. 열린공감TV는 이 녹취 내용을 단독으로 보도했다.

권력의 사유화 내달린 문재인 정권

김어준이 "사사롭지 않을 것"이라 장담하며 대놓고 대통령으로 밀었던 문재인. 그러나 문재인 정권의 결과를 보면 탄핵된 박근혜 못지 않게 권력을 사유화시킨 혐의가 짙다. 특히 박근혜, 문재인 양 정권의 탄생에 기여한 뒤, 야인의 길을 걸은 김종인 전 경제수석의 지적이 날카롭다.

> '권력의 사유화'라는 측면에 있어 문재인 정부는 이전 정부에 비해 나아진 바가 별로 없다. 오히려 잘못된 방향으로 한참 퇴보한 느낌이다. 권력의 사유화라는 것은 권력을 사사로이 개인에게 양도하는 것만 의

미하지 않는다. 외형상으로는 공인의 지위를 가졌다 하더라도 대통령이 권력을 특정한 개인이나 진영의 이익을 위해서만 활용한다면, 본질상으로는 권력의 사유화에 다름 아니다. (중략)
문재인 정부 초기 내각을 보면 실력보다는 '파격'을 위주로 마치 연극무대에 올라가는 배우를 뽑듯 내각을 구성했다. 국토교통부 장관으로 국토개발, 주택건설, 교통운용에 대한 지식이 전혀 없고, 경험조차 없는 인물을 오로지 운동권 출신이고 대통령과 가깝다는 이유로 장관직에 임명했다. 결국 그는 부동산 정책을 남발해 수도권 부동산 가격을 일제히 폭등시켜 놓고 아무런 책임도 지지 않은 채 3년 6개월 동안 장관직을 수행하다 자리에서 물러났다. 대통령의 기획 참모 역할을 하는 청와대 정책실장에는 행정경험이 전혀 없고 검증되지 않은 이상한 경제학설을 주장하던 교수를 임명했다. 결국 그는 소득주도성장이라는 앞뒤가 맞지 않는 정책을 밀어붙이다 고용지표를 파탄냈고 그런 사람을 경질하기는커녕 주중대사로 다시 영전시켰다. (중략)
문재인 정부는 임기 내내 이런 일을 되풀이했다. 실력도 자질도 검증되지 않은 사람을 오로지 대통령과 친분이 있거나 같은 진영에 속해 있다는 이유로 무작위로 임명하는 것이다. 그러한 숫자가 너무도 많아 일일이 언급하기조차 곤란할 정도인데, 예를 들어 교육부총리 역시 교육행정 경험이 전혀 없는 사람을 임명했다. 그는 인사청문회를 앞두고 "어릴 적 꿈이 교사였다"는 말로 여론의 지탄을 받았다. (중략)
문재인 정부는 사법부까지 사유화했다. 문재인은 대법원장에 김명수를 임명했다. 대법관을 거치지 않은 법조인이 지방법원장으로 있다가 대법원장으로 직행한 사례는 거의 50년 만에 처음 있는 일이다. 행정부처 장관을 파격적으로 임명하더니, 사법부 수장까지 대통령의 산하기관장처럼 파격 임명한 것이다. 김명수가 특출한 전문적 식견이 있

> 거나 법조계에 신망이 두터운 인물이라서 그렇게 임명한 것이 아니라 대통령과 정치적 코드가 일치한다는 이유에서였다. 그뒤로 대통령과 대법원장은 서로 동맹 관계를 맺는 식으로, 대법관과 헌법재판관은 물론 부장판사, 사법부 말단 연구원에 이르기까지 특정 이념이 도드라진 특정 모임 출신 인물들을 줄줄이 임명했다. 전두환 정권 시절 하나회 출신들이 정부 요직에 승승장구하던 때에도 이 정도는 아니었다. 이른바 '사법 장악'을 이렇게 노골적으로 시도한 정권은 역대에 없었다. (김종인 『대통령은 왜 실패하는가』[21세기북스, 2022년] 295쪽~)

결국 문재인과 김명수가 지난 대법원 체제를 무너뜨리려 기획한 '사법농단' 수사도 양승태 전 대법원장에 대한 형사재판에서 47건의 범죄혐의 모두가 무죄가 나오면서 실패로 막을 내린다. 문재인, 김명수의 기획을 이행한 한동훈은 "(김명수) 대법원이 수사의뢰한 것이고, 여러 평가가 있을 것"이라며 책임을 떠넘기고 있다.

김종인은 "문재인 정부는 촛불 정부가 아니라 촛불을 이용하고, 촛불을 정면으로 배반한 정부다. 그리하여 박근혜-문재인 정부라고 표현할 수 밖에 없는 것이다"라고 결론내린다.

제 4 장

이재명의 패배, 민주당 마지막 영남후보로 기록될까

2022년 대선, 역대 최악의 부도덕한 대권후보 둘이 맞붙다

문재인 정권에 대한 심판론이 약 6 대 4 정도로 우세한 가운데 2022년 대선을 앞두고 민주당은 이재명, 이낙연, 박용진, 추미애 등이 참여해 대통령 선거 경선을 치른다. 이낙연은 유일한 호남후보이기는 했지만 문재인 정권 심판론과 밋밋한 이미지 탓에 본선 경쟁력을 의심받고 있었다. 반면 이재명은 노무현, 문재인을 잇는 경북 안동 출신의 영남후보로서 문재인 정권에서 탄압을 받은 경력도 있는데다가 강경 투쟁 이미지로 충성도 높은 지지층을 확보하고 있었다. 예상대로 이재명은 대장동 비리 의혹이라는 심각한 악재에도 비교적 가볍게 이낙연을 물리치고 결선투표 없이 대권후보 자리에 오른다. 다만 이낙연은 광주전남에서는 47% 득표율로, 46% 득표율의 이재명을 간발의 차이지만 앞섰다. 그러나 반대로 이재명이 영남후보로서도 광주전남에서 이낙연과 대등한 경쟁을 했다는 것은 범호남에서도 이재명 대세론이 일정 정도 유지되었다는 점을 의미한다. 즉 호남의 유력 대선후보의 경쟁력이 상실되면서 영남후보 이재명이 그나마 대안으로 선택된 것이다. 그러나 이재명은 이낙연 측이 불질러놓은 대장동 비리 의혹에 휘말리며 대선 시작부터 윤석열에 추월당하며 고전을 면치 못한다.

윤석열과 이재명의 양강 체제로 대선이 한창 진행될 때, 2021년 12월 16일 안철수 국민의당 대선후보가 자신의 유튜브 채널을 통해 외동딸 안설희 씨와의 대화 장면을 공개했다. 코로나19 바이러스를 연구하는 세계적 과학자로 거듭난 자신의 딸을 소개한 것이다.

안설희 씨는 온라인으로 진행된 안철수의 화상대화에서 "코로나바이러스에 촘촘히 박혀있는 스파이크 단백질이 어떻게 열리는지 연구하고 있다"고 자신을 소개했다. 안설희는 미국 샌디에이고 캘리포니아대(UCSD) 로미 아마로 교수팀 소속 연구원으로 일하고 있다. 특히 최근 안씨가 속한 팀의 오미크론 전염성 연구 성과가 유력 일간지 1면에 소개돼 화제를 모았다.

안설희 씨는 "가족이 말을 많이 하는 편은 아니지만 오순도순한 것 같다"며 "아버지와 대화를 많이 하는 비법은 공통의 관심사를 찾는 것인데, 아빠와 저는 테크와 전자기기를 좋아해서 전자상가를 갔던 기억이 많다"고 회상했다. '아빠 엄마가 다투는 걸 본 적 있는지'란 질문에는 "어릴 적에 보고 최근에는 별로 못봤다. 다투셔도 존대말 쓰면서 다퉈서 무섭거나 그러진 않았다"며 "아무리 사이가 좋아도 매번 잘 지낼 수는 없지 않나. 자연스러운 현상이라 생각한다"고 웃음을 보였다.

특히 안설희 씨는 '아버지가 정치인이어서 불편한 점이 있는지'란 질문을 받고선 안 후보에 대한 애정을 나타냈다. 그는 "아버지가 비판을 받고 낙선하실 때 제일 마음이 아팠다"며 "딸로서는 마음이 무겁지만, 대한민국 청년으로서 아버지와 같은 분이 정치를 해주셔서 감사하다. 아버지와 같은 분들이 더 정치를 해주셨으면 좋겠다"고 말했다.

(「매일경제」 <李·尹 '가족 리스크' 시점에 안철수 딸 등판…"아버지 같은 분이 정치해주셔서 감사"> 2021년 12월 17일)

당시 윤석열 측에서는 부인과 장모 등의 주가조작 논란으로 시끄러웠고, 또 이재명 측에서는 본인의 형수에 대한 쌍욕, 부인의 불법 법카

사용, 아들의 도박과 성매매 논란으로 시끄러우면서 대선이 대권후보 가족들의 비리, 부도덕 진흙탕 싸움으로 번지던 상황이었다. 그런데 안철수 측에서는 후보 본인이 과학자로 성장한 자신의 딸과 진솔하고도 편안하게 대화를 나누는 장면을 공개하면서 안철수에 대한 재평가가 시작됐다. 실제로 바닥에 있었던 안철수의 지지율은 이때 약 15%까지 치솟았다. 2021년 10월 인터넷신문 「데일리안」의 조사 결과로 도덕성이 가장 떨어지는 후보로 이재명이 49%, 윤석열이 32%로 1, 2위를 다투었는데, 안철수는 0.8%로 0.5%의 김동연에 이어 2위를 기록했다. 이재명과 윤석열에 대한 당시 국민들의 혐오 정서가 어느 정도였는지 알 수 있다. 그때 언론들은 '역대 최악의 후보들이 맞붙는 대선'이라며 우려했다.

사실 윤석열은 보수진영에서 대선후보가 되는 것조차 불투명한 인물이었다. 문재인 정권에서 서울중앙지검장과 검찰총장을 역임하면서 박근혜·이명박 두 전직 대통령, 양승태 전 대법원장, 이병기·남재준·이병호 국정원장 3인 등 보수 인사 1,000여 명을 수사하고, 그중에서 200여 명을 구속시킨 전력이 있었기 때문이다. 한때는 보수 유튜버가 윤석열의 자택 앞에서 테러를 하겠다고 공개 협박을 할 정도로 윤석열은 보수진영의 원수였다. 이런 윤석열이 조국 법무부 장관에 대한 수사를 하는 것을 보고 보수진영의 박근혜 탄핵 세력들이 앞장서서 "윤석열만이 문재인을 구속시킬 수 있다"고 선동하기 시작, 결국 보수진영 대다수가 이이제이(以夷制夷) 효과를 노린다며 윤석열을 보수의 대선후보로 만들어놓은 것이다.

이렇게 윤석열의 출마가 억지춘향격이다 보니 보수진영 일각에서는 박근혜 정권에서 홍보특보와 자유총연맹 총재를 지낸 김경재, 그리고 제40대 대한의사협회 회장 출신인 최대집이 각각 "윤석열은 박근혜 관련 조작수사 문제에 대해서 자백하라!"는 취지로 독자 대선 출마에 나서기도 했다. 박근혜 탄핵이 부당하다는 여론은 전체적으로는 30%, 보수 내에서는 약 70%대를 유지했다. 이런 박근혜를 직접 수사하고 45년 구형을 내린 윤석열에 대해 보수진영 내 반감이 확산되면 윤석열이 대선에서 이기는 것은 불가능했다. 그러나 이재명 측은 윤석열의 이 약한 고리를 전혀 공략하지 못했다.

박근혜 지지 세력의 표심을 공략할 의지조차 없었던 이재명

이재명은 2021년 12월 3일 전주에서 청년들과 '쓴소리 경청, 나 떨고 있니'라는 주제로 열린 토크콘서트 형식의 간담회에서 박근혜 전 대통령을 언급하면서 "우리 존경하는 박근혜 전 대통령"이라는 표현을 썼다.

> 당시 한 청년은 이 후보에게 "5년 전 이 후보가 전북 익산에 왔을 때 20대 친구들과 갔는데 '이재명'을 연호하는 걸 보고 '종교단체냐'라고 했었다"라며 "정말 청년과 분위기가 안 맞는데 저런 걸 청년들에

게 원하는 것이냐"고 질문했다.

이 후보는 "원한다기보단 정치인들은 지지를 먹고 산다"며 "정치인들이 사실 되게 새가슴이 많고 소심하고 저도 그런데, 위축될 때 누가 '워워' (응원)해주면 힘이 나고 갑자기 자신감도 생기고 주름이 쫙 펴진다"고 말했다. 이어 "그래서 우리 존경하는 박근혜 전 대통령께서 대통령 하시다가 힘들 때 대구 서문시장을 갔다는 거 아닌가"라며 "거기 가면 힘이 쫙 나는 것"이라고 예를 들어 설명했다. (「중앙일보」 <이재명 "'존경하는 박근혜' 했더니 진짜 존경하는줄 알더라"> 2021년 12월 7일)

이에 대해 정가에서는 이재명이 윤석열의 아킬레스건인 박근혜 이슈를 부각시켜 박근혜 지지층을 공략하려는 의도라 분석하기도 했다. 그리고 실제로 박근혜 지지층은 이재명의 SNS에 "윤석열의 박근혜 조작 날조 수사를 밝혀주십시오"라고 청원글을 올리기도 했다. 만약 이 이슈를 키워나갔다면 윤석열 측은 분명 크게 곤욕을 치렀을 것이다.

그러나 이재명은 스스로 이 흐름을 차단해버린다. 이재명은 12월 7일 서울대 금융경제세미나 초청 강연회에서 자신이 최근 박근혜 전 대통령에 대해 "존경하는"이라는 표현을 쓴 데 대해서 "'존경하는 박근혜 대통령'이라고 했더니 (박근혜 대통령을) 진짜 존경하는 줄 알더라"라고 말하며 자기 발언을 뒤집었다.

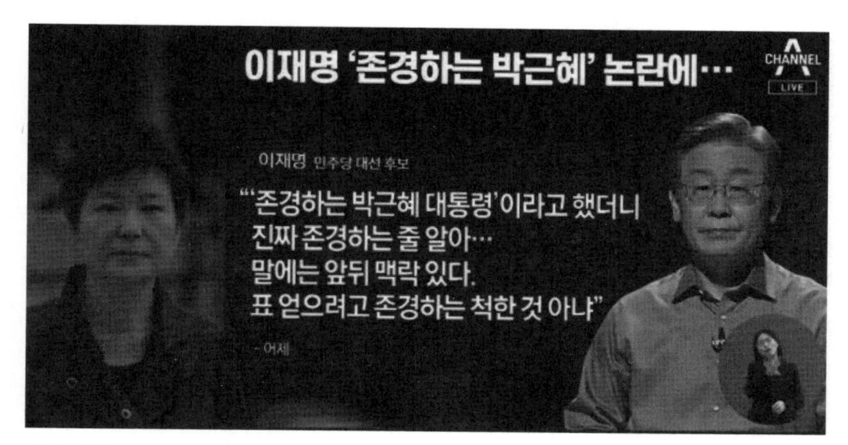

지난 대선레이스 당시 "'존경하는 박근혜 대통령'이라고 했더니 (박근혜 대통령을) 진짜 존경하는 줄 알더라"라는 이재명 후보의 빈정거림은 보수진영이 윤석열 후보와 비교해 이재명 후보에게 마음을 완전히 닫아버리는 결정적 계기가 됐다. 사진은 관련 논란을 다룬 채널A 방송화면.

이재명은 "경제는 과학이 아니다"라고 발언한 것을 한 학생이 지적하자 "말이라는 것은 맥락이 있는데 맥락을 무시한 것이 진짜 문제"라고 하면서 앞서 박 전 대통령과 관련한 발언을 굳이 그렇게 수습(?)해버렸던 것이다. 이재명은 "'표 얻으려고 존경하는 척하는 것 아니냐' 하는데 전혀 아니다"라며 "우리 국민들의 집단 지성 수준을 무시하는 것"이라는 말까지 덧붙였다.

당시는 박근혜가 아직 감옥에 갇혀있던 때로, 박근혜 수사에 대한 불만으로 윤석열을 차마 지지하지 못하고 있던 보수 유권자들은 이재명의 이런 표리부동한 태도에 경악했다. "존경한다 했더니 진짜 존경하는 줄 알더라"라는 이재명식 어법은 이후에도 이재명의 신뢰를 갉아 먹는 데 인용되고 있다. 이재명이 연동형 선거제 공약을 주저할 때도 "연동형 한다 하니 진짜 연동형 하는 줄 알더라", 이재명이 공정 공천을 약속하면 "공정 공천한다고 하니 진짜 공정 공천 하는 줄 알더라"와 "불체포특권 포기한다 하니 진짜 포기하는 줄 알더라"와 같은 댓글이 따라붙는 식이다.

사실, 이재명은 박근혜 탄핵 집회의 가장 큰 수혜자다. 성남시장에 불과했던 이재명은 지자체 단체장으로는 이례적으로 탄핵 집회에 주도적으로 참여하며 박근혜 하야와 탄핵을 외치며 중앙정치인으로 성장했다. 탄핵 직후 민주당 대선주자 경선에서 21%를 득표하여 안희정과 함께 문재인을 견제했다. 그러다가 문재인 정권 들어 안희정이 여비서 성추행 사건으로 낙마하자마자 곧바로 비문진영의 대권주자로 자리잡은 것이다.

이러한 촛불정치의 수혜자라는 입지 때문인지 이재명은 명백하게 밝혀진 윤석열과 한동훈의 박근혜 국정농단 특검 수사 당시 '최순실 태블릿' 증거조작 문제를 공론화시키지 않았다. 윤석열 정권으로부터 대장동 문제는 물론, 백석동 문제, 쌍방울 대북송금 문제까지 전방위 검찰 수사로 탄압을 받으면서도, 윤석열과 한동훈의 가장 치명적인 과거인 내란성 범죄에 대해선 그 은폐를 사실상 도와온 것이다. 이재명 입장에서는 차라리 윤석열 체제가 유지되더라도 자신이 중앙정치인으로 성장하게 된 결정적 계기가 된 역사적인 촛불집회의 정당성에 대해선 일체 흠집이 나는 일을 인정할 수 없다는 것이다.

이재명과 반대로 송영길 전 더불어민주당대표의 경우 이른바 '전당대회 돈봉투 살포 의혹 사건'에 대해서 2023년초 검찰의 수사가 시작되자마자 윤석열·한동훈의 '최순실 태블릿' 조작수사 문제와 관련한 미디어워치 출판사의 책 세 권(『변희재의 태블릿 사용설명서』, 『변희재의 태블릿, 반격의 서막』, 『나는 그해 겨울 저들이 한 짓을 알고 있다』)을 모두 세 번씩 정독하고서 이후에도 라디오방송, 유튜브방송 등을 통해 수시로 이 이슈를 제기했다.

송영길은 실제 자신에 대한 구속영장이 기각되면 태블릿 조작수사 주범으로 지목된 한동훈 당시 법무부 장관에 대해 정면에서 문제제기를 할 계획이었다. 송영길은 인천시장 때부터 각종 교류사업을 통하여 친분을 이어온 푸틴으로부터 "박근혜를 사면석방시켜달라"는 요청을 받고선 문재인에게 이러한 뜻을 전해준 바도 있다.

만약 2022년 대선에서 민주당 대권주자가 이재명이 아니라 당대표였던 송영길이었다면 무엇이라고 했을까? 다음과 같이 말하지 않았을까?

> 박근혜 탄핵은 정치적으로 정당했고 절차도 마무리되었다. 탄핵을 되돌리자는 것이 아니다. 그러나 촛불을 든 국민들 중 그 누구도 윤석열과 한동훈에게 증거까지 조작해서 박근혜에게 누명을 덮어씌우라 요구한 적 없다. 검사 몇몇이 자기들의 출세를 위해 정치적 사건에서 증거를 조작했다면 심각한 중범죄이다. 내가 집권하면, 윤석열과 한동훈이 저지른 박근혜 관련 수사 등을 모두 전면 재조사, 저들의 증거조

작 범죄를 잡아내겠다.

송영길이라면 분명 이렇게 윤석열을 압박하며 박근혜 수사에 불만을 갖고 있는 보수층의 표심을 파고들었을 것이다.

애초에 보수진영에서 "윤석열 대권후보 절대 불가"를 외쳤던 세력은 진보진영의 후보가 송영길과 같은 태도를 취했을 때 윤석열이 이에 대한 대책이 전혀 없다는 점을 강조했었다. 실제 MBC 기자 출신의 보수논객 이상로는 대선 막판까지 "이재명이 윤석열의 태블릿 조작을 들고 나오면 윤석열은 무너질 것"이라고 경고하기도 했다. 그러나 윤석열만큼이나 촛불의 혜택을 입은 이재명은 이 카드를 모조리 덮어버렸다. 그 때문에 정권교체 이후에 야당대표를 하면서 윤석열 검찰의 독주와 폭주를 전혀 막지 못하고 끌려다니고만 있는 것이다.

이재명, 문재인 지지 얻는 것도 실패, 문재인과 차별화에도 실패

이재명은 문재인 정권과의 차별화에도 실패했다. 반면 송영길은 이재명의 대선패배에 문재인 정권의 책임도 있다는 점을 분명히 했다.

대선 패배의 이유는 여러 가지가 있겠지만 그 중에는 문재인 정부의 탓도 있음을 부인하지는 못할 것이다. 당시 더불어민주당 내부에서도 문재인 정권에 실망한 반대파들의 '묻지마 정권교체'의 열망을 여실히 느끼고 있었다. 이런 상황에서 송영길은 문재인 정부를 연장하는 쪽으로 대선에 임해서는 안 된다고 판단했다. 이를테면 노무현 대통령이 정권을 잡을 수 있었던 결정적인 이유가 김대중 정부와의 분명한 차별화에 있었다고 본다. 그것은 적대적 차별화가 아니라 김대중 정부의 장점을 잇지만 동시에 김대중 정부와는 다른 새로운 정부를 만들고 새로운 시대를 열어가겠다는 일종의 계승적 차별화였다. 여기엔 김대중 정부의 적극적인 협조와 지지가 주요한 역할을 했다.

문재인 정부는 달랐다. 청와대에 대한 약간의 비판도 감수할 생각이 없었고, 정권을 창출하는 것보다 현 정부의 지지율에 더 신경쓰는 모양새였다. 일례로 더불어민주당 당대표 시절 송영길은 코로나19로 인한 전 국민 재난 지원금을 관철시키기 위해 각고의 노력을 다했고, 이준석 국민의힘 대표와도 합의를 마쳤다. 송영길이나 이준석이나 여야를 넘어 국민을 위한 것이 무엇인지를 가장 앞에 놓고 고민했기 때문에 가능한 일이었다. 여기에 제동을 건 것은 아이러니하게도 홍남기 경제부총리였다. 홍남기 부총리가 마지막까지 뜻을 굽히지 않으면서 결국 5차 재난지원금은 소득 하위 88%에게 25만 원씩 지급하는 것으로 결정할 수 밖에 없었다. (중략)

홍남기 부총리는 사표를 써서 호주머니에 넣고 다닌다면서 자리에 연연치 않겠다고 호기를 부렸고, 조중동은 환호했다. 그런 기재부가 윤석열 정권이 등장하자마자 지방선거를 앞두고 59조원의 사상 최대의 추가경정예산을 단행했다. 코로나19로 피해를 본 자영업자, 소상공인에게 1명당 최소 600만원씩 손실보상을 하겠다는 윤석열 대통령의 공약을 이행하기 위함이었다. 황당한 기만 행위이다. 이런 홍남기 기재부에 속아 국가 재정을 운영해온 셈이다. 문재인 정부는 물론 나와 더불어민주당 모두 깊이 반성해야 할 대목이다. (송영길·박정우 『송영길의 선전포고』[시월, 2023년] 43쪽)

송영길은 문재인 측이 이재명에게 현 정권 정책을 비판하고 수정할 여지를 주지 않았다고 불만을 토로한다. 비단 이런 정책 문제 뿐만 아니라 문재인 측이 이재명에 대해 정도 이상으로 선을 긋는다는 인상을 준 사례가 여럿 있다. 대표적인 사례 중에 이런 게 있다. 이재명은 2022년 1월 24일 70번째 생일을 맞은 문 대통령에게 존경의 의미를 담은 생일 축하 카드와 꽃바구니를 인편을 통해 청와대에 전달했다. 생일 축하 카드는 이 후보가 직접 자필로 쓴 것으로 알려졌다. 이에 대해 청와대 측은 "청와대는 정치적 중립 의무를 지킨다"는 냉정한 말로 답변을 대신했다.

청와대 관계자는 「헤럴드경제」와의 통화에서 편지 내용과 문 대통령의 답변 여부에 대해 "편지와 꽃이 전달된 것은 맞지만, 더 이상은 확인해 줄 수 없다"고 밝혔다. 그냥 적당히 "잘 받았다"고 답하면 될 것을 정치적 중립 운운하며 마치 이재명이 중대한 공정선거의 원칙이라도 어긴 듯이 꾸중을 하는 뉘앙스의 답변을 한 것이다.

현직 대통령이 선거법을 어기지 않고 집권여당의 후보를 지원할 방법은 무궁무진하다. 예를 들면 문재인이 부산 지역에 가서 부산 발전 계획을 설명한다. 그때 이재명 측이 부산에 가서 선거운동을 하고만 있어도 국민들은 문재인과 이재명이 함께 뛴다는 인식을 할 수 있다.

그러나 대선 기간 내내 그런 장면은 단 한 번도 나오지 않았다.

이재명은 엄연히 문재인 정권을 승계하는 집권여당의 후보였다. 문재인 측이 적당히 맞춰줄 수도 있는 사안까지 냉정히 벽을 치면서 시중에서는 '문재인이 혹시 이재명보다는 자신의 검찰총장 윤석열을 지지하는게 아닐까'하는 의혹을 더 증폭시킨 것이다. 그러면서 안 그래도 대장동 비리 의혹에 고전하던 이재명에 대한 신뢰는 더 떨어질 수밖에 없었다.

TK에서 이명박보다 더 높은 득표율 올린 윤석열

2022년 대선에서의 최대 격전지는 의외로 TK로 손꼽히고 있었다. 윤석열은 특검 시절 TK정치의 상징 박근혜를 수사했다. 윤석열은 문재인에 의해 서울중앙지검 지검장으로 영전된 뒤 박근혜 관련 사건의 공소유지에 만전을 기했다. 특히 윤석열의 최측근 한동훈은 직접 결심공판에 나와서 특정범죄 가중처벌 등에 관한 법률 위반(뇌물), 직권남용권리행사방해·강요 등 혐의로 박근혜에게 징역 30년, 벌금 1,185억 원을 구형했다.

당시 서울중앙지검 3차장 신분이었던 한동훈은 "1987년 헌법 개정으로 직선제가 도입된 이래 최초로 과반수 득표를 한 대통령임에도 헌법을 수호할 책임을 방기했다"며 "우리 사회 양극화를 해소하기 위한 재벌개혁, 반칙과 특권을 해소하기 바라는 국민 열망에 찬물을 끼얹었다. 서민 쌈짓돈으로 형성된 국민연금을 삼성 경영권 승계에 동원해 말로 표현할 수 없는 충격과 공분을 안겼다"며 무려 30년을 구형, 박근혜를 중벌에 처할 것을 재판부에 요구했다. 한동훈의 재판 출석은 윤석열이 직접 결정한 사안으로 알려졌다. 윤석열은 "끝까지 최선을, 정성을 다 하자"며 한동훈의 재판 출석을 결정했다고 한다.

하지만 애초 특검법상으로는 공소유지와 구형까지 모두 박영수 특검이나 이규철 등 특검보가 했었어야 했다. 이에 대해 최서원 측 변호를 맡은 이경재 변호사는 "재판 과정에서 박영수 특검이나 특검보를 본 적이 없다. 모두 윤석열 측 검찰 인사들이 재판에 출석했고, 구형까지 한동훈이 했다"면서 "특검법상 저들은 특검에 파견 나온 수사관 신분이지 검사가 아니다. 검사가 아닌 사람들이 불법적으로 공소유지, 심지어 구형까지 한 것"이라 비판했다.

박근혜 국정농단 특검 이후에 있었던 드루킹 댓글 공작 특검에서 허익범 특검 이외에 검찰에서 파견 나온 검사 이름을 기억하는 국민은 없을 것이다. 즉 유독 박근혜 국정농단 특검에서만 파견 수사관 신분에 불과한 윤석열과 한동훈이 이례적으로 무대 위에 직접 나섰던 것이다. 그리고 저들은 박근혜를 잡아넣은 활약상을 인정받아 문재인으로부터 검찰총장으로까지 영전되었다.

그러니 박근혜를 구속시키고 30년형을 구형한 윤석열이 과연 TK에서 최소한 이명박이 얻은 득표율 70%를 확보할 수 있을지에 대해 관심이

쏠릴 수 밖에 없었다. 더구나 상대는 경북 안동 출신 이재명이었다.

결과적으로 윤석열은 대구에서 75% 대 21%, 경북에서 72% 대 23%로 압승했다. 이재명은 TK 출신임에도 2017년 문재인이 얻은 득표율 22%를 넘어서지 못했다. 2012년 박근혜와 맞붙었을 때 문재인이 기록한 19%대 득표율과 비교해도 크게 앞서지 못했다.

또 하나 놀라운 점은 윤석열이 호남에서 15%의 득표율을 올리며, 그간 보수 후보로서 박근혜가 얻은 역대 최고였던 10%의 득표율을 넉넉히 추월했다는 점이다. 당연히 이재명은 광주와 전라에서 각각 84%와 86%의 득표율에 그쳤다. 다만 그동안 노무현의 불행한 죽음으로 이후 경남 봉하마을이 민주당의 성지가 되면서 꾸준히 지지층을 넓혀온 부산과 경남에서는 이재명이 문재인과 비슷한 30%대 후반의 득표율을 기록했다. 즉 이제 부산경남에서의 30%대 지지율은 반드시 영남후보가 나와야만 얻을 수 있는 수치가 아닌 것이다. 시간이 흐르면서 부산경남의 표심 구도가 범민주진영 쪽으로 조금씩 이동한 셈이다. 노무현과 문재인, 이재명으로 이어진 민주당 영남후보론의 승리공식은 호남에서 최소 90% 이상의 득표율을 확보한 뒤 고향 영남에서 득표를 확장하는 것이었다. 이 공식이 TK 출신 이재명 때부터 제대로 작동하지 않은 것이다. 박근혜는 2012년 대선에서 호남 득표율 20% 이상을 목표로 했다. 실제 호남의 노장년층의 경우 박정희까지는 아니어도 육영수 여사에 대한 호감을 보이고 있었다. 그래서 선거 과정에서 박근혜는 호남에서 20%대 이상의 지지율을 기록한 적도 있었다. 박근혜는 호남 득표율을 올리기 위해 김대중의 참모들인 김경재, 한광옥 등을 영입하여 호남에 투입했다. 그리고 당대표 황우여와 호남에서 연거푸 출마한 박근혜 최측근 이정현도 호남을 헤집고 다녔다. 2012년 대선에서 박근혜는 그렇게 노력을 했음에도 불구하고 앞서 2007년 대선에서 전북 출신 정동영을 상대로 이명박이 8%대, 이회창이 3%대를 얻은 득표율의 합도 안되는 고작 10% 득표율을 호남에서 올렸다. 박근혜와 비교하면 윤석열의 경우 호남에서의 득표요인도 없었고 특별히 공들인 것도 없었다. 그럼에도 불구하고 그간 보수후보들이 넘보지 못한 호남에서의 15% 득표율을 기록했다. 이는 호남 기반의 민주당에서 영남후보론 필승공식이 흔들리고 있다는 것을 의미한다. 윤석열에 대한 지지도가 높았다기보다는 호남인들이 경북 안동 출신 후보 이재명을 반드시 당선시키겠다는 결집도가 느슨해졌다는 것이다. 실제 윤석열 정권 들어서도 이재명과 민주당의 호남 지지율은 50%를 넘지 못하고 있다. 윤석열 정권의 지지율이 30%대로 역대 최저를 기록하고 있음에도 민주당이 집권여당을 지지율에서 압도하지 못하는 이유다. 물론 실제 선거판이 벌어지면 일정 정도 지지율이 결집될 수 있다. 그러나 최소한 영남후보를 내세워서 노무현이나 문재인 정도의 90% 이상 지지율을 기록하는 것은 앞으로는 불가능해 보인다.

정반대로 TK의 경우에는 윤석열이 2007년 대선 때 이명박이 얻은 69%대의 득표율을 훌쩍 넘어 75%대를 기록해 박근혜가 2021년 대선 때 얻은 79%대에 육박했다. 2017년의 경우 홍준표 45%, 안철수 15%,

유승민 12%로 나눠 가졌다. 윤석열이 이들 셋이 얻은 득표율 합보다 더 많은 표를 가져간 것이다.

윤석열의 고향은 서울이다. 그의 부친의 고향은 충남 공주로 알려져 있다. 물론 역시 충청 출신 이회창이 97년 대선 당시 TK에서 72%, 이인제가 13%를 얻은 적이 있다. 그러나 그때의 이회창과 이인제의 상대는 50년 만의 호남으로의 정권교체 깃발을 든 김대중이었다. 그리고 이회창은 TK 민정당을 계승한 한나라당의 당대표로서 TK 정치를 대표했었다. 약 25년이 더 지난 후에, TK와는 아무런 연고도 없고 문재인 정권의 검찰총장 출신으로 박근혜, 이명박 등 TK 정치인을 구속시킨 인물이 TK에서 75%대 몰표를 얻은 것이다.

민주당식 영남후보론, 보수에 역공을 당하다

2022년 대선에서 윤석열의 박근혜 수사를 문제삼고 나온 후보가 셋이 있었다. 박근혜 정권 당시 홍보특보를 역임한 김경재와 제40대 대한의사협회 회장을 역임한 최대집, 새누리당 최고위원을 역임한 대구의 3선 국회의원 조원진이었다. 이들은 이구동성으로 박근혜의 뇌물죄 등에 대해 무죄를 주장하고, 윤석열의 조작, 왜곡 수사 관련 사과를 요구했다. TK 지역에서 박근혜의 무죄석방에 동조하는 여론은 늘 70%가 넘었다. 그러다보니 대선에서 이들의 득표율이 윤석열의 당락을 결정할 수도 있었다. 윤석열이 이재명을 이긴 표차 24만 표 정도만 이들이 TK에서 가져가면 실제 윤석열은 낙선하는 것이었다. 그러나 놀랍게도 김경재는 9천 표, 조원진은 2만 5천 표를 얻는 데 그쳐 대선에 전혀 영향을 줄 수 없었다(최대집은 예비후보 등록만 하고 본선거 후보 등록은 하지 않았다).

이들이 선거운동에 나서면 TK 유권자들은 “그럼 이재명 당선시켜주겠다는 말인가”라는 말로 싸늘히 답하곤 했다. TK 지역에서는 문재인을 심판하고 이재명 당선 저지를 위해서라면 박근혜를 감옥에 넣은 윤석열이라도 용납하겠다는 분위기였다.

사실 민주당의 영남후보론도 호남의 인물이 없으니 보수 측 후보를 이기기 위해 상대적으로 득표력이 있는 영남후보를 밀겠다는 차선책이었다. 또한 이는 좋은 후보를 선택하겠다기보다는 나쁜 후보를 떨어뜨리겠다는 심판론의 성격이 짙었다. 그래서 2002년 대선에서 민주당과 호남은 이회창을 떨어뜨리기 위해서라면 영남후보 노무현도 밀 수 있었고 재벌 출신 후보 정몽준과도 손잡을 수 있었던 것이다.

반면 보수진영의 경우는 이회창, 이명박, 박근혜 등 자체 대세론을 따라왔다. 상대 후보가 누가 되든 자기 진영에서 가장 적합한 후보로 선택된 인물을 지지했다. 그러다보니 이명박, 박근혜같은 TK 출신 후보들도 선택될 수 있었던 것이다.

2022년 대선에도 보수진영에는 TK 출신이자 나름대로 박근혜 탄핵과 수사의 문제점을 비판해온 홍준표가 경선에 출마했다. 기존의 보수진영이었다면 굴러온 돌인 윤석열이 홍준표를 이기기는 불가능했다. 그러나 비정치인 출신 윤석열을 내세워 전리품을 챙겨보겠다는 당내 기득권 세력의 담합에 의해 홍준표는 경선에서 패배한다. 다만 그 이면에는 박근혜 탄핵의 주역으로 촛불세력으로부터 일정 기간 지지를 받아온 윤석열의 표 확장력이 홍준표보다 더 낫다는 판단도 있었다. 즉 보수진영의 기존 문법과 맞지 않더라도 당선 가능성이 높고 전리품을 챙기기 쉬운 윤석열을 선택했다는 것이다. 민주당의 영남후보론 역시 영남 출신 후보를 데려다가 집권하면 기존의 호남세력이 당권 등을 잡아 기득권을 누리는 데 더 도움이 된다는 당리당략적 계산도 포함되어 있었다.

이러한 정치공학적 계산이 실제 유권자의 표심으로 현실화되려면, 상대 측의 후보가 도무지 받아들일 수 없는 수준의 최악의 인물이어야 한다. 이번에 보수 진영에서 인식하는 이재명이 딱 그런 경우이다.

이재명 집권 저지를 위해서라면 가문의 원수라도 뽑겠다는 보수진영

이재명이 민주당 대권주자가 된 이유로 지지자들을 열광케 하는 '사이다'로 불리는 그의 공격력을 제1요인으로 손꼽는 이들이 많다. 반대로 말하면, 이재명은 보수진영을 강하게 공격하면서 지지층을 모은 것이기에, 이것 하나만으로도 보수진영에선 이재명은 반드시 떨어뜨려야 하는 인물이다. 또한 앞서 소개한 대로 이재명은 박근혜 탄핵 촛불집회에 지자체 단체장으로선 이례적으로 앞장선 데다가 "'존경하는 박근혜'라고 했더니 진짜 존경하는 줄 알더라"처럼 당시 옥중에 투옥돼 있는 사람까지 조롱하는 어법에 보수진영의 이재명에 대한 혐오감은 클 수 밖에 없다.

더구나 이재명은 성남시장 시절에 보수진영에서 종북세력의 핵심으로 꼽는 통합진보당의 경기동부연합세력과 연대를 맺기도 했다. 이에 보수진영에서는 이재명을 노무현, 문재인보다도 더 심한 친북인사로 지목하고 있다.

이재명은 최근에도 북한 문제와 관련 큰 설화를 낳았다. 2024년 1월 19일 민주당 최고위원회 모두발언에서 이재명은 군사적 도발을 강화하는 북한 김정은 국무위원장을 향해 "적대 행위를 중단해야 한다"면서 "무모한 도발을 지속할수록 국제 사회에서 고립될 것이고, 우리 북한 주민들의 고통이 심화될 것"이라고 말했는데, 여기까지는 좋았다. 문제는 그가 "선대들, 우리 북한의 김정일, 또 김일성 주석의 노력들이 폄훼되지 않도록, 훼손되지 않도록 애써야 할 것"이라는 말을 덧붙였다는 것이다.

오늘날 북핵 위기가 김일성, 김정일의 핵개발 노력에 비롯됐다는 것을 아는 국민들로서는 당시 이재명의 발언은 너무나 생경하게 들리는 발언이 아닐 수 없다. 특히 이와 맞물려 "선대들", 그리고 "우리 북한의 김정일, 또 김일성 주석"이라는 표현도 큰 논란이 됐다. 민주당 공보국은 이 대표의 발언 속기본을 홈페이지에 공개하면서 "우리 북한" 대신 "북한"이라고만 적어 올렸는데, 이것도 또다시 추가로 논란이 됐다.

이재명이 2024년 신년 기자회견에서 "수백만이 죽고 전 국토가 초토화된 6.25 전쟁도, 어느 날 갑자기 일어난 것이 아니다. 38선에서 크고 작은 군사 충돌이 누적된 결과였음을 결코 잊지 말아야 한다"고 발언한 것도 역시 보수진영에 큰 충격을 안겼다.

6.25 전쟁은 김일성이 중공의 마오쩌둥과 소련의 이오시프 스탈린의 협조와 지지를 얻은 후에 북한의 기습 침공으로 시작됐다는 데 대해서 오늘날 대부분의 근현대사가들은 합의하고 있다. 이 문제는 구 소련의 기밀문서 등이 다 드러나면서 이제 더 이상 논란의 여지도 없다. 보수진영에서는 운동권 출신도 아닌 이재명이 더구나 2024년에 운동권의 '해방 전후사의 인식' 수준의 낡은 6.25 전쟁관을 보인 데 대해서 경악할 수 밖에 없는 것이다.

안 그래도 이재명은 여배우 김부선과의 불륜 스캔들 의혹은 물론, 친형 강제입원과 관련하여 형수에게 '쌍욕'을 퍼부은 문제 등이 대장동 비리 의혹과 맞물리면서 대선 당시에도 이미 최악의 비도덕 후보 1위에 올랐던 인물이다. 가족 공동체를 중요하게 생각하는 보수진영에서 그는 이념 문제, 안보 문제까지 합쳐서 절대적으로 낙선시켜야 하는 후보로 인식되고 있는 것이다.

이재명 "한반도 역사에 백제가 주체가 돼 통합한 때가 없다"

이처럼 보수진영에서는 절대적으로 낙선시켜야 한다고 보는 대통령 후보인 이재명으로선 믿는 구석이 결국 민주당의 영남후보론일 수 밖에 없다. 실제로 이재명은 대놓고 민주당 호남 출신 후보의 확장력 한계론을 언급하기도 했다.

이재명은 민주당 대통령 후보 경선레이스 중인 2021년 7월 23일 「중앙일보」 인터뷰에서 "한반도 5,000년 역사에서 백제, 이쪽이 주체가 돼서 한반도 전체를 통합한 때가 한 번도 없었다"며 "김대중 전 대통령이 처음으로 성공했는데 절반의 성공이었다. 충청하고 손을 잡았다"고 말했다. 그러면서 이재명은 "지금은 우리(민주당)가 이기는 게 더 중요한 상황이 됐고, 제일 중요한 게 확장력"이라며 "전국에서 골고루 득표 받을 수 있는 후보, 그것도 좀 많이 받을 수 있는 게 저라는 생각이 일단 들었다"고 덧붙였다.

이때 이재명은 그냥 자신의 확장력을 얘기했던 것이 아니다. "백제" 운운, "김대중" 운운, 명백히 호남과의 비교 발언을 통해 영남 출신인 자신의 확장력을 얘기했다. 이것이 민주당 내 영남 출신 대권후보의 오만한 호남불가론이 아니고 과연 무엇일까. 물론 그가 덕담으로 "내가 이기는 것보다 이분(이낙연)이 이기는 게 더 낫다"라는 발언도 했다지만, 비교 발언과 함께 했던 발언이라 진심이 느껴질 수 없다. "존경한다고 하니 진짜 존경하는줄 알더라"라는 식 그의 어법을 떠올려보면 오히려 빈정댄 것이라고 봐야 하지 않을까.

이재명의 "백제" 발언을 두고 이낙연은 인터뷰 기사가 나온 다음날 페이스북에 "민주당의 후보께서 호남 출신 후보의 확장성을 문제 삼았다"며 "(앞서 이재명 후보의) '영남 역차별' 발언을 잇는 중대한 실언"이라고 비판했다. 배재정 대변인은 "이재명 후보는 '이낙연 후보의 약점은 호남', '호남불가론'을 내세우는 것인가. 이재명 후보가 주장하는 확장력은 지역에서 나오는 것이 아니다"고 했다.

전북 출신 신경민 전 의원도 해당 발언이 "덕담이었다"는 이재명 측 주장에 "우리 모두 한글을 읽을 수 있고, 삼척동자도 알 수 있다. (이재명 후보가) 솔직히 발언의 진의를 인정하고 사과하고 논쟁을 끝내기를 권유드린다"고 말했다.

역시 전북 출신인 정세균 전 총리도 이재명을 향해 "도대체 경선판을 어디까지 진흙탕으로 몰고 가려는 것이냐"며 "가볍고 천박하며 부도덕하기까지 한 지역 이기주의 역사인식"이라고 성토했다. 심지어 "꼴보수 지역 이기주의 역사 인식", "사실상 일베(극우 커뮤니티 사용자)와 같다"는 말도 했다.

이재명의 "백제" 발언과 관련해 민주당의 다른 영남 출신 대권후보는 변호하는 태도를 보였다는 점도 특기할만 하다. 경남 출신 김두관 의원은 "이낙연, 정세균 두 후보는 지역주의를 불러내지 말라. 당선을 기원한 걸 '호남불가론'으로 둔갑시켰다"며 이재명을 두둔했다.

"백제" 발언에 대해서 이재명은 이후 딱히 사과와 유감 표명을 하지 않았다. 오히려 덕담을 과장 왜곡한다고 역공을 펼쳤고 결국 민주당 대권후보를 나꿔챘다. 민주당 내 영남후보론의 위세가 얼마나 드쎈지 드러내 보여주는 대목이 아닐 수 없다. 이런 이재명은 2022년 대선 대패에도 불구하고 직후에 민주당 당대표 자리를 추가로 나꿔챘고 2027년 대선에 다시 도전할 태세다.

보수진영의 다음 대권후보는 호남 출신 이낙연인가

지난 대선에서 국민의힘 측이 윤석열을 앞세운 역공이 마치 민주당 측의 영남후보론을 역이용한 것이라면, 이참에 다음 대선에서 국민의힘 측은 보다 적극적인 전략을 내세울 수도 있을 것이다. 아예 호남 출신 후보를 내세워보자는 것이다. 이런 영남보수정당의 호남후보 전략은 전남 순천 출신이라는 인요한 씨가 당 혁신위원장 활동을 하면서 논의가 확산되었다. 인요한 씨는 수시로 “호남표를 얻겠다”고 공언했다. 이 전략의 실제 설계자는 김한길 국민통합위원장으로 알려져 있다.

그러다보니 김한길과 민주당에서부터 인연이 있던 이낙연 전 민주당대표를 대선 후보로 내세워 보수정권을 연장하자는 논의도 있다. 이낙연은 민주당 소속이었지만 보수신문인 「동아일보」의 기자 출신으로 보수진영과 크게 충돌한 바가 없다. 또한 윤석열 정권 들어 이재명과 민주당을 공격했지 윤석열을 공격한 일도 거의 없다. 그런 이낙연 씨가 탈당을 하고 호남 기반의 정당을 만들고 호남에 출마하여 성과를 얻는다면 보수정당에서 충분히 영입할 만도 하다.

만약 보수진영에서 아예 이낙연 등 호남후보를 앞에 내세워 총공세를 펴고 보수진영에서 절대로 용납하기 어려운 이재명이 다시 민주당의 영남후보로 나오면 어떨까. 시작부터 보수 측이 유리한 고지를 점할 수 밖에 없다. 애초에 영남 측 유권자 수가 더 많은데다가 충청, 강원을 보수벨트로 묶은 후에 호남후보를 내세워 호남의 민주당 결집만 막아낸다면, 민주당의 영남후보론으로는 이를 이길 방법이 없다. 영남 보수 유권자들이 박근혜, 이명박을 구속시킨 윤석열에게도 몰표를 줬는데 보수에 별로 찍힌 바도 없는 이낙연에게 몰표를 주는 게 뭐가 문제냐는 것이다.

이런 상황에 처하기 전에 민주당과 호남은 발상을 전환하여 구태의연한 영남후보론을 내다버리고 유권자 개개인이 보다 적극적이고 긍정적인 판단을 앞세울 수 있는 새로운 선거모델을 제시할 필요가 있다.

그것은 바로 호남 기반 정당에서 호남후보를 내세워서 애향심에 호소하고, 해당 후보는 정치노선을 진보에서 중도, 그리고 온건 보수까지 넓혀 애국심에 호소해서 영남, 강원 등 보수 유권자들의 지지를 얻는 방식이다.

이 방식이라면 상대의 약점과 결점을 심판하기보다는 자신의 장점을 내세워 국민 전체의 표심을 잡을 수 있게 될 것이다. 각 지역의 애향심을 인정하면서도, 정치노선의 확장을 통해 애국심으로 국민통합, 지역통합을 이룰 수 있는 새로운 패러다임이 등장하게 될 것이다.

제 5 장

호남인들이여, 오늘부터 당당히 호남 대통령을 외쳐라!

“호남은 호남 출신 대통령 만들라”고 주장했다가 영구 출연정지 당한 사연

2014년 3월에 필자는 “호남은 이제 호남 출신 대통령을 만들어야 한다”는 취지의 주장을 했다가 채널A 측으로부터 영구 출연금지 조치를 당했다. 물론 채널A 조치의 뒤에는 방통심의위의 압박이 있었다.

> 12일 방송통신심의위원회(방심위) 방송심의소위원회는 변 대표가 출연해 호남 비하 막말을 한 채널A ‘박종진의 쾌도난마’(1월 14일 방송분)를 심의했다. 심의에 참석한 이기홍 채널A 보도본부 부본부장은 “변희재 씨를 영구 출연정지시켰다”고 밝혔다.
> 변희재 대표는 13일 오전 자신의 트위터에 “호남이 호남 출신 김대중 (대통령)에 몰표를 준 건 이해가 되지만, (호남이) ‘노무현 정권을 부산정권’이라 규정한 부산의 문재인(대선 후보)에 몰표를 준 것 관련해, 호남 정치인, 기자, 교수 등이 조장한 정신질환적 투표행태란 표현(을) 양보할 생각이 없다”라고 강조했다.
> 그는 또한 “제가 알기론 방송사상 영구 출연정지 같은 단어는 없습니다”라면서 “마약, 폭행을 했던 연예인들도 다시 나오는데요, 호남의 투표행태를 비판했다고 영구 출연금지라면 그런 방송 안 나가는 게 맞죠”라고 밝혔다.
> 변 대표는 “방송심위 민주당 추천위원조차도 호남이 부산 출신 문재인 후보에 몰표준 행위 비판은 논리적으로 맞다 했죠, 동영상을 올려서 시청자들에게 직접 검증 받겠다”라고 전했다. 또한 그는 “지금 방송에서 온갖 거짓말을 조작하는 ‘손석희 JTBC’엔 솜방망이 처분하고,

정확하고 직설적인 비판엔 중징계를 내리는 방통심의위의 작태가 바뀌지 않으면 우파 논객들이 설 자리가 없습니다, 종편도 주춤하게 된다"고 덧붙였다.

방심위가 '박종진의 쾌도난마'에 대한 심의를 진행한 것은 이 방송이 방송심의에 관한 규정(품위유지·사회통합)을 위반했다는 민원이 제기됐기 때문이다. 변 대표는 방송에서 "호남은 민주당의 포로다, 좋게 표현해서 포로이지 노예다", "호남인들이 부산정권을 만들겠다는 문재인에 90% 몰표를 주는 것은 정신질환"이라고 말했다.

미디어전문지 「미디어스」에 따르면, 이기홍 부본부장은 이날 심의에서 "(해당 방송에서) 변희재씨가 호남에서는 어떤 후보가 나와도 민주당이 당선된다며 '정신질환자' 비유를 했다"며 "그 표현이 아무리 생각해도 문제가 되는 것 같다, 지역민들이 상처를 받았다면 사과드린다"라고 밝혔다.

그는 이어 "변희재씨의 발언에 저희도 당혹스러웠다"며 "이에 변희재씨를 채널A 모든 프로그램에서 영구 출연정지시켰다, 변씨의 거친 발언에 대해 변호하고 싶은 생각은 없다"고 밝혔다. 그는 심의위원들에게 "생방송 도중 돌발 발언이었고 발언이 끝난 직후 1분간 사과방송을 하는 등 할 수 있는 조치는 다 했다는 점을 감안해 달라"라고 전했다. (「오마이뉴스」 <'채널A 출연정지' 변희재 "그런 방송사 안 가"> 2014년 3월 13일)

「오마이뉴스」, 「미디어오늘」 등 진보좌파 매체는 필자가 채널A 방송에서 발언한 내용 전문을 의도적으로 소개하지 않았다. 필자가 그렇게 발언한 취지는 앞장에서 소개한 바와 같이 "호남은 더 이상 영남후보에 의존하지 말고 당당히 호남 출신 대통령을 만드는 것이 민주주의 발전, 지역감정의 벽을 넘는 데 더 큰 도움이 된다"는 것이었다.

필자의 이러한 주장은 반박의 여지도 없는 주장이었고 반호남은커녕 친호남 발언이었다. 실제 방통심의위의 호남 출신 언론학자는 사석에서 "변희재가 한 말은 틀린 말이 전혀 없다. 호남이 그런 방향으로 가야 한다"고 동의했다는 후문도 있었다.

순천, 광주에서 호남 대통령론을 외치다

필자는 채널A에서의 논란 이전에 이미 호남에 들어가서 직접 호남 유권자들과 이 문제를 논의하기 위해서 순천, 광주에서 포럼을 열었던 바도 있다.

3당합당을 반대하며 호남 고립을 온몸으로 막아내려 했던 노무현에 대한 지지까지는 이해할 수 있다. 그러나 노무현 정권을 부산정권이라 규정한 그의 비서 문재인까지 호남이 모셔야 한다는 말인가.

별다른 호남의 지지를 받을 요인이 없는 부산 출신 문재인은 결국 좌우 갈등을 일으켜 호남표를 묶어둘 수 밖에 없다. 호남이 이 방식의 영남후보론을 고집하면 한국 정치가 진영 싸움으로 파탄이 날 수 밖에 없다는 절박함으로 필자는 직접 순천, 광주로 들어갔던 것이다.

2014년 4월 5일, 광주 김대중컨벤션센터에서 연 포럼 ‘호남 대통령론이 진짜 새정치다!’

2015년 2월 16일, 순천의 순천시립조례호수도서관 3층 강당에서 연 포럼 ‘문재인 패권시대, 호남정치의 새로운 시작을 위하여”

당시의 필자는 지금보다 더 강경한 톤의 보수 논객이었다. 그래서 지금과는 상황이 다소 다르기 때문에 그때 주장을 지금에 다시 보면 단어, 문맥상 어색한 부분도 있을 것이다. 그러나 지금으로부터 약 10년 전에도 보수 논객이 호남에 들어가 호남 유권자들과 함께 직접 '호남 대통령론'을 외쳤다는 점은 충분히 평가받을 일이었다고 생각한다. 당시 기사를 그대로 소개한다. 먼저 2013년 11월 6일 순천 행사다.

> 변희재 미디어워치 대표 초청 호남 독자보고대회 및 통진당 해산촉구 결의대회 순천 행사가 6일 성황리에 개최됐다.
> 「데일리저널」 박종덕 대표가 주관한 이날 행사는 순천뿐만 아니라 광주, 여수, 광양, 청주 등지에서 찾아온 애국시민들과 독자 120여 명이 참석한 가운 데 무려 3시간에 걸쳐 질의응답이 이어졌다.
> 박 대표의 사회로 진행된 이날 행사에서 변 대표는 '호남정치, 이대로 죽는가?'라는 주제 강연을 통해 민주당이 호남을 호구로 여기고 있다며 호남인들의 정치의식 변화를 촉구했다.
> 본 강연에 앞서 변 대표는 "과거 민주당과 열린우리당으로 분당되기 전까지 김대중 대통령과 노무현 대통령을 찍은 민주당 지지자였다"고 털어놨다. 하지만 "노무현 대통령이 자기를 지지해준 민주당을 배신하고 열린우리당을 창당한 뒤로 생각이 바뀌었다"면서 유시민 전 의원과 노 전 대통령, 과거 열린우리당 세력의 모순된 행태를 조목조목 비판했다.
> 노 전 대통령에 대해선 미국 대통령들의 사례를 들며 "(퇴임한) 노무현 대통령은 자기의 경험담을 국민들에게 알려주면서 모범이 돼야 했

지만 사실상 친노계를 위해 자살했다"면서 "이런 행태는 조폭수장이나 다름없다"고 비판했다.

그는 노 전 대통령 자살 당시 이런 취지로 국민장을 비판한 글을 써 친노세력으로부터 공격을 받기도 했다고 밝혔다.

변 대표는 호남사람들이 지지한 역대 대통령에 대한 평가도 내놨다.

변 대표는 호남사람들이 김대중 대통령에 대해 90% 이상 몰표를 준 현상에 대해 미국 아칸소주에서 클린턴 대통령을 배출한 사례를 들며 "호남 출신이 50년만에 정권교체를 한 것이니만큼 몰표를 준 점은 충분히 이해할 수 있는 현상"이라고 평가했다.

또한 노무현 대통령에 대해서도 "3당합당을 거부하고 부산에서 민주당 후보로 출마해 낙선하는 등 영호남 갈등해소와 정치구도 변화에 앞장서 온 인물로 호남사람들이 지지할만한 명분이 있는 후보였다"고 평가했다.

하지만 지난 대선 당시 민주당 대통령 후보였던 문재인 의원에 대해선 평가를 달리했다.

변 대표는 "문 후보는 노무현 정권 내내 부산에서 부산정권을 부르짖었던 인물로 호남사람들이 문재인을 지지해야 할 하등의 이유가 전혀 없는 인물"이라고 평가절하했다.

그는 "그럼에도 불구하고 호남사람들이 문재인 후보를 지지한 점에 대해선 전혀 이해가 안 되며, 호남사람들은 차라리 민주당 경선에서 박준영 전남지사를 지지했어야 맞다"고 말하면서 목포에 지역구를 두고 서울을 오가며 호남을 장악한 민주당 박지원 의원의 책임론을 거론했다.

변 대표는 "박 의원이 지금 호남을 장악하고 경선 당시 박준영 후보 등을 사실상 못 나오게 하며 다른 지역 민주당 후보들과 딜을 치고 있다"면서 "그럴 바에는 박지원 의원이 호남을 대변해 직접 대선후보로 나와라"고 요구했다. 이와 관련 변 대표는 "이념적인 면을 제외하고 지역적으로만 논하자면 왜 호남사람들이 호남 출신 민주당 대선 후보를 만들어내지 못하냐"며 "그 이유는 박지원 같은 인물이 호남정치 발전을 가로막고 있기 때문"이라고 꼬집었다. 그러면서 "민주당은 호남이 지지 기반인 정당인만큼 호남사람들이 앞장서서 호남에서 지역구 활동을 펼친 대통령 후보를 만들어야 한다"고 강조했다. 내년 치러질 지방선거와 관련해서도 "특히 호남사람들이 많이 사는 서울의 시장 선거가 관건인데, 여권 일각에서 호남 출신 김황식 전 총리를 후보로 거론하지만, 김 전 총리는 말만 호남이지 호남에서 정치활동을 한 것도 아니고 전혀 역할이 없었던 인물"이라고 평가하고 "차라리 호남에서 정치활동을 한 김경재, 한화갑 같은 인물이 서울시장감으로 훨씬 낫다"고 주장했다.

변 대표는 호남사람들이 민주당으로부터 호구로 여겨진 결정적 사건이 김대중 대통령 차남인 김홍업 의원의 출마 때부터라고 지적했다.

김홍업 씨에 대해 "정치인도 아니면서 박스채 돈을 받아 공천자격이 없었지만 이희호 여사 등이 민주당에 호소한 탓에 원래 지역구 위원장을 물리치고 무안, 신안지역 민주당 공천을 받아 결국 당선되는 바람에 이때부터 호남이 민주당으로부터 호구로 여겨진 것"이라고 주장했다.

이어진 토론에서 10여 명의 참가자들이 열띤 질문을 던졌고 변 대표는 참석자들의 질문에 일일이 응답하며 토론의 열기는 더해져 행사는 예정된 시간을 넘겨 끝났다.

변 대표는 이날 강연의 상당 시간을 민주당을 둘러싼 본인의 입장을 밝히는 데 할애했다. 토론에서는 자신을 미디어사업가, 청년창업전문

> 가로 소개했다. 박근혜 대통령의 의원 시절에 그 앞에서 청년 창업 브리핑도 했었다며 박 대통령과의 과거 인연도 밝혀 눈길을 끌었다.
> 이날 행사는 활빈단 홍정식 단장과 김권태 고문, 국책사업훼방선동세력 추방 운동 관계자들이 대거 참석해 정부의 통진당 해산 결정 방침을 환영하고 해산촉구를 결의했다. (「데일리저널」 <변희재 대표 순천강연 "민주당, 호남사람을 호구로 여겨"> 2013년 11월 7일)

위 행사는 필자의 언론사인 「미디어워치」의 독자보고 대회였지 본격적인 호남 대통령 관련 포럼은 아니었다. 그래서 이듬해 2014년 3월 15일 서울에서 열린 '청년비전 아카데미'에서 다음과 같은 강연을 했다.

> "호남인들이 호남 대통령을 만들자는 여론이 20% 정도만 올라와줘도 대한민국의 정치는 크게 바뀐다."
> 지난 3월 15일 한국인터넷미디어협회 변희재 대표가 청년비전 아카데미 학교에서 '호남 대통령론과 새정치'란 주제로 한 강연에서 던진 메시지이다.
> 변희재 대표는 이미 지난해 10월 6일 전남 순천에서 150여 명의 호남 청중을 상대로 같은 메시지를 전한 바 있다. 3시간에 걸친 강연과 질의응답이 이어지는 등 청중들의 반응도 뜨거웠다.
> 그러나 이 내용을 요약하여 채널A '쾌도난마'에서 한 주장에 대해서 민주당 추천의 호남 출신 장낙인 방통심의위원이 징계를 주도하면서 채널A로부터 영구출연금지라는 처분을 받았다.
> 이에 변희재 대표는 청년비전 아카데미 학교에서 원래 예정된 '인터넷과 언론'의 주제를 '호남 대통령론과 새정치'로 현장에서 바꾸어 강

연을 진행했다. 변 대표는 "지난 대선에서 민주당의 유력 대선 후보자 및 정치인들, 문재인, 안철수, 박원순, 김두관 등 모두 부산경남 출신으로서, 이미 민주당은 호남 대선주자의 싹을 잘라 놓았다"고 지적했다. 그 이유로 "호남에서 90%의 몰표를 받은 뒤, 부산경남에서 표를 따면 이긴다는 낡은 정치공학 탓"을 들었다. 또한 변 대표는 "안철수의 새정치라는 것도, 결국 안철수가 부산 출신으로서 호남의 대선후보가 된다는 노무현, 문재인의 낡은 정치공학과 일맥상통한다"고 비판한 뒤 "과연 안철수가 호남 출신이었어도 지금과 같은 정치행보가 가능했겠냐"며 "현재의 구도 자체가 이미 뿌리깊은 호남차별에 기반한 낡은 정치"라고 비판했다.

변 대표는 호남 대통령 후보감으로 박준영 전남지사, 강운태 광주시장, 김경재 전 민주당 최고위원, 김황식 현 서울시장 후보를 예로 들었다.

변 대표는 "김대중 대통령 비서실장에 3선의 전남지사의 지지율이 지난 대선에서 초선의 김두관 경남지사에 한참 밑돌았다"며 "강운태 광주시장, 김경재 전 최고위원 등의 인물 그릇이 기껏해야 중소 내수기업 사장인 안철수와 비교가 되느냐"며 왜곡된 정치구도를 지적했다.

변 대표는 "4월 5일 광주를 시작으로, 지자체 선거 내내 목포, 순천, 전주 등을 돌며 호남 주민들을 상대로 호남 대통령론을 설파하겠다"고 선언했다.

변 대표는 "김황식 후보와 전혀 인사나눈 바도 없고, 함께 종북을 상대로 투쟁한 바도 없어, 내가 도울 일은 없겠지만, 내가 호남에서 호남 대통령론을 설파하는 시기에 김황식 후보 측이 경남 출신 박원순 서울시장을 상대로 밑바닥에서 서울 거주 호남 출신 유권자를 상대로 호남 대통령론을 알린다면, 박원순 시장의 지지 기반을 흔들 수 있을 것"이라고 예상했다.

변 대표는 "호남인들이 호남 대통령을 내세우게 된다면, 영남, 충청 강원의 보수층의 지지를 얻기 위해 필연적으로 우클릭을 하게 될 것이므로, 문재인, 안철수, 박원순 등 부산경남 출신 3류 정치인들에 줄서며 운동권 신입생 학생회로 전락한 민주당이 개혁될 것이고, 이것이 바로 새정치"임을 강조하기도 했다.

채널A의 방송에 대해선 "호남인들이 호남 대통령을 만들겠다고 나서는 게, 호남의 기득권 친노종북 세력에게 절대적 위협이 된다는 점은 이 방송을 바로 징계하러 나선 호남 출신 장낙인 방통심의위원의 행태가 입증해주었다"며 "부산 출신 문재인 후보에게 90% 몰표를 준 호남인들의 투표행태를 정신질환적이라고 진단한 것은, 바로 장낙인과 같은 호남 기득권 친노종북 세력들이 호남인들의 눈과 귀를 가리는 정치공작을 비판한 단어이기에 양보할 생각이 없다"는 점을 분명히 했다.

변 대표는 "호남인들의 눈과 귀를 가린 친노종북 세력만 타파한다면, 호남인들이 자신들의 지역 인물을 대통령으로 만들고, 그 대통령이 대한민국을 발전시킬 수 있다는데 동의를 하지 않을 이유가 없다"고 자신했다.

변 대표는 '과연 어느 정도로 (호남에서 호남 대통령) 여론이 올라올 수 있느냐'라는 질문에 대해선 "전북대 강준만 교수, 전 한국일보 논설위원 고종석 등등이 안철수를 지지하고 있는 상황인데, 이에 대해 내가 비판을 해왔지만, 어쨌든 그분들도 호남을 더 이상 친노종북 세력의 점령지로 놔두지는 않겠다는 의지의 표명이란 점은 인정한다"며 "강준만이나 고종석과 같은 뜻으로 안철수를 지지하는 상당수의 호남인들이 호남 대통령론으로 돌아설 것"이라고 장담했다.

> 변 대표의 호남 대통령론은 애국진영의 핵심세력인 청년비전 아카데미 학교에서 지지를 받았다. 이에 애국진영 운동본부의 몇몇 인사들이 변희재 대표의 '호남 대통령론과 새정치' 관련 호남 강연 투어에 대해 강연장 섭외와 홍보를 돕겠다고 나서 호남에서의 새정치 바람을 일으킬 수 있을지 귀추가 주목된다. (「미디어워치」 <변희재 "호남의 안철수 지지층 호남 대통령으로 돌아설 것"> 2014년 3월 17일)

필자는 2014년 4월 5일에도 광주 김대중컨벤션센터에서 주로 광주 지역 언론인들을 상대로 '호남 대통령이 진짜 새정치다' 주제 포럼을 열었다.

> 변희재 미디어워치 대표가 '호남 대통령론'을 광주에서 본격 점화시켰다.
> 변 대표는 5일 오후 3시 광주 김대중컨벤션센터 별관 3층에서 "호남 대통령론이 진짜 새정치다!"라는 정치토크쇼를 통해 호남인들이 자기 지역 출신 대통령 만들기에 나설 것을 촉구했다.
> 박명모 「전남일보」 전 편집국장 등 지역 언론계 인사 50여 명이 참석한 이날 행사에서 변 대표는 준비한 파워포인트 자료를 통해 강운태 광주시장, 이용섭 의원, 박준영 전남지사, 박주선 국회의원, 순천 출신 김경재 전 의원, 강봉균 전 국회의원 등을 거론하며 "이들이 안철수보다 못한 게 뭐가 있냐"면서 "경력면으로나 스펙에서 안철수에게 뒤질 게 하나도 없는데, 왜 이런 분들을 놔두고 일개 벤처기업 사장 출신에게 기대를 거느냐"고 따져 물었다.
> "열린우리당 창당 이전까지 민주당 지지자였다"고 밝힌 변 대표는 과

거 김대중 전 대통령, 노무현 전 대통령, 그리고 정동영 후보, 문재인 후보의 호남에서의 대선 지지율을 도표로 비교하며 "김대중과 노무현에 대한 호남인들의 압도적 지지는 충분히 이해할 만한 현상"이라고 밝혔다.

하지만 "호남 출신 정동영 후보가 민주당 후보로 나선 2007년 대선 결과 무려 600여만 표 차이로 이명박 후보에게 패하고 난 뒤, 민주당에선 호남 출신 후보로선 대선에서 도저히 이길 수 없다는 생각이 팽배한 상태"라고 지적했다.

변 대표는 "부산 출신 민주당 문재인 대선 후보는 청와대 비서실장 당시 노무현 정권은 부산정권임을 공론화한 인물"이라며 "이런 분이 지난 대선 당시 호남에서 정동영 후보보다 더 높은 지지를 받는 것은 이해못할 현상"이라고 지적했다.

그는 "정동영 패배 이후 호남 출신 갖고는 도저히 안 된다는 생각에 영남 출신 민주당 후보를 영입해 대선을 치르려고 하다보니 영남 보수우파 성향의 새누리당에 맞서기 위해선 민주당의 정치노선도 좌클릭할 수 밖에 없었다"고 그 원인을 진단했다.

이와 관련 그는 도표를 통해 "민주당이 언제부터 좌파노선을 걸었냐"고 따지며 "민주당은 원래 호남 지주들이 만든 한민당이 원조로, 신익희, 조병옥 전 경무대장 등이 만든 우익 정당이었다"고 설명했다.

변 대표는 또한 "민주당이 집권하기 위해선 과거 김종필, 박태준을 껴안은 김대중 전 대통령의 집권 전략을 벤치마킹해야 한다"고 강조했다. 그 예로 "호남 출신의 김대중 전 대통령은 우익진영과 손을 잡아 대통령이 된 인물이고, 대통령이 된 뒤에도 경제정책은 박정희 전 대통령의 후예들로 재무부 장관을 지낸 김용환 등 보수우익 진영의 자민련 인사들의 개방경제 정책 때문에 IMF를 일찍 졸업할 수 있었다"고 설명하며 "김 전 대통령을 배워라"고 충고했다.

그는 "이런 민주당이 지난 90년대 후반 이후 운동권 출신 주사파들이 대거 들어와 당권을 장악하면서 좌파 노선으로 바뀌었고 호남을 기반으로 한미FTA 등 대외경제정책까지도 폐쇄주의적 경제정책으로 돌아섰다"고 설명했다. 이에 대해 이날 사회를 본 본보(「데일리저널」) 박종덕 대표는 토론 질의를 통해 "호남을 기반으로 한 민주당이 좌파 노선을 띠게 된 주요 원인 중 하나는 호남에서 기반을 구축한 통진당 때문"이라고 지적했다.

박 대표는 "호남에 파고든 통진당이 폐쇄주의적 저항적 지역주의를 앞세워 좌파 경제정책과 이슈를 제기하며 선동하다보니 민주당 역시 이들에 이끌려 새누리당과 대립각을 세울 수 밖에 없는 처지로 내몰리는 상황"이라고 설명했다.

이번 호남 지방선거에 출마한 새누리당 후보가 아예 없는 이유도 "경상도에선 새누리당과 민주당의 정상적인 여야대결 구도인 반면, 호남에선 통진당과 민주당과의 대여 투쟁에 있어서 선명성 대결구도가 주가 되고 이에 맞설 새누리당은 아예 존재감이 없게 된 상황 때문"이라고 꼬집었다.

변 대표는 일부에서 "호남 대통령론이 뜨니 '지역감정 불러일으키기가 아니냐'라는 왜곡된 시선도 있다"면서 "호남 대통령론을 단순 지역감정에 기댄 표몰이로 폄하해선 안된다"고 지적했다.

그는 그 이유로 "미국의 경우도 아칸소주(州)의 빌 클린턴, 텍사스주의 조지 부시, 일리노이주 시카고의 버락 오마바 등 대다수 정치인들이 자신의 활동 지역을 기반으로 정치적 도전을 시작했고 '내 고장 사람을 밀어보겠다'는 감정은 동서고금의 공통적 특성이다"라고 주장했다.

최근 기초지자체 정당공천제 문제를 놓고 내분에 휩싸인 새정치민주연합의 상황과 관련 "단언하건대 조만간 지지율이 10% 이내로 내려갈 것"이라고 주장한 변 대표는 "정당공천제 폐지에 반발한 10여 명 의원들이 탈당해 민주당을 다시 재창당할 수도 있다"고 예상했다.

이날 행사장을 찾은 새누리당 전남지사 출마예정자인 정호선 전 의원도 토론 질의를 통해 "남한내 정치현실은 마치 고구려·백제·신라 상황과 비슷하다"고 지적하고 "이를 해결하기 위해선 통일뿐이다"라고 말하면서 "정당들이 제대로 된 통일정책을 국민 앞에 내놔야 한다"고 주장했다.

정 전 의원은 오는 7일 전남도의회에서 열릴 새누리당 전남지사 출마 기자회견에서 "호남 대통령론을 공식 거론하겠다"고 밝히기도 했다.

변 대표는 이날 행사에 이어 조만간 목포·순천 등을 순회하며 호남 대통령론을 호남지역민들에게 본격 설파할 예정이다. (「데일리저널」 <변희재, '호남 대통령 만들기' 광주에서 본격 시동> 2014년 4월 6일)

필자는 이어서 2015년 2월 18일 순천에서도 '문재인 패권시대, 호남정치의 새로운 시작을 위하여'란 주제로 포럼을 이어갔다.

"호남과 장외애국세력 모두 새정련과 새누리당에 붙잡혀있다는 점에서 같은 처지이다."

16일, 순천조례호수도서관에서 열린 「데일리저널」 주최 '문재인 패권시대, 호남정치의 새로운 시작을 위하여'라는 주제의 변희재 인미협 대표 초청 강연에서 변 대표가 역설한 내용이다.

변 대표는 "호남을 잘 모르는 애국인사들에게 호남과 새정련의 관계는 애국세력과 새누리당의 관계와 똑같다고 설명하면 다들 쉽게 알아듣는다"고 설명, 청중들의 폭소를 자아냈다.

변 대표는 문재인 새정련 대표를 겨냥 "대체 왜 부산 출신 인사가 호남기반의 정당에 들어와서 호남 총리론을 불쑥 던져 호남과 충청의 지역감정을 조장했는지 이해할 수가 없다"며 "오히려 문재인 대표는 새정련에서 호남 대통령 후보를 모시겠다고 주장하는 게 맞지 않냐"며 문 대표를 비판했다.

또한 "충청권에서 이완구 총리에 대한 지지가 높았던 것은 단지 총리 자리에 머무르는 게 아니라 이완구, 안희정 등 충청권 인물을 대통령으로 만들겠다는 열망인 반면, 문재인 대표의 호남 총리론은 대권은 부산, 총리는 호남이라는 선심성 던져주기에 불과하다"고 지적했다.

변 대표는 "호남은 영남 다음의 거대한 정치세력임에도, 충청은 물론, 원희룡 지사를 내세운 제주, 그리고 비록 초선이지만 애국진영 내에서 차세대 대권주자로 각광받는 강원의 김진태 의원만한 인물도 없다"며 "호남에 대권인사가 없는 것은 우연이 아니라, 부산을 중심으로 판을 짜는 친노세력의 정치공학의 산물"이라는 점을 분명히 했다.

변 대표는 유시민 전 의원의 발언을 인용하며 "호남은 야권의 양지이므로 호남에서는 큰 인물이 나올 수 없다는 것은 친노세력의 편견에 불과하다", "김황식 전 총리, 김경재 전 민주당 최고위원, 박준영 전남지사 등등 왜 호남의 대권 인물이 없냐"며 반문했다.

실례로 강운태 전 광주시장을 거론하며 "호남의 대표주자였던 강운태 전 시장은 경력상 내수용 중소기업 오너에 불과한 안철수 의원에 의해 한칼에 잘려나갔다"며 "과연 안철수 의원이 부산 출신이 아니었다면 호남의 대권인사를 한방에 날려보낼 수 있겠는가", "실제 광주 유권자들은 안철수 대표가 낙점한 윤장현 후보를 당선시켰으니 이런 악습이 반복되는 것"이라고 지적했다. 변 대표는 미리 준비한 PT를 통해 "2002년 대선에서 노무현 후보가 대구경북에서 20%대 득표, 2012년 대선에서 문재인 후보는 호남에서 90%를 득표하면서 새정련 내에서는 호남 대권후보가 전멸하며 무조건 영남권 후보에만 줄서는 고질적 지역패권 구도가 형성되었다"고 현실을 진단했다. 일단 호남에서 90% 몰표를 얻으니 영남표 공략을 위해 PK 후보만이 득세한다는 것이다. 실제로 현재 새정련에서는 문재인, 안철수, 박원순 등 PK 대선후보만이 존재한다.

변 대표는 "2012년 대선에도 문재인, 경남 김해 출신 김두관, 경기 출신 손학규만 존재했고 호남 대선후보는 없었다"며 "이번 전당대회에서도 호남을 대표하는 박지원 의원은 오직 당권만 잡는 데 급급했지, 호남 대권론을 꺼내지도 못했다"고 언급했다.

변 대표는 "97년 대선 때 김대중 후보에게 호남이 95%대 몰표를 준 것은 건국 이래 최초의 호남 대통령을 만들겠다는 너무나 자연스러운 정서인 반면, 노무현 정권을 부산정권으로 규정한 문재인 후보에게 90% 몰표를 준 것은 그 어떤 논리로도 납득하기 어려운 투표성향"이라 지적했다.

특히 변 대표는 "김대중 대통령이 당선될 당시 김종필, 박태준 등 산업화 세력과 손을 잡았듯이 호남 대통령론은 필연적으로 우클릭 혹은 애국노선으로 귀결되는 반면, 노무현, 문재인 등 부산 대권론에 호남이 줄서는 순간에 호남의 90% 몰표를 단속하기 위해 극단적인 좌우 이념대결을 설정해 끊임없이 좌클릭하게 된다"고 분석했다.

변 대표는 "민주당은 호남의 자본가 계급인 김성수를 중심으로 한 한민당 세력이 이승만 대통령과 건국을 이룬 신익희 국회의장, 조병옥 경무부장이 함께 만든 강력한 애국정당이었다"며 "그러나 87년 이후

대학가의 주사파 386세력이 진입, 노무현 정권 이래 급진적 친노좌익 정당으로 변질, 현재 새정련 당사에는 창당의 아버지들인 김성수, 신익희, 조병옥의 사진조차 없다"고 비판했다.

변 대표는 대한민국 정치의 정상화를 위해 "호남인들이 호남의 바른 인물들을 내세워 직접 정권을 잡는데 뜻을 모으는 것"이 필요하다면서 "호남 대통령 만들기는 경상도, 강원도, 충청도, 제주도 등 타도의 유권자들의 지지를 받기 위해서라도, 자유통일, 경제성장, 진취적인 대한민국 등 애국노선의 길을 찾게 될 것"이라 예견했다.

한편, 청중 질의응답 과정에서 변 대표는 관악을 지역 국회의원 출마를 암시했다. '새정련이 과연 분당될 수 있겠냐'는 질문에 "새누리당이란 과점 정당이 존재하기 때문에 야권은 흩어졌다 뭉치는 일을 반복하고 있다"며 "새정련의 분당을 위해서라도, 장외 애국진영이 독자 정치세력화하여 새누리당과 결별해야 한다"고 역설했다.

변 대표는 "이를 위해 애국진영의 뜻이 모아진다면 4.29 재보선에서 관악을에 무소속 출마하겠다"는 뜻을 밝히기도 했다.

변 대표는 "관악을에 호남분들이 많은데 지난 총선 때 통진당의 이상규 의원까지 당선시켰다"며 "이번에 무소속으로 출마하게 되면 새누리당이 싫거나 인물이 부족하여 관습적으로 새정련 혹은 통진당에 투표한 유권자들, 기권한 유권자들, 또한 종북세력을 저지하기 위해 새누리당에 억지표를 준 유권자의 지지를 끌어내겠다"는 입장을 밝혔다.

마지막으로 변 대표는 "지금 이 구도라면 내년 총선까지 또 새정련, 새누리당 양자구도로 가서, 호남과 장외애국세력은 그대로 붙잡혀 있을 것"이라며 "이번 재보선에서 전혀 의외의 결과가 나와야만 호남과 장외애국세력 모두 새정련과 새누리당으로부터 탈출할 수 있을 것"이라고 분석했다.

변 대표의 호남정치론 관련 강연은 이번이 세 번째로, 변 대표는 출마 여부와 관계없이 3월경 광주에서 같은 내용의 강연회를 개최할 예정이다. (「미디어워치」 <변희재 "호남과 애국세력, 새정련과 새누리로부터 탈출해야"> 2015년 2월 18일)

용도폐기시켜야 할 민주당 영남후보론

이렇게 필자는 약 10여년 전에 광주, 순천을 다니면서 호남 대통령을 설파했지만, 민주당은 이후에도 영남 출신 문재인, 이재명을 연거푸 대권후보로 내보냈다. 그러다 결국 이재명은 보수의 대권후보 중에서 역대 최악, 최저질이라 할 수 있는 윤석열에게도 패했다. 패배의 이유는 다양하겠지만, 결국 20년 묵은 민주당 영남후보론의 약빨이 다했다는 것이 가장 큰 이유일 것이다.

민주당이 노무현을 시작으로 영남후보론을 내세운 2002년 이후 20여 년이 지난 지금 시점에서 달라진 것은, 호남표심은 느슨해지고 오히려 영남표심이 견고해지고 있다는 것이다. 앞서 소개한 대로 2022년 대선 때 이재명 후보는 호남에서 85%대 득표율에 그쳤다. 오히려 충청 출신 윤석열이 TK에서 75%대 득표를 하면서 민주당의 영남후보론을 보수당이 역이용하는 사태가 초래되고 있다. 이 상황에서 민주당이 계속 영남후보론을 고집하다가 호남에서 "대체 왜 호남에는 인물이 없어서 수십 년간 영남 출신 후보만 내야 하나"라는 회의감이 확대된다면 보수당에서 이낙연 전 총리 같은 인물을 영입, 오히려 호남후보론으로 역공을 펼 수 있다는 것이다. 지금 영호남의 표 구도로 보면 보수당에서 호남후보론을 내세우면 보수 측은 영남후보를 상대로 백전백승이다.

그렇다면 보수에서 호남후보를 내세워 집권하면 그것도 호남후보론과 걸맞지 않느냐는 반론이 있을 수 있다. 아니다. 호남후보론은 무조건적으로 호남 인물을 쓰자는 주장이 아니다. 필자가 주장하는 호남후보론은, 호남 기반의 정당 민주당에서 더 이상 대권 자질도 안 되는 영남후보를 억지로 모셔오지 말고 호남의 인재를 찾아 "내 고장 사람을 큰 인물로 만들어보자"는 보편적이고 상식적인 애향심을 되살려보라는 것이다. 지금껏 민주당이 내세워온 영남후보론의 가장 큰 문제점은 바로 이런 애향심을 짓밟는 방식이라는 것이다.

호남의 큰 인물들이 제대로 된 경쟁을 통해 문재인, 이재명 등에게 밀린 게 아니다. 애초에 김대중 자체가 자신의 직계라고 할 수 있는 호남의 큰 인물들인 한화갑, 김경재, 한광옥 등을 대권주자에서 제거했다. 호남 대권주자로는 이회창을 이기는 것이 불가능하다고 보고, 충청 이인제와 부산 노무현 사이에서 선택을 한 것이다. 개중 노무현 카드가 성공하자 이후 민주당과 호남은 묻지마식 영남후보론에 세뇌되면서 원천적으로 호남의 인물은 대권후보에서 제외되는 일이 벌어졌다. 그렇다면 애향심을 건너뛰고 애국심은 살려냈는가. 그것도 아니다.

호남 고립을 막기 위해 자기 정치생명을 걸었던 노무현을 제외하고는 문재인, 이재명 모두 과도하게 좌클릭 노선을 택했다. 두 인물 자체가 좌성향 인물일 수도 있겠으나, 민주당이 낡은 영남후보론을 고집하면 늘 이런 유형의 인물이 선택될 수 밖에 없는 구조이다. 호남이 김대중 때나 노무현 때처럼 문재인과 이재명이라는 인물에 열광할 이유나 명분이 없다. 그러니 민주당의 영남후보들은 보수진영과 불필요하게 강하게 부딪히면서 내부, 즉 호남표심을 붙잡을 수 밖에 없다. 그게 정책적으론 좌클릭 노선으로 나타나고 국내 정치에서는 좌우 갈등이나 분쟁으로 확산될 수 밖에 없다는 것이다.

문재인은 이명박 정권의 노무현에 대한 정치보복 수사에 대한 분노와 복수심을 기반으로 집권했다. 그 결과 결국 이명박, 박근혜를 비롯해 보수인사 200여 명을 구속시키는 복수혈전을 펼쳤다.

이는 김대중이 집권 전에 박정희기념관 건립을 공약하고, 전두환, 노태우 사면을 단행한 것과 대조적이다. 이것 역시 두 인물 간의 차이가 있을 수 있겠으나, 그만큼 지역의 차이도 크다. 호남 출신 정치인이 대권을 잡으려면 호남 고립을 탈피하기 위해 중도와 포용 노선으로 확장하는 것이 이익이다. 반면 문재인이나 이재명과 같이 영남후보가 호남의 표심을 잡아놓으려면 무조건 좌클릭 강경투쟁을 하는 것이 이익이다. 별다른 중앙정치 경력도 없던 이재명이 민주당의 대선후보가 되는 과정에서 그의 '사이다 발언'이 큰 기여를 했다. 그 이재명의 '사이다 발언'이란 것이 대부분 보수진영에 대한 무차별 공격이었다.

이렇게 되면 상대도 역시 복수혈전을 꿈꾸게 된다. 바로 보수진영이 '문재인의 사냥개' 윤석열을 데려와 대통령으로 만들어버린 사건이다. 이는 정상적인 정치의 눈으로 보자면 패륜이나 배신, 변태에 가까운 일이다. 그러나 문재인 정권에서 정치보복을 당한 보수진영은 "윤석열만이 문재인과 이재명을 구속시킬 수 있다"는 그릇된 판단에서 이런 패륜정치판을 벌인 것이다. 그 윤석열은 자신의 주군 문재인은 놔둔 채 이재명과 송영길에 대한 보복수사를 이어가며 정치판을 난장판으로 만들고 있다. 언제까지 양 진영이 이런 꼴을 반복할 것인가.

민주당이 먼저 정상적인 애향심을 되살려 호남의 큰 인물을 대통령으로 만들겠다는 발상의 전환을 하면 의외로 정치권의 오랜 난맥이 쉽게 풀릴 수 있다.

그리고, 대권에 가장 가까운 호남의 큰 인물은 이미 존재한다. 윤석열의 정치 보복으로 현재 서울구치소에 투옥된 송영길이다.

제 6 장

‘태블릿 진실의 검’을 들고 윤석열 정권에 맞서 싸우는 송영길

'태블릿 진실의 검'을 든 송영길의 세 가지 자질

서문에서 밝힌 대로 송영길은 검찰 독재 공화국 한가운데서 민주당 출신 유력 정치인 중에 유일하게 윤석열과 한동훈의 박근혜 탄핵용 태블릿 조작수사 문제를 이슈화하며 정국을 강타했다. 저서에서 그는 이 문제에 관심을 갖게 된 계기를 이렇게 설명한다.

> 송영길은 늘 실체적 진실을 추구해왔다. 에리히 프롬이 강조했듯 어떤 의견을 사유화하거나 소유화해서는 안 된다고 생각한다. 부정확한 정보로 인해 자신의 지식이 틀릴 수 있음을 인정하고, 새로운 정보가 들어오면 기존의 의견을 수정하는 것이 지식인의 올바른 자세이자 민주 시민의 자질일 것이다. 새로운 정보에 문을 닫아버리면 개인도 국가도 결코 발전할 수 없다.
>
> 송영길이 변희재 미디어워치 대표의 이른바 '태블릿 PC 조작' 주장에 적극 동조한 것도 비슷한 맥락이다. 이를 두고 한동훈 장관은 "악질, 저질 허위 괴담"이라고 일축했고, 이원석 검찰총장은 "놀랍다, 유감스럽다"고 말했다. 진보 진영에서도 마찬가지였다. 급기야 송영길이 구속될까봐 다급해서 그러는 것 아니냐는 말까지 나오고 있는 실정이다.
>
> 송영길의 주장은 간명하다. 진영논리를 떠나 진실을 밝히자는 것이다. 설령 태블릿PC가 조작되었다 하더라도 그게 박근혜 탄핵의 정당성을 해치는 게 아니다. 박근혜 정부 시절 국정농단이 있었다는 사실은 그 누구도 부정할 수 없다. 그 문제와는 별개로 검찰이 증거를 조작해서 거짓말을 진실로 둔갑시켰다면 분명히 문제 삼아야 하고 관련자들을 반드시 조사해야 한다. 그것이 장관이든 대통령이든 말이다.

> 그래서 송영길은 자신을 욕하는 이들에게 언제나 분명하고 정확하게 말한다. "변희재 대표의 책을 읽으십시오. 그리고 그 주장에 대해 사실관계를 가지고 무엇이 잘못됐는지 비판하고, 논리적으로 반박하십시오, 그렇다면 듣겠습니다." 하지만 송영길을 비난하는 그 누구도 사실과 논리를 근거로 반박하지 않았다. (송영길·박정우 『송영길의 선전포고』[시월, 2023년] 93쪽)

송영길 이전에 손혜원 전 의원, 김용민 평화나무 이사장, 안진걸 민생경제연구소장 등 진보진영 장외 인사들이 태블릿 조작론을 받아준 적은 있었다. 그러나 이재명은 물론, 개혁파라는 최강욱 의원, 검찰 탄핵을 외치던 김용민 의원 등 민주당의 현역 정치인들은 무슨 일인지 짜고 친 듯이 태블릿 조작수사 문제에 대해서는 침묵했다. 저들이 태블릿 조작수사 문제에 대해 침묵했다는 것은 윤석열과 한동훈의 확정적인 내란음모성 범죄를 은폐했다는 점을 의미한다. 윤석열과 한동훈의 검찰 독재에 탄압을 받고 있다면서 저들의 가장 중대한 과거 범죄를 은폐하고, 또 이에 대해 침묵한다는 게 말이 되는가. 이는 촛불을 들고 박근혜 탄핵을 주장한 민주당 정치인들로서는 그만큼이나 촛불투쟁의 정당성을 훼손할 수 있는 태블릿 조작수사 문제를 받아들이기 어렵다는 점을 의미한다. 태블릿 조작수사 문제를 있는 그대로 수용하려면 다음과 같은 세 가지 태도가 필요하다.

첫째, 진영론의 벽을 넘어설 수 있어야 한다. 촛불에 경도되지 않고, 태극기 측 주장도 들여다 볼 수 있을 정도로 진영의 벽을 넘어설 수 있어야 한다. 둘째, 자기성찰과 반성이 체질화되어 있어야 한다. 자기 주장에 틀린 점이 없는지 수시로 성찰할 수 있어야 한다. 셋째, 새로운 길을 내는 데 두려움이 없어야 한다. 안전하게 진영에서 내준 길이 아닌, 다른 세력과 연대해서 새로운 길을 낼 수 있어야 한다.

최소한 송영길만큼은 '태블릿 진실의 검'을 들고 보수세력과 연대해서 검찰 독재에 맞서 투쟁을 해왔다는 점에서 위 세 가지 자질을 충족하고 있다고 필자는 생각한다.

시련으로 다가온 '전당대회 돈봉투 살포 의혹 사건'을 넘어서 '태블릿 조작수사 사건'을 이슈화할 수 있는 정치적 돌파력을 송영길 전 대표가 보여준다면, 그는 김대중 이후 가장 유망한 호남 출신 정치인으로 거듭날 수 있을 것이다.

운동권 학생회장의 삶을 넘어서

송영길은 1963년 전남 고흥 출신으로 광주 대동고등학교를 졸업하고, 연세대학교 경영대학에 입학한다. 전두환 정권의 학도호국단 운영에 반대하며 1984년 총학생회장을 역임, 학생운동을 하던 도중 투옥된다. 호남 출신, 그리고 학생회장 출신이었기 때문에 출소 후 김대중 전 대통령과 동교동계로부터 자연스럽게 정치 입문 제의를 받는다. 그러나 노동운동에 투신한다는 계획에 따라 정치 입문 제의를 거절하고 일단 1987년 대선에서 김대중과 김영삼의 후보단일화 운동에 나선다.

대학을 졸업하자마자 1986년부터 인천시 북구에서 거주하게 되는데 이 당시부터 계양구에 살았다고 한다. 그리고 대우자동차 공장에서 배관용접공으로 일하면서 당시 인천지역에서 노회찬과 함께 인천지역민주노동자연맹에 가입, 택시 노동운동에도 가담한다. 이 당시 노동운동 진영에는 범주사파 세력이 활발히 활동을 하고 있었지만, 송영길은 노회찬과 함께 주사파 세력과 치열한 사상 전쟁을 벌였다고 한다. 엄밀히 구분하자면 송영길은 민족해방(NL)보다는 민중민주(PD)에 가까웠던 것이다.

송영길은 80년대 연세대 총학생회장 출신이라서 임종석, 이인영 등과 보수진영에서는 친북 주사파로 인식되곤 한다. 그러나 송영길은 대학 시절, 노동운동 시절부터 “어떻게 김일성 체제가 대한민국의 대안이 될 수 있냐”며 주사파와는 다른 길을 걸었다. 이는 그가 주사파와는 상극인 크리스찬 신앙인이라는 점도 영향을 미쳤다. 그래서 그는 NL계열이 주류를 이룬 전대협 내에서 거의 왕따나 다름없었다고 한다. 실제로 송영길이 윤석열에 의해 전격 구속되었을 때, 임종석, 이인영, 우상호 등 전대협 출신들은 송영길 지지나 구명 성명 하나 내주지 않았다.

90년대에 소련 공산주의권이 붕괴되자 노동운동가들은 혼란을 겪게 된다. 이를 지켜본 송영길은 1991년도에 소련과 동유럽으로 한 달간 배낭여행을 떠났다. 여행을 다녀온 송영길은 노동운동 활동보다 변호사 자격이 노동자들에게 도움을 줄 수 있다는 생각으로 제도 내 개혁에 뛰어들기로 결심했다. 1992년 서울 신림동 고시촌에서 사법고시를 준비하기 시작했다. 당시 택시노련에서는 송영길의 결심에 대한 찬반표결을 구했을 정도로 그의 당시 영향력은 컸다고 전해진다.

또한 송영길 집안에서도 어머니가 적극적으로 변호사 시험을 권했다고 한다. 이 당시는 노동운동을 하다가 언제 어떻게 죽을지도 모르는 일이었다. 그래도 변호사 자격증이라도 있으면 쉽게 죽이지는 못할 것이라는 어머니의 호소가 있었다.

1994년도에 송영길은 딱 2년 사법시험을 준비한 끝에 36회 사법시험에 합격했다. 그래서 송영길은 윤석열에 대해 "법과대학도 아닌 경영대학 출신인 나도 2년만에 사법시험 합격했는데 학생운동 등 다른 일을 한 바도 없는 윤석열이 사법시험 9수를 하느냐"는 발언도 종종 했다고 한다.

송영길은 가난한 농부의 집안에서 태어났지만 송영길의 집안은 호남은 물론이거니와 대한민국에서도 손꼽히는 수재 집안이다. 한 집안에서만 무려 5명의 국가고시 합격자가 배출됐다. 2016년 설날특집으로 방송된 SBS '영재발굴단'에서는 송 씨 집안의 이런 사연으로 '명문가 만들기' 주제 방송을 내보냈을 정도다.

먼저 장남인 송하성은 행정고시(22회) 출신이며, 공정거래위원회 심판관리관, 경기대 경영학과 교수 등을 지냈다. 둘째인 송영천은 사법고시(23회)에 붙었고, 서울고등법원 형사7부 부장판사 등을 지냈다. 셋째가 송영길로 사법고시(36회)에 붙었고, 5선 국회의원에 인천시장과 국회 외교통일위원회 위원장, 그리고 문재인 정권의 집권여당 당대표를 지냈다. 넷째 송경희는 행정고시(39회)에 붙었고, 과기정통부 1급 공무원, 청와대 산업정책비서관실 행정관 등을 지냈다. 송하성의 아들 송승환도 역시 사법고시(49회) 합격자다.

참고로, 송 씨 집안에서 둘째 송영천은 현재 법무법인 세한 대표변호사로 있으며 '전당대회 돈봉투 살포 의혹 사건'의 송영길 측 변호인을 맡고 있다.

2016년 설날 특집으로 방영된 SBS '영재발굴단'은 국가고시만 5명을 배출한 호남의 수재 집안인 송영길 집안의 사연을 소개했다.

변호사 출신에 5선 국회의원, 인천시장, 여당대표 역임한 송영길의 재산이 6억?

송영길은 이화여대 경제학과생 남영신이 학생운동 시절 신촌 거리 집회에서 넘어져 있던 것을 도와준 인연으로 그녀와 결혼까지 이르게 된다. 이들은 "결혼하기 전에 자가 집을 사지 않는다. 30평 이상 집에서 살지 않는다. 수입의 25%는 기부한다. 아이를 낳지 않는다" 등의 엄격한 약속을 했다고 한다. 그리고 '아이를 낳지 않는다'는 점을 빼고는 결혼 30년이 넘은 지금까지도 그 약속을 지키고 있다고 한다.

'아이를 낳지 않는다'는 약속은 인생 전체를 운동의 대의에 전부 다 바치겠다는 것을 의미한다. 그러다가 송영길이 변호사 자격증을 따면서 "가족과 운동의 대의를 같이 지켜나갈 수 있다"고 설득하여 장녀와 장남을 두게 된다. 결혼 초에는 노동운동판을 전전한 송영길을 대신하여 남영신 여사가 만화방을 운영하며 가족의 생계비를 벌었다고 한다.

변호사 출신이자 5선의 국회의원, 인천시장, 여당 당대표까지 역임한 송영길의 2022년 기준 공직자윤리위에 신고된 재산은 6억 3천만 원이다. 자가 주택은 당연히 없다. 송영길은 "능력이 없어서가 아니라 어차피 한번 살다 죽는 '렌트 인생'이지 소유를 할 수 없다는 것을 알기 때문에 저는 지금까지 아내와 전세 아파트 살면서도 행복하게 살아왔다"고 설명했다. 실제로 송영길은 인천 계양을에서 서울 용산으로 이사하면서 전세 5억짜리 아파트를 구한 것으로 알려졌다.

이렇게 재산을 모으지 못하다 보니 다른 전대협 반미 운동권 출신들이 자식들은 초호화 미국 유학을 보낸 일로 구설수에 오른 데 반해 송영길은 그런 문제를 겪지 않았다. 자식들을 그 흔한 어학연수 한 번 보내지 못했기 때문이다. 외국어의 중요성을 강조하는 송영길은 인천 앞바다 산책을 하며 자신이 독학으로 습득한 영어를 자녀들에게 대화식으로 가르쳤다고 한다.

이제 장성한 송영길의 자식들에 대해서는 별로 공개된 정보가 없다. 다만 장녀가 비정규직에서 무기계약직으로 전환된 날 송영길에게 전화를 해서 "아빠는 우리의 고통을 모른다"고 하소연한 바가 있다고 한다. 또한 아들이 송영길과 현충원 참배를 가면서 "왜 민주당은 세월호만 챙기고, 제복입은 군인들은 안 챙기냐"고 비판을 했다는 기록이 그의 블로그에 남아있다.

거물급 정치인인 송영길의 생각보다 많지 않은 재산 문제에 대해서 국민의힘의 윤희숙 전 의원이 시비를 걸기도 했다. 윤희숙은 채널A 라디오쇼 '정치 시그널'에 출연해 "금수저, 흙수저, 이런 거를 상기시키면서 국민을 선동을 하고 싶었던 것 같은데 송 전 대표가 20여 년 동안 억대 연봉자로 살아왔다"고 목소리를 높였다.

윤희숙은 송영길이 2000년도에 5·18 광주 민주화운동 기념식 전날 광주광역시 새천년NHK라는 노래방에서 술자리를 가졌던 사건을 끄집어냈다. 그러면서 "지금도 전세가 몇 억밖에 안 된다는 얘기는..."이라며 "이런 못된 버릇 때문에 지금 돈을 못 모은 것"이라고 주장했다.

윤희숙은 "이십 몇 년 동안 억대 연봉자가 자기가 돈이 없다고 얘기한다"며 "선동을 하려면 본인의 삶부터 반듯해야 한다. 저분이 지금 얘기하는 거에 감정이입을 하기는 굉장히 어렵다"고 했다.

물론 송영길이 변호사 출신에다가 2000년부터 계속해서 국회의원(5선)을 지냈고, 제5대 인천광역시 시장도 역임했기에 대부분의 기간 동안 억대 연봉자였던 것은 맞다. 국회의원 세비는 지난해 기준 연봉으로 환산했을 때 약 1억 5,500만 원이고, 인천시장 연봉은 지난해 기준 약 1억 3,500만 원이다. 하지만 그렇다고 해도 여기서 세금을 떼고, 수입 중에서 25%에 해당하는 매년 3~4천만 원의 돈을 실제 기부하고, 재테크도 특별하게 하지 않았다면 그의 6억원 대 자산 수준은 충분히 설명이 된다.

윤희숙은 국회 본회의에서 '나는 임차인입니다'라는 주제의 5분 연설을 통해 집 없는 서민의 삶을 호소하여 주목을 받은 인물이다. 그러나 실제로 당시 윤희숙은 서울시와 세종시에 집을 두 채 보유했었고, 임차한 아파트 역시 서초구 방배동의 7억대 아파트였다. 그러다 본인의 거주지와 근무처였던 세종시 근처에 부친이 3천 5백 평대 불법 농지를 보유하고 있는 게 드러나 의원직을 사퇴하게 됐다. 본인은 부친의 불법 농지 보유를 8년간이나 전혀 모르고 있었다고 해명했다.

이런 윤희숙에 대해 최대집 전 대한의사협회 회장이 송영길을 대신해 비판한 바도 있다. 병원을 직접 운영하기도 한 최대집도 역시 재산이 5억 원대로 알려져 있다. 50대 초반 서울대 의대 출신 의사의 자산으로는 이 역시 얼핏 많지 않아 보인다.

관련해 최대집은 "윤희숙은 국가를 위해 헌신하겠다는 운동가의 삶을 모른다. 연봉 1억 원 이상을 벌어도 필요한 일에 기부하거나 후원을 지속하고 스스로 운동단체를 만들어 자금을 대기 시작하면 재산을 모으지 못할 수도 있다. 윤희숙은 그런 삶에 대해 전혀 모르고 있는 것이다"라고 비판했다.

새천년NHK 노래방과 송트남

윤희숙이 지적한 송영길의 "못된 버릇"이라는 것도 왜곡되거나 조작된 사례들이라는 것을 짚어둔다. 새천년NHK 노래방 사건은 송영길 등 운동권 출신 초선의원들을 지역 선배 의원(故 김태홍)이 초청해 격려성 술을 사주면서 벌어진 사건이었다. 접대부를 두는 룸싸롱이 아니라 노래방 단란주점이었으며, 당시 자리에 있었다고 하는 여성들도 접대부가 아니라 서빙을 보는 웨이트리스들이었다.

그날 우상호와 임수경이 감정적 대립을 하다가 사건이 커졌고, 김민석 의원은 여자를 끼고 술은 마신 양 오해를 받으며 직격탄을 맞았다. 우상호, 김민석 등이 나설 수 없게 되니 크게 문제가 될 게 없었던 송영길이 대표로 나서서 대국민 사과를 하며 송영길도 이를 같이 뒤집어쓴 격이 됐다. 만약 송영길이 대표로 나서지만 않았다면 그 사건에서 송영길의 이름은 국민들에게 거의 거론되지 않았을 것이다.

또한 보수진영에서 주로 송영길을 음해할 때 꺼내는 이른바 '송트남'의 경우는 왜곡을 넘어 아예 완전히 조작된 사건이다. 2010년 인천시장 선거 당시 상대측 후보가 "2004년 송영길이 베트남에서 17세 여성으로부터 성접대를 받다 베트남 공안에 끌려갔다"고 허위비방했다. 이 사건은 결국 대법원에서 "송영길은 자신의 방을 잠가놓고 일찍 취침하러 들어가 성접대를 받을 여지가 없고 베트남 당국에서도 그런 일은 없다고 확인해주었다"고 확정 판결이 나게 된다. 허위비방을 한 상대측 후보는 혐의 전부에서 유죄 선고가 났다. 관련 사실관계를 여전히 오해하는 이들이 많은 만큼 확정 판결 기사를 여기에 그대로 소개한다.

> 대법원 2부(주심 김용덕 대법관)는 11일 2010년 6·2 지방선거 당시 민주당 송영길(50) 인천시장 후보(현 인천시장)가 해외에서 미성년자 성접대를 받았다는 의혹을 제기한 혐의(허위사실 공표)로 기소된 평화민주당 백석두(58) 전 인천시장 후보의 상고심에서 일부 무죄로 본 원심 판결을 파기하고 사건을 서울고법으로 돌려보냈다.
>
> 재판부는 "피고인들이 송 시장의 성매매에 관해 제시한 소명자료는 검사가 제출한 증거에 의해 탄핵됐고 피고인은 그 이상의 소명자료를 제출하지 못했다"며 "피고인이 주장한 송 시장의 성매매 의혹은 허위로 인정할 수 있다"고 밝혔다.
>
> 재판부는 "그럼에도 원심은 성매매 의혹이 허위임이 증명됐다고 보기 어렵다는 이유로 의혹 제기와 관련한 공소사실을 무죄로 판단했다"며 "원심은 허위 사실 증명에 관한 법리를 오해했다"고 덧붙였다.
>
> 백씨는 6·2 지방선거를 앞두고 기자회견이나 보도자료를 통해 "송

후보가 2004년 8월 베트남 호찌민시를 방문해 현지 진출을 추진하던 국내 모 대기업으로부터 술접대를 받았다", "17세 미성년자 여성과 성매매를 한 혐의로 베트남 공안당국에 단속됐으나 대사관에서 무마했다"는 등의 주장을 한 혐의로 기소됐다.

1·2심 재판부는 백씨의 혐의에 대해 베트남 공안당국 단속이나 대사관 무마 등의 주장은 허위로 입증됐다며 유죄로 판단했으나 성매매 주장은 허위로 단정 짓기 어렵다며 무죄로 판단, 징역 8월에 집행유예 2년을 선고했다. (「연합뉴스」 <대법 "'송영길 성접대 의혹' 허위로 봐야"(종합)> 2013년 4월 11일)

매년 수천만 원씩 기부하는 송영길이 4천만 원 뇌물을 왜 받나

송영길의 기부하고 나누는 삶의 방식에 대해서는 밥퍼나눔운동본부 최일도 목사가 증언하고 있다.

최 목사는 2022년 동대문에서 열린 밥퍼나눔 행사에서 "송영길 후보님은 여러 어르신들, 쪽방 어르신, 노숙자 형제들이 힘내라고 무려 (소득의) 1/4인 25%를 '밥 퍼'로 꾸준히 보내주고 있다"며 "오래전부터 간헐적으로 하시다가, 2년 전부터는 매달 세비 25%을, 십일조의 두배 반을 여러 어르신들을 위해 빠지지 않고 보내주셨다, 오늘 부활절 전야를 맞아 특식을 마련한 것은 송영길 부부가 여러분에게 제공한 것"이라고 말했다.

송영길의 이런 나누는 삶은 뇌물죄 혐의에서도 중차대한 판단요소가 된다. 윤석열의 검찰은 송영길이 지인으로부터 여수엑스포 쓰레기 처리장 민원을 봐주는 대가로 송영길 자신이 고문으로 있는 시민단체 '평화와 먹고사는 문제 연구소'(먹사연)에 후원금 형식으로 4천만 원의 뇌물을 받았다는 점을 구속영장에 명시했다. 이에 송영길 측은 "4천만 원 정도의 뇌물을 받을 바에야, 몇 달간 기부를 중단하면 되는 것이 아니냐"고 항변하고 있다.

청빈한 삶을 자부하는 송영길은 한동훈을 상대로 "검사월급으로 어떻게 전세가만 수십 억대 타워팰리스에 살 수 있나. 당내 경선에서 활동비로 나눠 쓴 돈봉투로 이렇게 시끄럽게 한다면, 검사들끼리 나눠 먹은 수십억대 특수활동비 돈동투부터 공개하라"고 역공도 펼치고 있다.

송영길이 검찰 상대 투쟁을 명시적으로 선언한 책 『송영길의 선전포고』. 비단 검찰개혁 문제 뿐만 아니라 본인의 여러 정치적, 정책적 소신도 함께 밝히고 있는 책이다.

이참에 송영길이 억울해하는 '전당대회 돈봉투 살포 의혹 사건'과 관련 송영길의 해명도 들어보자. 송영길은 자신은 인지하지 못했던 문제로서 관련 법적 책임이 없다는 점을 분명히 하고 있다. 다만, 그는 이 일이 자신을 당대표로 만들기 위해서 당내 지지자들이 벌인 일인 만큼 본인의 정치적, 도의적 책임은 통감한다고 밝히고 있다. 이에 프랑스에서 곧바로 귀국하고 민주당에서 탈당도 하게 됐노라고 그는 말한다.

그는 3년여가 다 지나가는 과거 당내 행사 문제를 검찰이 갑자기 털고 나오기 시작한 점을 의심하면서, 이 사건에서 자신의 인지 여부에 대해 증거를 내세울 게 없는 검찰이 갑자기 자신이 고문으로 참여하고 있는 시민단체(먹사연)에 대해서 '별건 수사'에 돌입한 문제를 강하게 성토한다. 앞서 4천만 원 뇌물 수수 문제가 바로 이 '별건 수사'에서 나온 것이다. 검찰은 앞서 윤석열이 박근혜와 관련해 K스포츠·미르재단에 대해서 시비를 걸었던 것과 똑같은 방식으로, 당사자의 직접 수수 여부를 따지지 않는 제3자 뇌물죄를 송영길에게 적용했다.

> 전당대회는 일반 국민을 상대로 한 공직 선출 선거가 아니다. 당대표와 최고위원을 선출하는 당 대잔치이다. 공직선거법의 공소시효는 6개월이다. 찬반 논란이 있지만, 공직으로 선출된 사람이 국가를 위해 열심히 일하라고 법적 안정성에 근거한 것이다. 또 공직선거법에는 선거운동원 규정이 있어서 선거운동원에게 하루 10만 원 정도 비용을 제공할 수 있다.
>
> 정당법에는 그런 규정도 없고 공소시효도 없다. 입법의 불비이다. 그

러니 정당법과 관련한 수사는 그야말로 엿장수 마음대로다. 2008년 새누리당 당대표 선거에서 돈 봉투 의혹으로 논란이 되었던 박희태 대표 사건도 공안부에서 담당하여 3명 불구속 기소로 종료되었다.
그에 반해 송영길에 대해선 수사를 몇 개월째 끌고 있다. 검찰의 이런 행태는 수사가 아니라 사냥이다. (중략)
송영길은 당대표도 사임하고 의원직도 버리고 다음 총선 불출마 선언까지 한 사람이다. 2년 전 전당대회 사건을 두고 이렇게 전국적으로 대역죄를 진 것처럼 정치적 공세를 하는 것은 수사가 아니라 정치를 하는 것이다. 이정근, 윤관석의 녹취록이 문제가 된다면 대장동 사건의 김만배, 정영학의 녹취록은 어떠한가? 김만배 녹취록에 의하면 윤석열 검사에게 돈을 준 정황, 그리고 '내 한마디면 윤석열은 죽는다'는 표현도 나온다. 그런데 제대로 수사가 안 된다. 태영호의 녹취록에 따르면 대통령실 이진복 정무수석의 노골적인 당무 개입, 공천 개입 내용이 나온다. 그런데도 아무런 수사가 안 되고 있다. 김건희 씨와 관련한 증권회사 직원 간의 녹취록도 여전히 수사가 안 되고 있다.
2022년 손준성 대검 수사정보기획단장과 정치인 김웅과 국민의힘 조성은 씨 간의 생생한 녹취록에 기초하여 고위공직자범죄수사처(공수처)는 손준성 검사를 기소했다. 김웅은 당시 국회의원이 아니라서 사건은 일반 검찰에 이첩되었다. 이후 여당 국회의원이 된 김웅은 검찰에 의해 무혐의 처리되었다. 이희동 부장검사가 수사보고서를 허위 작성했다는 의혹이 크다. 포렌식에 참여한 수사관의 보고서를 허위로 작성하여, 이를 근거로 손준성 검사의 고소장에 김웅에게 전달되지 않고 제삼자가 개입했을 가능성이 있다는 이유를 들어 무혐의 처분하였다. 이런 논리라면 이정근, 윤관석 의원 간의 녹취록만으로 어떻게 돈이 조성되고 전달되었다고 확증할 수 있다는 말인가? 검사들은 무죄추정

> 의 원칙을 검사들에게만 적용한다. 고 노회찬 의원이 말한 대로 만 명에게만 평등한 법이다. 대다수 5,000만 국민에게는 불평등한 법 적용이 일상화되고 있다.
> 검찰은 아무리 조사를 해도 송영길과 돈 봉투 연결성을 찾아낼 수 없게 되자, 송영길이 고문으로 참여하고 있는 '평화와 먹고사는 문제 연구소'(먹사연)를 비롯한 관련자들을 전방위적으로 소환, 조사하고 있다. 송영길의 주변인 100여 명을 100여 번 이상 압수수색했을 것이다. 심지어 전당대회 때 후보 선거캠프 관계자들 격려차 밥을 사준 사람들까지 다 소환하여 조사하고 있다. 검찰은 특수활동비 수십억 원을 떡값처럼 나누어 먹고, 자기들끼리 고급 음식점에서 밥을 먹고 영수증도 제대로 제출하지 않고, 그나마 일부는 다 지워버리는 등 노골적인 증거인멸 행위를 하고 있으면서 말이다. 검로남불이 도를 넘고 있다. (송영길·박정우 『송영길의 선전포고』[시월, 2023년] 67-70쪽)

참고로, 송영길이 여기서 언급한 내용 중에서 공수처의 손준성 기소는 최근 1심에서 결국 징역 1년형 유죄가 선고됐다. 판결문에 따르면, '고발사주'를 위한 검찰의 조직적 움직임이 있었음도 인정됐고, '고발사주' 실행 4일 전에 손준성 검사와 당시 윤석열 검찰총장이 만난 사실도 다 확인됐다.

형사재판을 받고 있던 손준성에 대해서 윤석열 정권의 검찰은 또 어떻게 대우해줬을까? 검찰은 작년 3월에 이미 "(손준성의) 비위 혐의가 없다"는 면죄부 감찰 결과를 발표했다. 그 6개월 후에 손준성은 검사장으로 승진까지 했다. 공수처가 없었다면 과연 손준성이 기소는 될 수 있었을까?

송영길 "윤석열은 문재인과 더불어민주당이 만들어낸 유산"

정권이 교체되자마자 문재인 정권이 출세시킨 정치검사들에게 호되게 당하고 있는 송영길로서는 '그렇다면 문재인 정권은 그 5년 동안 검찰개혁 문제와 관련해서 무엇을 했던 것인가'하는 의심이 들지 않을 수 없을 것이다.

이에 송영길은 윤석열 같은 정치검사가 정권 내내 초고속 출세를 할 수 있도록 허용한 문제, 또 윤석열이 검사의 최고 직위인 검찰총장까지 하고도 말년에 야권으로 넘어가 대통령 후보가 되도록 허용한 문제, 또 윤석열에게 대선 승리까지 헌납하여 이제는 그가 검찰 독재 정권까지 성립시키도록 허용한 문제, 그 모든 책임이 문재인 정권과 더불어민주당, 그리고 자신에게 있다고 솔직하게 고백한다.

> 그 책임의 팔 할은 문재인 정부와 더불어민주당 의원들에게 있을 것이다. 검찰총장 청문회 당시 윤석열 후보의 거짓말이 「뉴스타파」 보도를 통해 드러났음에도 더불어민주당 의원들은 이를 무시하고 방어했을 뿐 아니라 청문회를 통과시켰다. 금태섭 의원이 유일하게 반대의사 표시를 했지만 당원들과 동료 의원들로부터 공격을 받았다. 그때 입에 게거품을 물면서 윤석열 후보를 반대하고, 그를 일컬어 헌정

사에 가장 정치적인 검사이자, 장모 최은순 사기 행각의 뒷배라고 공격했던 김진태·장제원 의원은 보란 듯이 '윤핵관'으로 변모했다. 그들이 윤석열 만세를 외치는 꼴도 우습지만, 그전에 우리는 우리 스스로에 대한 통렬한 반성이 필요하다. 나 역시 마찬가지다. 개인적으로는 당시 조국 민정수석에게 검찰총장 임명 반대 의견을 전했지만, 공개적으로 문제를 제기하지 못했다. 적폐 청산을 내세우며 윤석열 검찰총장을 외치는 지지자들의 함성과 당내 분위기에 끝까지 맞서 싸우지 못했다. 윤석열은 아니라는 내 판단에 확신을 갖지 못했다. 나 또한 그 책임을 통감한다. 최근 최강욱 의원의 「오마이뉴스」 인터뷰를 보면 당시 청와대 민정수석실에서 중대 흠결 후보로 부적격 의견을 올렸다고 하는데 윤석열은 어떤 경위로 검찰총장이 되었을까? 훗날 문재인 대통령과 윤석열 대통령의 회고록을 기다려보아야 그 경위를 자세히 알게 될 것 같다. 어찌 되었건 윤석열 대통령은 문재인 대통령과 더불어민주당이 만들어낸 유산이다. (송영길·박정우 『송영길의 선전포고』[시월, 2023년] 7-8쪽)

송영길은 윤석열·한동훈과 같은 정치검사가 벌이는 수사의 위험성을 다음과 같이 정리하고 있다. 본인의 체험에서 우러나오는 얘기인 만큼 가볍게 들리지 않는 얘기다.

검찰조사를 받다가 왜 그렇게 많은 이들이 스스로 생을 마감할까? 자세한 사정을 모르는 사람들은 '죄가 없으면 왜 죽어?'라고 가볍게 생각하기 마련이다. 하지만 특수부의 수사에 대해 구체적으로 들여다보면 절대 그렇게 쉽게 말할 수 있는 문제가 아니다.

우선 언론에 피의사실을 유포하면서 죄의 유무와 상관없이 사회적·정치적으로 매장된다. 어떠한 사회생활도 할 수 없고, 경제활동은 중단되는데 변호사비는 계속 들어간다. 검찰은 그동안 성실하게 일해온 지난 모든 삶을 부정한다. 특히 공무원들이 이런 상황을 견디기 힘들어한다. 자기가 죽어야 공소권 없음으로 사건을 끝낼 수 있고, 그래야 연금이라도 나오니까 가족을 건사할 수 있다고 생각하는 것이다. 이 와중에 검찰은 죄가 드러나지 않으면 사생활을 캐서 사건과 상관없는 사안을 별건 수사하고 협박한다. 그러다보면 자존감은 무너지고, 정신적 압박은 심해진다. (중략)
송영길도 자신은 수사하든 소환하든 구속하든 어떻게 하든 상관없지만, 만약 아내 남영신이 소환 조사되는 상황이 벌어진다면 그것만큼은 견디지 못할 것 같다고 말한다. 이렇게 사회적·정치적으로 고립되어서 3년 정도를 수사받다보면 설령 무죄가 나온다 하더라도 인생은 이미 망가질 대로 망가진다. '사법 살인'이라는 말이 결코 과한 표현이라고 할 수 없는 이유다.
이보다 더 큰 문제는 이렇게 무리하게 기소해서 무죄가 나와도, 심지어 증거를 조작하다가 걸려도 검찰은 처벌받지 않거나 솜방망이 처벌에 그친다는 점이다. 처벌받지 않는 수준을 넘어서 윤석열 정부 들어와서 이런 조작 검사들이 오히려 국가 요직을 차지하고 있을 정도다. (중략)
이런 증거 조작과 사법 살인의 원인도 따져보면 결국 특수부 검사들이 수사권과 기소권을 모두 가지는 데 있다. 특수부 검사들은 애초에 수사를 자기가 시작하기 때문에 증거를 조작해서라도 구속 기소를 하지 못하면 문책당하기도 하고, 체면이 망가진다. 그러니 무슨 수를 쓰든 반드시 피의자를 얽어매야만 한다. (중략)

예전 군사독재 시절에도 국회 본회의나 법사위원회에서 국회의원들이 법무부 장관을 상대로 특정 사건에 대해 질의를 하면 법무부 장관은 “담당 검사가 법과 원칙에 따라 수사할 것으로 믿고 있습니다”라고 답했다. 이게 일종의 모범 답안인 셈이다. 윤석열 대통령과 한동훈 법무부 장관은 무죄추정의 원칙을 무시하고 송영길, 이재명 등 더불어민주당 전·현직 대표를 유죄추정의 원칙으로 대하고 있다. 거의 국민의힘 대변인 수준이다. 정치적 중립 의무는 온데간데없고 정치적 사건에 대해 일일이 발언하며 공방을 벌인다. 노골적으로 헌법을 무시하는 행위이다.

장관이 이럴진대 그 아래의 검사들이 가만히 있을 리 만무하다. 현재 서울중앙지검 반부패수사 1부와 3부는 이재명 대표 사건에, 2부는 송영길 전 대표 사건에 올인하고 있다. 이렇게 세상을 떠들썩하게 만들어놓았으니, 만약 무죄 판결이라도 나면 검찰 조직 자체가 얼마나 문제가 많은 집단인지 만천하에 드러나게 될 것이다. 반부패수사 2부 검사 14명이 전부 이 사건에 달라붙어있는 이유다. 일례로 지난 4월에 검찰은 송영길이 속한 단체인 ‘평화와 먹고사는 문제 연구소’를 압수수색해 회계 장부를 다 가져갔다. 거기에는 여수 상공회의소로부터 얼마를 후원받았는지에 관한 내용이 전부 나와 있고, 관련하여 영수증 처리도 이미 다 해놓은 상태였다. 당연히 검찰은 아무런 문제를 발견하지 못했다. 그러나 지난 7월 25일 송영길이 윤석열 대통령을 서울중앙지검에 고발한 바로 다음날 갑자기 버스 두 대에 가득찰 정도의 검사와 수사관들이 여수 상공회의소 등으로 몰려가 10여 군데를 동시에 압수수색하며 소란을 떨었다. 검찰은 ‘송영길의 아는 형님의 어머니’ 집까지 탈탈 털었다. (하략) (송영길·박정우 『송영길의 선전포고』 [시월, 2023년] 151-155쪽)

물론 이것은 송영길만의 체험기일 수가 없는 내용이다. 윤석열·한동훈이 문재인 정권 시절에 기소한 양승태 전 대법원장과 이재용 삼성 회장이 최근 각각 47개 혐의, 19개 혐의 전부가 1심에서 무죄를 선고받았다. 검찰은 이런 참혹한 결과를 받아 들고도 항소에 나섰다. 당연한 것이, 검찰의 '승복'은 곧 검찰 정권의 정통성 문제를 흔들 것이기 때문이다. 송영길의 검찰 비판은 갈수록 좌우 누구라도 공감할 수 밖에 없게 될 것이다.

송영길의 정치는 개혁파이면서도 통합파

얘기를 다시 돌려 송영길의 정치 역정을 살펴보자. 송영길은 1999년 재보궐 선거에서 새정치국민회의의 공천을 받아 인천 강화-계양 갑 지역에 출마한다. 송영길은 총학생회장 출신이지만 앞서 얘기했듯이 전대협 주사파와는 거리가 있었다. 그래서 총학생회장 운동권 출신이 변호사까지 된 경력을 높이 산 김대중이 따로 영입한 경우이다. 그러나 당시 옷로비 사건 등으로 집권여당 심판 분위기 때문에 안상수에게 석패했다. 하지만 16대 총선에서는 강화군이 서구와 합구되면서 계양구 지역구에 재도전하여 안상수를 상대로 설욕에 성공하며 국회에 입성했다. TK 지역만큼이나 보수적인 강화가 계양에서 분리된 건 송영길에게 축복이 되어 그 뒤 17대와 18대 선거에서 모두 승리했다.

2002년 대선에서 노무현 후보의 인기가 급락하자 수행하는 현역의원이 없어 송영길은 대선 기간 동안 수행실장을 자원했다. 송영길은 노무현을 수행하면서 그로부터 "정치인에게 가장 중요한 덕목은 배짱"이라는 조언을 듣기도 했다. 송영길이 바로 이런 노무현의 조언에 따라 검찰 독재 한가운데를 치고 달리는 배짱 정치를 하고 있는지도 모른다.

노무현의 마지막 대선 유세에서 정몽준의 지지 철회라는 돌발사태가 터지자 송영길은 집으로 돌아가는 노무현에게 정몽준과의 만남을 설득한다. 사실 당시 민주당의 친노 강경파는 "차라리 잘됐다"며 정몽준 없이 단독 승리를 바랐다. 하지만 개중 김경재, 송영길 등이 정몽준과 최대한 화해하는 모습이라도 보이자고 설득한 것이다.

노무현 집권 후 열린우리당 창당으로 벌어진 민주당 분당 사태 때도 송영길은 나름 통합파의 길을 걷는다. 민주당에서 정식으로 선출된 대선 후보를 교체하려 한 박상천, 정균환 등의 후단협은 비판했지만, 그렇다고 바로 민주당을 깨고 나가자는 정동영, 천정배, 신기남과도 거리를 뒀다. 그 대신 민주당이 유시민의 개혁당과 합당을 하면서 당내 개혁을 주장했다. 이러한 당내 개혁 노선은 끝까지 민주당에 남은 조순형, 김경재 등도 주장한 것이었다. 즉 민주당의 분당은 정상적인 상황에서라면 일어나기 어려운 일이었다. 집권세력의 잘못된 판단으로 벌어진 사고였고, 이 때문에 결국 노무현에 대한 탄핵, 또 노무현 정권의 실패, 나중에는 이명박으로의 정권교체로까지 불운이 이어지게 된 것이다.

집권여당인 열린우리당 국회의원 시절에 송영길은 임종석 등 586 운동권 출신들과 '새로운 모색'이란 정책 모임을 함께 하며, 주로 개혁, 강경 노선에 섰다. 이 당시 열린우리당은 개혁당 유시민이 이끌던 '참여정치연대', 긴급조치 시대를 살았던 475세대가 구성한 '아침이슬', 이광재 등 친노 직계 중심의 '신의정 활동지원센터'와 천정배, 신기남 당권파 중심의 '바른정치 모임' 등 강경노선 모임 일색이었다.

이런 상황에서 노무현 정권과 열린우리당 지지율이 동시에 추락하자, 2004년 11월 1일에 당내 중도·보수모임 안개모(안정적 개혁을 위한 의원 모임)가 출범한다. 준비위원장인 유재건 의원은 창립취지문을 통해 "의원총회장에서 당의 정책결정과정에 묵묵히 따라만 가던 우리들이 제 목소리를 내기 위해 오늘 이 자리에 모였다"고 말해 앞으로 본격적으로 당내에서 중도·보수의 목소리를 내겠다는 뜻을 밝혔다.

유 의원은 "안개모는 당내 천칭과 같은 역할을 하고자 한다"면서 "한쪽으로 치우쳐 있는 당의 모습을 수평적이고 안정적으로 만들어내기 위해 시소에 올라타겠다. 우리당의 무게중심이 되겠다"고 개혁파와의 본격적인 노선대립도 예고했다.

안개모의 출현에 대해 유시민 등 강경개혁파들은 경계의 눈초리를 보내고 있었다. 그런데 송영길은 안개모 출범식에 참석하여 "평소 말할 기회를 갖지 못한 의원들이 활발한 모임을 통해 의견을 개진하는 것은 중요하다"면서 "일부 언론과 야당에 의해 과장되게 활용될 수 있겠지만 서로 신뢰가 있으므로 이 모임이 잘되리라 본다"는 당부와 격려를 해줬다. 자신이 개혁파에 속해 있지만 중도·보수의 목소리도 듣겠다는 입장을 공개적으로 표명한 것이다.

이 안개모는 노무현 정권 내내 유시민 등 강경파와 대립을 하면서 결국 지지층은 개혁파와 반개혁파 둘로 나눠졌다. 송영길은 개혁파에 있으면서도 주로 유시민과 충돌했다.

송영길은 2005년 3월 유시민이 당의장 선거에 참여하자 「오마이뉴스」와의 인터뷰에서 "유 후보는 이번에 출마하면서 자기가 대통령을 당선시켰고 당을 제1당으로 만들었다고 했는데 어떻게 이렇게 오만하고 교만할 수 있나"라며 "지역주의에 편승해서 적당히 한나라당의 주변에 있다든지 평론자 입장에 있다가 노무현 시대가 되니까 만세부르고 개혁의 화신이라고 얘기하는 것은 비겁하다"고 직격탄을 날렸다. 송영길은 "완장찬 골목대장식 개혁논의로 당이 지지를 받을 수 있겠나"라며 유시민식 강경 노선에 반대입장을 분명히 했다.

전대협 학생회장 출신이지만 이때부터 송영길은 온건통합노선의 길을 가며 유시민, 이재명, 조국과 같은 강성 지지층의 아이콘과는 거리가 멀어졌다. 충성도 높은 강경 지지층이 없기 때문에 송영길은 다선의원, 인천시장, 당대표까지는 갈 수 있었지만 대권 도전까지는 하지 못했을 수도 있다. 하지만 최근 검찰과 진검승부를 벌이면서 진성 지지층이 많아지게 됐다. 그래서 '나에게도 이런 일이 있구나'라며 놀라기도 했다는 후문이다. 송영길의 진성팬들이 만든 네이버 카페명은 '송영길의 선전포고'다.

보수가 놀란 송영길의 한미FTA 추진

한미FTA는 노무현 지지층을 붕괴시킬 정도의 사안이었다. 김근태, 유시민 등 열린우리당내 강경 개혁파 의원들은 지지층의 여론에 따라 노무현 정권이 추진하는 한미FTA를 강하게 반대하며 정권을 벼랑 끝으로 몰고 있었다. 반면 송영길은 학생회장 출신의 경력과 전혀 다르게 아예 열린우리당에서 한미FTA 추진위원장을 맡아 전선의 최선봉에 섰다. 2007년 3월 28일 CBS '뉴스레이다' 인터뷰 내용이다.

[김규완] 열린우리당의 당 의장을 맡았던 김근태 전 의장이나 천정배 전 법무부 장관같은 분들이 지금 FTA협상중단을 촉구하면서 단식농성까지 들어가셨어요. 어떤 기분이 드시나요?

[송영길] 그것에 대해서는 별로 언급하고 싶지 않고요. 지금 단계에서는 FTA 협상을 한다, 안 한다 문제는 이미 지난 상황 아니겠습니까? 마지막까지 최선을 다해서 협상에 임하고 결과적으로 최종적으로 도저히 협상이 합의가 안돼서 결렬될 수는 있겠지만 국가 간의 협상을 시작하게 해놓고 일방적으로 중단할 수는 없는 것 아니겠습니까? 지금 단계에서는 마지막까지 성실하고 최선을 다해서 우리 이익이 확보될 수 있도록 노력하는 것이 필요한 시점이라고 생각합니다.

[김규완] 송영길 의원께서는 한미FTA협정에 찬성하고 계신데요. 그 정치인이신 만큼 찬반의 효과에 대해서 아무래도 신경이 많이 쓰이실 것 같은데. 나중에라도 이것이 정치적 부담이 되지 않을 것이라고 확신하고 계십니까?

[송영길] 정치적 부담의 문제를 떠나서 국가이익을 우선하기로 우리

가 국회의원 당선될 때 선서를 하게 되어 있습니다. 그래서 제가 어려움도 있죠. 물론. 그러나 중요한 것은 중국과 일본 사이에 끼어가지고 샌드위치가 되어있는 대한민국 경제가 이 치열한 세계경쟁 속에서 어떻게 살아남을 것인지 진지한 고민을 해야 될 시점이 아니냐, 저는 이렇게 생각을 하는 것입니다. 그리고 FTA협상을 찬성하느냐 반대하느냐의 문제가 아니라 지금 단계는 필요성에 대해서 찬성하는 것이고 협상의 결과가 나왔을 때 찬반은 다시 논의가 될 것입니다.

[김규완] 민주노동당에서는 국회 한미FTA특위를 해체하고 국정조사까지 하자고 주장하고 있는데. 어떻게 보시나요?

[송영길] 항상 하는 말인데요. 사실 김종훈 수석이나 김현종 본부장이나 정말 그 사람들이 무슨 국회의원도 아니고 공무원들인데. 정말 제가 봤을 때 안쓰러울 정도로 밤을 새워서 국익을 위해서 나름대로 최선을 다하고 있는데 뒤에서 격려는 못해줄망정 국정조사, 이렇게 맨날 반대, 이런 것만 해가지고 과연 누가 책임 있게 나라를 위해서 일을 하려고 하겠습니까? 그런 관성적인 반대나 이런 것에 대해서는 좀 신중할 필요가 있다고 생각이 들고요. 아무튼 정치나 모든 것은 자신들이 생각하는 국익에 대해서 성실하게 임하고 최선을 마지막까지 다 하는 자세가 필요하고요. 마지막 결과가 나왔을 때 비준 여부는 그때 분석해도 늦지 않다고 생각합니다.

민주당 계보의 노무현 정권이 한미FTA를 추진하는 것은 마치 박정희 정권에서 한일수교협정을 추진할 때 민주당 계보 정치인인 김대중이 이를 지지한 것과도 같은 맥락이다. 지지층의 빗발치는 반대 여론을 뚫고 협상을 타결시켜야 하는 것은 물론, 이 때문에 다음 선거조차 장담할 수 없게 된다. 이명박 정부는 한미FTA 선결 조건인 미국산 쇠고기 수입을 전면 허용했다가 촛불 시위로 인해 아예 정권 존립이 흔들린 바도 있다. 이 때문에 수차례의 재협상과 재협상을 거듭하면서 한미FTA 논란이 이어지게 됐다. 이명박 정부는 노무현 전 대통령이 도와주기를 기대했다. 그러다가 노무현의 불행한 죽음이라는 대형참사로 이어졌다. 이때 이명박을 도와준 것은 송영길이었다.

송영길은 야당이 된 민주당이 과거 여당일 때 자신들이 추진한 한미FTA 국회 비준을 거부하자 현직 인천시장의 신분에도 불구하고 직접 나서 사실상 비준 찬성론을 폈다.

> 송영길 인천시장은 이날 광주시 공무원들을 대상으로 한 특강에 앞서 기자들과 만난 자리에서 "민주당이 (한미FTA '독소조항'을) 그때(추진할 당시)는 몰랐다고 하는 것은 무책임하다"며 이같이 밝혔다.
> 열린우리당 시절 한미FTA 특별위원장을 지낸 송 시장은 "국회의원 시절 한미FTA가 전략적으로 필요하다고 생각했다"며 "김대중 전 대통령도 지지했고, 노무현 전 대통령, 김종훈 통상교섭본부장도 당시 열심히 했지만, 문제는 이명박 대통령의 재협상이 잘못됐다"고 지적했다.
> 송 시장은 "(민주당은) FTA를 안 하려고 핑계를 찾거나 다른 조건을 거는 방식은 안된다"며 "(미진한 것은) 보완해서 마무리해야 한다"고 말했다.
> 송 시장은 "여당이 강행처리하는 것은 무능력을 보여주는 것이고, 야

당은 책임있게 처리하지 못하면 무책임한 것"이라며 "한미FTA는 여야가 정치력을 발휘해 협의 처리해야 한다"고 강조했다.
송 시장의 이 같은 발언은 한미FTA 국회 비준을 반대하는 민주당 입장과 다소 배치되는 것으로, 민주당의 전향적인 자세를 주문한 것으로 해석된다.
송 시장은 "18대 국회의 조종을 울리는 몸싸움이 벌어지면 우리나라 의회민주주의 수준 자체가 부끄럽게 된다"고 말했다. (「연합뉴스」 <송영길 "한미 FTA..민주당 책임있게 정치해야"> 2011년 11월 17일)

이런 소신을 밝히다보니 송영길은 자신의 텃밭 인천에서부터 정치적 압박을 받게 된다.

대형마트규제와 소상공인살리기 인천대책위는 22일 인천시청 앞에서 기자회견을 열고 "한미FTA 찬성 망언하는 송영길 시장을 규탄한다"며 즉각적인 사과와 발언 철회 등을 주장했다.
이들은 성명서를 통해 "어제 민주당 최고위원과 광역단체장 연석회의에서 송영길 시장은 한미FTA비준안 처리에 대해 당 지도부와 다른 목소리를 냈다"며 "한미FTA를 막기 위한 민주당의 노력에 찬물을 끼얹었다"며 이같이 밝혔다.
특히 이들은 한미FTA는 생존전략으로 필요하다는 송영길 시장의 발언을 두고 "누구를 위한 생존전략인가"라고 반문한 뒤 "박원순 서울시장은 선거에 당선되자마자 취임식도 하기전에 한미FTA비준에 대한 반대입장을 밝혔다. 누가 진정한 시민을 위한 시장인지 극명하게 나눠진 행동"이라고 송영길 시장을 비난했다. (「뉴시스」 <"송영길, 차라

리 한나라당 가라"... 상인들 분통 왜?> 2011년 11월 22일)

이 때문에 인천 젊은 층의 높은 민주당 지지율에도 불구하고 송영길은 그 후광을 누리지 못했다. 임기 말인 2014년 연초의 송영길 인천시장에 대한 평가는 긍정적 평가와 부정적 평가가 경합을 이뤘다. 또한 여론조사 결과 4년 전 자신이 꺾은 안상수 전 인천시장에게도 초박빙 접전으로 나타났다.

결국 재선을 노리고 출마했던 제6회 전국동시지방선거에서 그는 유정복 후보에게 밀려 석패하고 말았다. 선거 기간 초기에 유정복 후보와 박빙의 지지율을 보이다가 세월호 사고 이후에는 여당에 대한 반감 때문에 12% 가량 상당 부분 앞서 나갔다. 그러나 막판에 다시 따라잡혔다. 개표를 해보니 유정복 후보 50.0%, 송영길 후보 48.2%로 나왔다. 송영길은 이렇게 인천시장 재선에 실패하고 말았다. 한미FTA를 강하게 반대하며 젊은 강성 지지층을 확보한 박원순이 서울시장 선거에서 56% 득표율을 올리면서 43% 득표율을 올린 정몽준을 넉넉히 따돌린 것과 대비됐다. 역시 강성 지지층이 없는 김진표도 경기도지사 선거에서 남경필에게 석패하기도 했다.

즉 이명박, 박근혜 정권 당시는 민주당에서 강경파들이 정국을 주도했고, 결국 탄핵까지 벌어졌으며, 그 과정에서 문재인과 이재명 등이 강성 지지층을 확보하여 대선에 나갔다. 온건통합파인 송영길은 그런 기회를 잡지 못한 것이다.

문재인과도, 윤석열과도 다른 송영길만의 원자력관

2016년 4월 총선에서는 안철수의 국민의당에서도 후보가 출마하여 지역구 곳곳이 3자 구도가 되었다. 그러나 송영길은 인천 계양을에서의 기반으로 당선된다.

그 뒤에 제19대 대선 문재인 캠프에 합류했고 캠프를 총괄하는 선대본부장으로 대선 승리에 기여했다. 문재인 정부 출범 후 주변국으로 파견하는 특사 중 러시아 특사로 그가 거명되었다. 송영길은 인천시장 시절, 러일전쟁 때 제물포 앞바다에서 침몰한 러시아 함선 바랴그의 깃발을 러시아 측에 임대 형태로 반환하고 기념 시설을 건립하는 등 러시아와의 인연이 있었다. 이 관계 개선을 인정받아서 러시아의 블라디미르 푸틴으로부터 직접 오르지나 드루쥐비 러시아 국가 훈장(러시아에서 외국인이 받을 수 있는 가장 높은 등급 훈장)을 받기도 했다. 이후에도 문재인 정권의 북방경제협력위원회 위원장직을 맡아 러시아와 관련된 나진, 하산 개발과 같은 굵직한 프로젝트들을 많이 추진했다.

송영길은 2018년 7월 24일 북방경제협력위원장을 사임하고 2018년도에 더불어민주당 당대표 출마를 선언했다. 이해찬 및 김진표에게 밀려 3위가 될 것이라는 언론의 예측과는 다르게 김진표는 이겼지만 인지도와 강한 민주당을 내세운 이해찬에게 밀려 송영길은 2위에 만족해야 했다.

문재인 정권에서 송영길은 탈원전 문제로 당 주류와 크게 부딪힌다. 송영길은 2019년 1월, 문재인 정부의 탈원전에 동의한다면서도 "신한울 3, 4호기 공사를 재개해야 한다"고 주장해 당내 반발을 샀다. 송영길은 "원전 1기(의 경제적 효과)는 약 50억 달러에 달해 수출 시 중형차 25만대나 스마트폰 500만대를 판 것과 같은 효과가 있다"며 "노후 원전과 화력발전소는 (건설을) 중단하되 신한울 3·4호기 공사는 재개하는 방안을 검토해야 한다"고 주장했다. 이에 대해 같은 당내 국회의원인 우원식은 "시대의 변화를 잘못 읽은 적절치 못한 발언", "문재인 정부가 추진하는 에너지 전환은 전혀 급진적이지 않다"고 강하게 반발했다. 김의겸 청와대 대변인 또한 "공론화위원회의 논의를 거쳐서 정리됐다"며 추가 논의가 필요한 시점은 아니라는 입장을 드러냈고, 이해찬 대표도 공론화 과정을 거쳐 결정된 사안인 만큼 신중해야 한다는 입장을 밝혔다.

반면 비문재인계 민주당 국회의원인 최운열은 "좋은 화두를 던졌다. 이번 일을 계기로 공론의 장이 마련되면 좋겠다"고 응원 문자를 보냈다고 한다. 일단 보수야권 및 일부 여권 비주류에서는 소신 발언으로 평가하는 반면, 여권 주류에서는 발언 내용 자체는 물론이고 여당 의원이 정부 정책과 여당 당론에 반하는 이야기를 (내부 논의를 넘어) 외부에서 공개적으로 했다는 것 자체가 문재인 정부와 거리를 두고 자기 정치를 하려는 것으로 받아들여졌다. 그러자 송영길은 아예 작심하고 논전에 나선다.

송영길 더불어민주당 의원이 2019년 1월 15일 최근 탈(脫)원전 논란과 관련해 "정부 탈원전 정책에 동의하지만, 중장기적 에너지 균형(MIX) 정책이 필요하다"고 밝혔다.

송 의원은 이날 자신의 페이스북을 통해 "화력발전 에너지를 재생에너지로 대체하는 과정에서, 안정적인 에너지원인 원자력 발전은 장기간 공존할 수 밖에 없다"며 신한울 원전 3·4호기 건설 재개 검토가 필요하단 취지의 발언을 이어갔다.

앞서 송 의원은 지난 11일 원자력계 신년인사회에 참석해 "노후 원전과 화력 발전소를 중단하는 대신 신한울 3·4호기 건설을 재개하는 방안을 검토할 필요가 있다"며 정부가 추진하고 있는 탈원전 정책에 배치되는 입장을 밝힌 바 있다.

이날 송 의원은 "미세먼지와 지구온난화의 주범 석탄화력을 줄이는 문재인 정부의 에너지 전환정책을 지지한다"면서도 "재생에너지가 우리나라의 전체 에너지 중심을 차지하기에는 많은 시간과 기술발전이 필요하다"고 주장했다. 그러면서 "재생에너지는 날씨에 따라 태양광, 풍력이 변화가 크기 때문에 안정적이지 않다"며 "산지가 70%인 국토에서 산허리를 깎아 태양광을 설치하는 것도 한계가 있다"고 했다.

송 의원은 "(재생에너지 기술 발전에는) 장기간 시간이 필요하다"며 "우원식 민주당 의원이나 환경단체들의 탈원전 정책에 동의하지만, 화력발전 에너지를 재생에너지로 대체하는 과정에서 안정적인 에너지원인 원자력발전은 장기간 공존할 수밖에 없다"고 말했다.

이어 "생산단가가 높은 재생에너지에만 의존할 경우 전기료 인상이 불가피하게 될 것"이라며 "전기자동차 시대를 앞당기기 위해서도 안정적인 전기공급이 필요하다"고 했다.

또한 송 의원은 "세계 최고의 기술력을 자랑하는 한국원자력산업의 경쟁력을 세계수출산업으로 발전시켜 나가야 한다"며 "원전해체산업, 핵폐기물처리산업이라는 큰 시장을 대비하기 위해서도 원자력기술 생태계가 무너지지 않도록 해야 한다"고 강조했다.

그러면서 "공론화위원회를 구성했던 국무총리 훈령을 살펴보면 신고리 5, 6호기 문제에 한정·집중된 위원회이지 신한울 3, 4호기 문제가 공식의제로 되는 조항이 없다"며 "(신한울 3, 4호기 논의와 관련해) 뭔가 미진하고 부족한 점이 있다. 공론화를 하려면 별도의 절차가 필요하다"고 했다.

송 의원은 야당을 향해 "제 견해를 정치적 투쟁의 소재로 활용하는 계산보다는 진지하게 국가적 차원의 에너지 전환정책의 흐름 속에서 정책적 접근을 해주시기를 바란다"며 "원전 정책을 반대하면서 화력발전중심의 발전구조에 대한 대안을 제시하지 않고 있다"고 비판했다.

이어 "얼마전 제가 한국원자력산업회의 신년하례식에 참석하여 강연을 통해 밝힌 내용도 지금 야당이 부추기듯 정치적 쟁점으로 가기보다는, 차분하고 정책적으로 접근해야한다는 의견이었다"며 "산업현장에서 성장동력이 무너지고 있다는 안타까운 목소리들을 수렴하여 공론화해 보자는 충정으로 의견을 제시한 것"이라고 덧붙였다. (「뉴스1」 <송영길 2차 반박 "산허리 깎아 태양광 설치하는 것도 한계"> 2019년 1월 15일)

송영길도 장기로는 탈원전으로 가야 한다고 본다. 그러나 그는 현재 대안이라고 얘기되는 재생에너지는 간헐성 등 여러 한계가 있기 때문에, 당분간은 원전을 재생에너지와 짝을 이루는 상호보완적 발전원으로서 살려 나가야 한다고 생각한다. 석탄, 가스라는 화석에너지 퇴출을 1차 목표로 두고서 원전을 우군으로 삼는 정책이 필요하다는 것이다.

단, 그는 윤석열의 친원전 정책도 무턱대고 지지하지는 않는다.

지금 윤석열 정부는 무작정 원전만 소리 높여 외치고 있는데, 매우 무책임한 태도이다. 우선 원전을 짓기 위해선 한미 원자력협정 개정을 통해 핵연료 재처리 권한을 따내야 하는데 미국이 허용해주지 않고 있는 실정이다. 참고로 과거 일본은 나카소네 총리가 레이건 대통령과 같은 우익으로서 서로 긴밀한 협력과 로비 등 노력을 통해 결국 미국으로부터 핵연료 재처리 동의를 받아냈다. 현재 북동부 지방의 도카이촌과 아오모리현의 롯카쇼무라에 거대한 핵 연료 재처리 시설이 있고, 플루토늄이 40톤 이상 축적되어 있다. 그래서 일본은 중핵보유국으로 불리고, 언제든 핵무기를 만들 수 있는 나라이다.
이렇게 핵연료를 재처리할 경우 핵폐기물이 10%로 줄어든다. 우리나라는 경주에 저준위, 중준위 핵폐기장은 있지만 고준위 폐기장은 만들지 못해서 핵폐기물을 전부 발전소 안에 쌓아놓고 있는데, 곧 한계에 다다를 전망이다. 송영길은 일찍부터 이 문제의 심각성을 느끼고 있었고, 프랑스에 있을 때 뷔르 지방에 있는 고준위 핵폐기장 설치를 위한 실험 시설을 돌아본 적이 있었다. 여기서는 지하 500미터 아래에 고준위 핵폐기물을 보관하는데 거기까지 들어가서 실험 시설의 매커니즘을 파악했고, 관련 정치인들을 만나 이 처리 시설을 어떻게 준비했고, 어떻게 주민들의 동의를 끌어낼 수 있었는지 상세한 과정을 듣기도 했다. 주민들을 설득하는데 무려 30년 이상이 걸렸다고 한다. 우리는 이와 관련하여 얼마나 알고 있고, 어떤 대책이 있나. 윤석열 대통령은 문재인 정부를 향해 탈원전했다고 욕하면서 자신은 원전 중심으로 가겠다는데, 원전 중심으로 가려면 해결해야 할 문제가 많다.

그런 사전 작업은 하지 않은 채 원전을 정치적으로 활용하는 것은 책임있는 지도자의 모습이 아니다. (중략)
또 하나 짚고 넘어가야 할 문제가 있다. 우리나라는 APR1400이라는 국내 기술로 개발한 원자력발전소가 있다. 현재로선 세계에서도 최고 기술의 원자력 발전소라고 할 수 있다. 이명박 대통령이 APR1400을 두바이에 수출하기도 했는데 현재는 이에 대해 원전기업 웨스팅하우스가 딴지를 걸고 있는 상황이다. 웨스팅하우스는 2022년 APR1400에 사용한 기술이 미국 수출입통제법에 따른 수출 통제 대상이니 수출을 제한해달라며 지식재산권 소송을 제기했다. (중략) 송영길은 웨스팅하우스를 우리가 인수할 기회도 있었는데, 그 기회를 놓친 것이 못내 아쉽다. (중략)
송영길은 윤석열 대통령이 이거라도 인수했다면 기꺼이 박수를 쳐줬을 것이라고 말한다. 만약 그랬다면 웨스팅하우스의 지적소유권을 우리가 가져올 수 있으니 더 이상 시비 없이 전 세계의 원전 시장을 우리가 주도할 수 있었다. 또 앞서 말했듯 원전에서는 폐기 기술도 중요한데, 원전 폐기 시장의 노하우를 가진 유일한 업체가 웨스팅하우스였다. 우리나라 대통령이라면 이런 사정에 관해서 공부를 하고 최소한 바이든 대통령을 구워삶아서라도 웨스팅하우스 문제를 정리했어야 했다. 그런데 바이든 윤석열 정상회담 합의문에서 양국이 지적소유권을 존중하고 IAEA 추가 의정서를 준수하기로 합의하고 왔으니, 웨스팅하우스의 지적소유권 주장을 사실상 승인해주고 온 셈이다. 황당한 일이다. 이 합의가 무엇을 의미하는지 윤석열 대통령이나 외교부, 산자부 대통령실 관계자들이 알고나 있는 것일까? (송영길·박정우 『송영길의 선전포고』 [시월, 2023년] 325-327쪽)

송영길이 바꾼 이승만·박정희 묘역 참배의 격

송영길은 2021년 5월 2일에 전임 이낙연 당대표의 대선 경선 출마를 위한 조기 사퇴로 인해 발생한 더불어민주당 2021년 임시 전당대회에서 홍영표, 우원식 후보를 누르고 제5대 더불어민주당 당대표로 선출되었다. 2016년 더불어민주당 제2차 전당대회, 2018년 더불어민주당 제3차 전당대회에 이은 삼수만의 당대표 당선이다.

이 전당대회에서는 민주당 당대표 선거 사상 최고의 박빙 승부가 펼쳐졌는데, 종합 득표율에서 2위를 차지한 홍영표 후보와 득표율 차이는 0.59%p이다. 송영길은 당선 소감에서 "승리를 향한 변화를 위해 주저없이 전진할 때"라며 "열정과 헌신, 지혜를 가진 분을 모두 모아 원팀을 만들겠다"고 했다. 특히 보궐선거 완패로 다시 화두에 오른 부동산 문제와 관련해서는 "당정 협의를 통해 정부의 2·4 부동산 대책을 뒷받침하고 실수요자 대책과 세제 문제를 보완하겠다"고 밝혔다.

송영길은 2021년 5월 3일 국립현충원을 방문해 전직 대통령들의 묘역을 참배했다. 이때 이승만·박정희 전 대통령과 육영수 여사 묘역도 참배했는데, 먼저 이승만 전 대통령에 대해선 방명록에 "3.1독립운동, 대한민국 임시정부와 1948년 대한민국 정부 수립에 기여하신 분"이라고 평가하면서 "대통령님의 애국독립 정신을 기억한다"고 썼다. 박정희 전 대통령에 대해선 방명록에 "자주국방 공업입국, 국가 발전을 위한 대통령님의 헌신을 기억한다"고 썼다. 이외에도 손원일 제독과 김종오 장군의 묘역을 찾아서도 참배를 했다.

민주당에서 이승만·박정희 전 대통령을 처음으로 참배한 것은 2015년 문재인 대표 때이기는 했다. 그뒤에 이해찬, 추미애 등이 참배하면서 전통이 이어졌다. 하지만 참배를 넘어 실제로 이승만과 박정희의 공을 직접적으로 평가한 것은 송영길이 처음이었다.

과거 문재인의 경우 "모든 역사가 대한민국입니다. 진정한 화해와 통합을 꿈꿉니다"라고 방명록에 썼다. 추미애의 경우 참배 이후 첫 최고위원회에서 "독재에 대한 역사적 평가가 있는 그대로 쓰여야 한다는 뜻"이라는 입장을 밝혔다. 이해찬의 경우 "나라다운 나라! 평화로운 나라를!"이라고 방명록에 썼다. 이들 모두 전직 대통령의 공에 대한 예우는 전혀 없었다. 그러니 보수진영에서는 하기 싫은 것을 억지로 할 바에야 아예 하지 말라는 비판까지 나왔다. 민주당은 송영길 시대에 이르러 비로소 이승만·박정희 전 대통령에 대한 정상적인 참배의 격을 갖추게 된 것이다.

민주당은 2022년도에 이재명이 대선후보 자격으로 이승만·박정희 묘역을 참배한 적이 있는데 송영길이 애써 갖춰놓은 역대 대통령에 대한 참배의 격을 뒤로 돌려 버렸다. 이재명 후보는 참배 이후 기자들과 만난 자리에서 "좋은 것도 나쁜 것도 역사의 한 부분"이라면서 "공은 기리고 과는 질책하되, 역사의 한 부분으로 기억하는 것은 분명히 해야 한다"고 말했다. 이 후보는 심지어 이승만에 대해 "5년 전 (대선) 경선 당시 내 양심상 그 독재자와 한강 철교 다리를 끊고 도주한, 국민을 버린 대통령을 참배하기 어렵다고 말씀드린 바 있다"면서 "그러나 5년의 세월이 지나면서 저도 많은 생각을 하게 되었고, 저의 사회적 역할도 책임감도 많이 바뀌고 커졌다"는 말까지 했다. 사실상 억지참배한 것을 시인해버린 것이다. 이승만 묘역 앞에서조차 "독재자", "한강 철교 끊고 도주" 운운한 이재명 후보에 대한 보수층의 혐오감이 더 커졌음은 말할 필요도 없을 것이다.

참고로, 송영길은 일찍이 2005년도에도 열린우리당에서 인천 맥아더 동상 철거에 공개 반대하고 나선 몇 안 되는 의원 중 한 사람이었는데, 이에 나중에 같은 당 유재건 의원과 함께 미 하원 아태소위원장으로부터 감사편지를 받기도 했다. 송영길은 나중에 인천시장 선거때도 이점을 어필하여 인천의 보수층에 좋은 인상을 줬던 적이 있다고 한다.

송영길의 역사인식이 보수진영과 꼭 같지는 않겠지만, 그가 진보진영의 일부 편협한 역사인식을 그대로 좇고 있는 정치인도 아니라는 점은 보수진영이 눈여겨봐야 할 부분이다.

3.1독립운동 대한민국 임시정부와
1948년 대한민국정부 수립에 기여하신
대통령님의 애국독립정신을 기억합니다.

2021. 5. 3.
인천 5.3 민주화운동 기념일

민주당 대표 송영길

송영길이 이승만 전 대통령 묘소 방명록에 남긴 글.

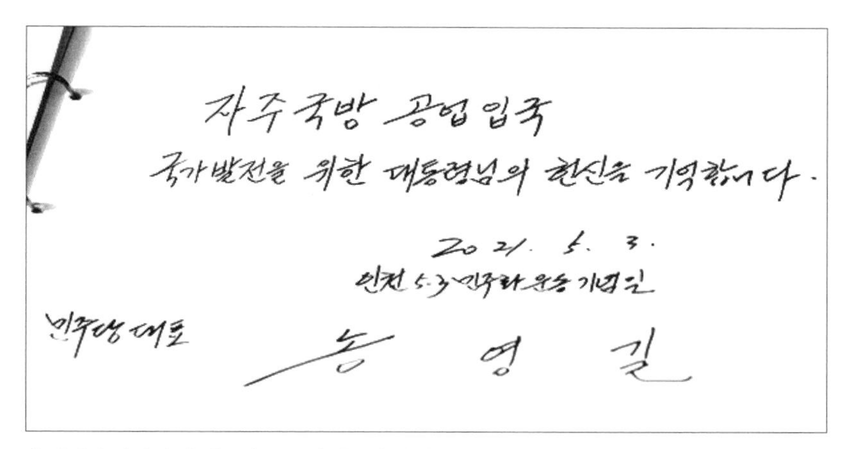
자주국방 공업입국
국가발전을 위한 대통령님의 헌신을 기억합니다.

2021. 5. 3.
인천 5.3 민주화 운동 기념일

민주당 대표 송영길

송영길이 박정희 전 대통령 묘소 방명록에 남긴 글.

당대표 송영길, 문재인과의 차별화가 이재명의 대선 승리의 길

앞서 송영길이 당대표 시절 코로나 피해 자영업자 등의 지원 문제로 문재인 정권과 갈등을 겪었다는 점을 짚었다. 실제 송영길은 이재명의 대선 승리는 문재인 정권에서 지탄받은 정책과는 차별화되는 정책을 내놓는 것에 달려있다고 봤다. 그가 매진한 것은 1차적으로 부동산 정책이다.

> 지난 서울시장 보궐선거에서 박영선 후보가 오세훈 후보에게 18%차로 패배했다. 그 이후 계속 더불어민주당이 서울에서 10% 이상 국민의힘에 밀렸다. 거의 조세 저항에 가까웠다. 서울 지역 호남향우회 간부 모임에 참석한 적이 있다. 20년 더불어민주당만 지지해왔는데 이번 서울시장 보궐선거에서 오세훈 후보를 찍었다고 고백했다. 세금 때문에 분노한 것이다. 이런 상태로 계속 가다가는 대선 승리가 어렵다. 부동산 문제야말로 서울 민심 이반의 핵심이었다. 아파트 값이 올라서 종부세 과세 기준 9억을 적용하면 서울 시내 아파트에 사는 주민 4분의 1이 종부세 대상이었다. 연초에 종부세 고지서를 받아 들고 3월 9일 대통령 선거를 하면 어떻게 되겠는가? 2021년 전체 종부세 세수가 4조 5,000억원이 넘어갔다. 이중 1가구 1주택자의 종부세 과세 상한액을 6억에서 9억으로 올리는 것은 반드시 필요한 조치였다. 부자 감세라는 비판이 있었다. 그러나 전체 종부세 세입 4조 5,000억원 중 1가구 1주택자 종부세 세입은 1,956억 원으로 전체 세수의 3.4%에 불과했다. 나머지는 토지 소유자나 다가구 주택자 등에 부과된 세입이다. 1가구 1주택 종부세 면세 기준으로 9억에서 12억으로 올

리면 659억원 정도의 세수가 감소된다. 그러나 국민 입장에서 1가구 1주택에 대한 종부세는 주택 가격이 상승한다 할지라도 주택을 팔지 않는 한 실현되는 소득이 아니기 때문에 세금에 대한 부담이 클 수밖에 없다.

나는 더 나아가 1가구 1주택의 경우에 한해 양도소득세 부과 기준도 9억에서 12억으로 상향 조정해야한다고 생각했다. 당시 서울 시내 평균 주택 매매 가격이 12억이었다. 양도세를 내고 나면 집을 팔고 다른 집으로 이사가기 어려울 정도였다. 친문 의원들 모임은 '민주주의 4.0'과 '경제민주화와 평화통일을 위한 국민연대'(민평련)의 신동근, 강병원, 진성준 의원 등 60여명 의원이 반대 서명을 하며 입장을 표명했다. 청와대도 반대했다. 대통령과 청와대는 정책의 일관성을 강조했다. 참고로 부동산 정책 실패에 관해 문재인 대통령은 지금까지도 제대로 진솔하게 사과한 바가 없다.

나는 분노가 끓었다. 고작 이 정도의 부동산 과세 완화 조정조차 하지 못한다면 대통령 선거는 포기해야 한다고 생각했다. 이런 식으로 소득 주도 성장과 부동산 정책을 주도했으니 민심이 떠난 것이다. 청와대 따라가다 당이 망할지도 모른다는 위기감이 들었다.

정책의총을 소집했다. 윤호중 원내대표와 박완주 정책위 의장 등은 표결에 부치지 말고 지도부 위임을 받아 조정하자는 타협안을 제시했다. 나는 표결을 주장했다. 부결되면 당대표를 사임할 각오까지 되어 있었다. 3시간 정도 치열한 난상토론 후에 표결해보니 1가구 1주택 종부세 면세기준을 9억에서 11억으로 인상하는 안과 양도세 면세 기준을 9억에서 12억으로 인상하는 두 가지 안 모두 60% 이상 찬성해주었다. 다행스러운 일이었다. (중략)

선거결과를 보면 이전 서울시장 보궐선거에서 더불어민주당 후보가

> 18% 차이로 졌지만, 대선에서 이재명 후보는 윤석열 후보와 4.38% 차이밖에 나지 않았다. 이재명 후보와 윤석열 후보의 표 차이가 약 24만 표였는데, 서울에서만 윤석열 후보가 약 31만 표 앞섰다.
> 결국 20대 대선은 지역으로 보면 서울에서의 패배였고, 정책으로 보면 부동산에서의 실패였다. (송영길·박정우 『송영길의 선전포고』[시월, 2023년] 145-147쪽)

이외에 송영길은 여당 인사로는 유일하게 문재인 정권의 코로나 백신 후유증 피해자들에게 사과를 하기도 했다.

> 나는 인천에 있는 코백회 사무실에도 가보고 법정에도 가보았다. 어렵게 태어난 우리의 아들딸들이 국가가 책임지겠다고 하여 백신 접종을 했는데 갑자기 전신마비가 되거나 죽어나갔다. 이를 국가가 책임지지 않으면 앞으로 제2의 코로나19 상황이 올 때 누가 백신을 맞겠는가? 누가 정부의 말을 신뢰하겠는가? 늑대와 소년의 우화가 현실이 될 것이다. 이들의 눈물을 닦아주기 위해 노력할 것이다. 새로운 정부가 들어서면 이 문제를 반드시 해결하겠다는 다짐을 해본다. (송영길·박정우 『송영길의 선전포고』[시월, 2023년] 109-110쪽)

송영길은 당내에서는 나름 문재인 정권과의 차별화를 두기 위해 모든 수단을 강구했다. 송영길은 심지어 "이재명의 승리는 정권교체다"라는 주장까지 했다가 이로 인해 문재인 세력으로부터 "자신도 큰 실수인지 알 것"이란 경고장을 받기도 했다.

송영길은 김대중 정권에서 노무현 정권이 탄생한 것을 염두에 두고 "김대중은 노무현식의 새로운 정치 문화를 인정하면서 자연스럽게 노무현은 차별화에 성공했다. 그러나 문재인은 이재명의 차별화에 단 하나도 협조하지 않고, 단 하나의 정책 실패도 인정하지 않았다"며 대선 패배에 대해 문재인의 책임을 지적했다. 송영길은 "윤석열 정부의 탄생을 '문재인 대통령과 민주당이 만들어 낸 유산'"이라며 "윤석열 정부 출범 후 빚어진 외교안보, 경제 등 실정에 대한 책임의 8할은 문재인 정부와 민주당 의원들에게 있을 것"이라고 강조하기도 했다.

그러나 문재인 측은 대선 패배 이후에도 "헌정 사상 최고 지지율로 퇴임한 문재인 대통령의 지지율을 이어받지 못한 것이 대체 누구의 책임이냐? 문재인 정부의 성과를 당당하게 계승하지 못하게 한 선거전략은 누구의 판단이냐? 자해적인 '차별화' 프레임에 갇혀, 우리 정부의 성과마저 깎아내린 전략은 송대표가 앞장서 주도했다"고 반박했다.

문재인의 최측근 윤영찬 의원은 "높았던 문재인 대통령의 퇴임 지지율을 우리 후보에 대한 지지로 연결시키지 못하고 패배한 것은 송영길 당시 대표가 이끌던 우리 민주당의 패배가 아니냐"며 "그 누구보다, 지난 대선에서 우리가 왜 국민의 선택을 받지 못했는지는 송영길 전 대표가 잘 알고 있을 것"이라면서 송영길을 비판했다.

대선 패배 책임과 관련 송영길과 문재인은 끝까지 평행선을 달리고 있는 것이고 이로 인해 송영길은 진보좌파 진영에서 내부 비판에 시달리고 있다. 이는 적어도 중도층과 보수층에는 "문재인과는 다른 정치를 할 것"이란 기대감을 주는 효과를 보고 있기도 하다.

송영길이 북한의 핵보유를 찬성했을까

범보수층부터 중도층까지 민주당 후보를 대통령으로서 지지하지 못하는 이유를 물으면 1순위가 대북안보관이다. 문재인과 이재명 모두이 대북 문제에 대해 친북이나 종북 성향이 아니냐는 의구심을 떨쳐내지 못했다. 그래서 모두 대선 1대1 구도에선 과반을 넘지 못해 패배했다. 박근혜 탄핵 이후 다자구도로 진행된 2017년 대선에서도 현재 시점에서 범보수로 같은 국민의힘에 묶여 있는 안철수, 유승민, 홍준표가 얻은 52%는 문재인(41%)과 심상정(6%)이 얻은 득표율 합계 47%를 능가한다. 즉 박근혜 정권이 붕괴된 2017년 대선에서조차 진보와 보수 1대1 구도로 대선이 진행되었다면 문재인은 또다시 패배했다는 것이다.

저출산 고령화 인구 구조가 고착화되고 있다. 최소한 안보 분야에서 친북이나 종북의 의구심을 해결하지 못하면 높은 투표율의 노장년층에서 압도적으로 밀리며 진보좌파 대통령 후보가 승리하는 것은 불가능한 구조가 되고 있다.

연세대학교 김대중도서관 연구원인 장신기 박사는 "종북 문제는 단순히 안보 뿐만 아니라 진보진영의 무능력을 확산시키는 주제"라고 경고한다. 장신기는 그의 책 『사람들은 왜 진보는 무능하고 보수는 유능하다고 생각하는가』(시대의창, 2016년)에서 보수적 국민들의 목소리를 다음과 같이 전했다.

"가만 보면 진보 쪽 사람들은 순진한 것 같기도 하고, 어떻게 보며 바보 같기도 하고 북한에만 가면 온갖 좋은 말은 다 들으니까 뭔가 일이 될 것처럼 흥분해서 간도 쓸개도 다 갖다 줄 것처럼 하는 걸 보면 아주 가관이라니까. 북한이 어떤 집단인데, 다 속으로 계산하고 그러는 건데, 그것도 모르고. 쯧쯧 그렇게 현실감 없고 흐리멍텅하니 내치라고 잘할 일이 있나, 그 모양 그 꼴인데." (오수택, 54세)

"북한에도 저렇게 질질 끌려다니는게 진보 세력 아닙니까? 이런저런 논리고 뭐고 상관없이 목소리 크고 힘센 사람에 주눅 들어 제대로 말도 못하는데, 마찬가지로 재벌과 여러 특권층에게 자신의 입장을 낼 수나 있겠어요? 제대로 제압하려면 힘이 있어야 하는데 북한한테 끌려다니는거 보세요. 제대로 할 수 있는 게 있나." (이영숙 48세)

장신기 박사는 이런 국민들의 여론을 다음과 같이 설명한다.

종북 담론은 '진보세력은 무능하다'는 사회 인식 형성에 매우 중요한 매개를 한다. 과거의 반공주의는 북한을 물리적, 사상적으로 위험한 대상으로 설정했다. 그러나 1990년대 중반부터 북한의 경제난과 북한 정치체제의 경직성이 심화되자, 북한을 위험한 대상으로 인식하는 것을 넘어 계몽과 훈계, 훈육의 대상으로 파악하는 단계로까지 이어진다. 그런데 보수세력은 북한의 이와 같은 속성을 진보 세력이 제대로 인식하지 못하고 북한에 끌려다니는 정치적 무능함을 보인다고 비판한다. 그래서 한국이 실패한 국가로 전락할 위험에 처해있다는 것이 보수세력의 논리이다.

이재명은 대선 패배 이후에도 "(평화를 위한) 김일성과 김정일의 노력을 폄훼하지 말라"는 투의 발언으로 여전히 보수우파 진영의 불신을 사고 있다.

보수우파 논객들은 심지어 이재명 구속을 반대하기까지 했다. 이재명만 남겨 두면 총선과 다음 대선까지는 무조건 보수우파가 이긴다고 확신하고 있기 때문이다. 이렇게 상대의 약점만 믿고 승리를 확신하기 때문에 보수진영에서는 변화와 개혁의 움직임조차 없는 것이다.

안보 문제로는 송영길조차 보수진영에서 문재인이나 이재명과 비슷한 인물로 찍혀있는 게 현실이다.

과거 보수진영을 경악케 했던 송영길의 발언이 하나 있는데, 그것은 "미국도 핵이 5,000개 있는데, 북한에 핵보유 말라 강요할 수 있나"였다. 이 말은 마치 미국도 핵을 갖고 있으니 북한핵을 인정하자는 취지로 들리는 말이다.

2020년 12월 14일 송영길은 국회 본회의 필리버스터 발언에서 "NPT체제가 대표적인 불평등 조약"이라며 "상식적으로 생각할 때 유엔 안보리 상임 이사국 5개 나라와 이란, 파키스탄, 이스라엘도 사실상 핵을 갖고 있는데 지금 북한, 이란 (비핵화가) 논의되고 있다"고 했다. 그러면서 "자기네들 핵 가지고 있으면서 남보고 핵 가지지 말라고 하면 어떻게 되겠느냐"고 미국을 비판했다.

송영길의 저 발언만 들으면 송영길을 북핵 보유 찬성론자로 오해하기 쉽다. 실제로 「조선일보」는 송영길의 필리버스터 발언과 관련 <송영길 "美 핵 5000개 있는데, 北 핵보유 말라 강요할 수 있나">라는 타이틀로 기사를 내보냈고 송영길은 보수진영에서 북핵 보유 찬성론자로 찍히고 말았다.

당시에 송영길은 곧바로 페이스북에 글을 올려 「조선일보」 등의 보도는 자신의 발언 취지를 왜곡한 보도라고 해명했다. 그는 "발언의 핵심은 이렇다. 즉 NPT가 안보리상임위 이사국(미국, 러시아, 중국, 영국, 프랑스)의 핵 보유 기득권 유지는 용인한 채 다른 나라의 핵 보유를 반대하는 것이야말로 불평등한 일이라는 것"이라면서 "그럼에도 불구하고 핵확산을 막는 데 기여하는 측면 때문에 NPT가 필요하다고 말했다"며 자신의 필리버스터 발언 전체 취지에 대해 설명했다.

송영길은 "대신 NPT가 최소한의 정당성을 가지려면 핵 보유국은 핵을 가지지 않은 나라에 대해서 핵으로 공격하겠다는 위협을 해서는 안 된다는 것"이라며 "그래야 비핵보유국들이 핵을 갖고 싶은 동기를 포기할 것 아니겠냐"고 반문했다. 그는 "이것은 한미합동훈련에 북한에 대한 핵선제공격을 할 수 있는 연습시나리오가 들어간다면 북의 핵포기를 설득할 수 있겠냐는 지적이기도 했다"고도 설명했다.

즉 송영길은 NPT체제를 부정한 게 아니라 NPT체제의 정당성이 유지되기 위해서도 핵보유국이 핵 미보유국을 상대로 핵공격 훈련으로 압박을 해선 안 된다는 취지를 원 필리버스터 발언에서 밝혔던 것이다.

송영길은 자신은 일관되게 북한의 핵 보유는 허용될 수 없다고 주장해왔음을 강조한다. 그는 자신이 NPT의 불평등성 문제를 지적한 것은 박정희의 핵 자주개발을 이어받아 나중에 다가올 수도 있는 대한민국 핵 자주개발 시대를 예비하는 의미에서도 중요하다고 말한다. 미국의 핵 억지확장, 핵우산, 전략자산 배치 등의 안보분담 비용 협상 때도 이는 중요한 협상 무기가 되리라는 것이다.

이런 송영길의 생각에 모두 동의할 수는 없더라도 적어도 그가 북한의 핵 보유를 옹호한다는 보수진영의 편견은 재고가 필요해 보인다.

송영길의 외교관, 반도세력론을 아시나요

송영길은 외교관이 꿈이었고, 국회에 입성한 뒤에도 김대중으로부터 "외교가 가장 중요하다"는 조언을 듣고 독학으로 영어, 프랑스어, 러시아어, 중국어, 일본어를 배우면서 외교를 공부했다. 그는 틈나는대로 한 개도 아니고 다섯 개 외국어를 공부하고 있는데, 이는 여타 정치인 중에서 가장 독보적인 경쟁력이라고 할 만하다. 그가 외국어 공부에 매진하게 된 계기를 들어보면 그의 성숙한 외교관을 엿볼 수 있다.

사법시험을 준비할 때 1차 시험을 통과해야 했는데 한참 노동운동을 하면서 영어 공부를 하지 않았기에 영어로 시험을 볼 자신이 없었다. 그래서 고등학교 때 제2외국어로 공부했던 프랑스어로 시험을 보았고 84점을 받고 통과했다. 이 인연으로 재선의원 때 한-프랑스 의원친선협회 회장을 맡았다. 그 덕에 열심히 활동한 공로를 인정받아 사르코지 프랑스 대통령으로부터 주한 프랑스 대사를 통해 레종 도뇌르 훈장을 받았다. 아직도 틈틈이 프랑스어 공부를 한다.

일본어도 열심히 공부했다. 2000년 초선 국회의원이 되자마자 일본인 인턴비서 히사다(久田, 성균관대 행정학박사)를 채용했는데 틈틈이 그에게서 일본어를 배웠다. 한일의원연맹 21세기위원회 위원장을 맡으면서 야마모토 이치타 군마현지사(전 일본 참의원)와 고노 다로 방위상(전 외무대신), 후캬아마 데쓰로(일본 입헌민주당 간사장), 나가시마 아키히사(중의원), 마에하라 세이지(전 민주당대표) 등과 교분을 쌓았다. 상호 선거구 교환 프로그램으로 고노 다로 의원의 지역구인 가네가와현도 방문하고 고노 다로 의원과 야마모토 이치타 의원을 내 지역구로 초청하여 고등학교 특강도 마련한 적이 있다. 일본인의 언어로 일본 국민과 소통하는 능력을 갖추기 위해 노력하고 있다.

2000년 초선 의원 시절 YPM(Young Parliament Meeting)이라는 행사가 있었다. YPM은 유럽과 아시아 간의 40대 이하 젊은 국회의원들의 미팅 프로그램이다. 이때 한국 대표로 여당에서는 내가 나갔고, 야당에는 원희룡 의원(현 제주지사)이 참석하였다. 우리 둘은 모두 영어를 제대로 못 해서 말도 못 하고 웃기만 해야 했다. 한국어 동시통역도 형편이 없어서 제대로 통역되지 않았다. 국가 돈으로 이탈리아 베네치아까지 가서 비싼 비행기 표에 호텔비까지 쓰면서 제대로 활동을 하지 못한 자책감 때문에 그때부터 영어공부를 열심히 했다.

그렇게 쌓은 실력은 인천시장 재임 시절 서울과 경기도를 이기고 외국인 직접투자 유치 1등을 하는 데 큰 도움이 되었다. 또, 인천시에서 열린 모의유엔 대회에 참석한 500여 명의 학생들을 상대로 1시간 동안 원고 없이 영어로 특강을 하여 같이 참석하였던 반기문 유엔 사무총장으로부터 가장 국제화된 정치인이라는 평가를 받기도 하였다. 뉴욕주립대학(SUNY) 스토니브룩을 인천 송도 글로벌 캠퍼스에 유치하는 일에도 보탬이 되었다. 트럼프 대통령이 졸업한 유펜(UPenn)과 스토니브룩에 가서 교수들 앞에서 겁 없이 영어로 특강을 하기도 하였다.

초선 의원 시절 방통대 중국어과에 입학하여 중국어도 공부하였다. 시간이 없어 출석할 수 없으니 출석 대체시험, 중간시험, 기말시험, 과제물 제출도 해결해야 했다. 4년제 대학을 졸업한 사람은 편입할 수 있다. 나는 2학년에 편입하여 무사히 졸업했다. 수많은 정치인이 정치적인 이유로 방통대에 입학하지만 졸업하는 사람은 거의 없다고 한다. 중국어과를 졸업한 이후 다시 일본학과에 입학하여 학업을 마친 후 졸업하였다.

2014년 7월부터 2015년 8월까지 중국 칭화대에서 방문학자로 있으면서 중국어로 특강을 하였다. 그 외에도 칭화대, 베이징대, 길림대, 상하이복단대학 등에서 특강을 하였다. 특히 중국 공산주의청년단의 지도자를 양성하는 당교, 중국청년중앙정치학원에서 특강을 한 일이 재미있었다. 200여 명의 학생을 두고 '중국공산당이 나아갈 방향'에 대해 특강을 하였다. 한국 정치인이 중국어로 중국공산당에 관한 특강을 한다고 하니 모여있는 학생들이 신기한 듯 나를 바라보았다. 다행히 학생들은 나의 중국공산당 역사 강의를 듣고 큰 호응을 보내줬다. 지금도 칭화대 후안강 교수, 중국경제학자 랑셴핑 교수, 상하 이복단대 정계용 교수 등과 중국 모바일 메신저 위챗(WeChat)에서 중국어로 소통하고 있다.

최근에는 러시아어 공부에 집중하고 있다. 러시아 국회의원들과 왓츠앱(WhatsApp)으로 소통하고 있다. 러시아어는 정말 어렵다. 키릴문자 알파벳을 외우고 읽는 데까지 많은 시간이 걸렸다. 러시아연방의원회 볼로딘 의장과 예피파노바 부의장, 슬러츠키 외교위원장 등 의원들과 메신저에서 러시아어로 소통하면서 실력을 쌓고 있다.

나는 4대 강국의 언어를 막힘없이 구사할 수 있도록 매일매일 노력하고 있다. 언어는 단순한 커뮤니케이션 수단이 아니다. 사상과 철학, 문화를 담는 그릇이자, 그들의 생각을 깊게 이해할 수 있는 플랫폼이다. 민족의 자주적인 공간을 만들어 나가기 위한 수단이다. 4대 강국의 언어도 중요하지만 북한의 언어와 생각, 문화, 역사, 철학을 분석하고 이해하는 것이 더 중요하다. (송영길 『둥근 것이 강한 것을 이긴다!: 송영길의 지구본외교』[메디치미디어, 2020년] 13-16쪽)

진보진영에서는 외교 문제의 중요성을 가장 깊게 고민해온 정치인으로서 이를 인정받아 국회 외교통일위원회 위원장까지 역임한 송영길. 그의 궁극적인 외교관 혹은 대한민국 발전관은 반도세력론이다.

흔히 반도체를 일컬어 IT 산업의 '쌀'이라고 부른다. 반도체가 인류의 실생활에 매우 광범위하게 활용되기 때문이다. 컴퓨터, 냉장고, TV, 카메라, 핸드폰같은 생활 기기에는 물론 초음파 영상, MRI같은 의료기기, 첨단과학의 최고봉인 우주왕복선에까지 모두 반도체칩이 들어간다. 송영길은 우리나라가 북한과 어떻게 관계를 맺느냐에 따라 한반도가 대륙과 해양을 모두 포섭할 수 있는 거대한 강국이 될 수도 있다고 생각한다. 우리나라가 지금처럼 북한에 막혀 섬과 같은 상황이 아니라 진짜 '반도'가 될 수 있다면 반도체처럼 우리나라도 세계를 향해 광범위하게 뻗어나갈 수 있다. 이를 두고 송영길은 '반도세력론'이라는 새로운 개념을 만들기도 했다. (중략)
고대 이탈리아도 그랬다. 남과 북으로 분열되어 있던 이탈리아 반도가 하나로 통합되면서 지중해 무역을 독점함으로써 지중해 해상세력과 유럽 대륙세력을 중계했고, 결국 로마 시대 천년의 번영을 이끌 수 있었다. 반대의 예도 있다. 분열되어 서로 싸우면서 어느 한쪽에만 붙어 생존을 도모하려 했기 때문에 1차 세계대전의 발발지가 되면서 유럽의 화약고라 불렸던 발칸반도이다. (중략)
우리나라 모든 문제의 원인은 분단에 있고, 분단의 한계를 극복하지 못하면 우리나라 발전은 명백한 한계를 맞는다. 송영길의 거대한 비전은 북한을 제2의 베트남으로 만들자는 것이다. 실제로 커트 켐벨을 비롯한 미국과 러시아 정치인들이나 관료들을 만나 기회가 되면 이런 말을 꼭 한다.
"북한은 민족주의적이고, 그래서 중국에든 미국에든 결코 종속될 나라가 아니다. 하지만 베트남을 생각해봐라. 10년 동안 미국과 전쟁을 벌였지만, 공산화가 되고 20년이 지난 뒤에는 국교가 정상화되면서 미국의 실질적 군사동맹 역할을 하고 있지 않나. 북한도 그렇게 만들어야 한다. 휴전협정을 평화협정으로 바꾸고, 북한에 대한 경제제재를 풀어서 박정희 대통령 시대에 대한민국이 그랬던 것처럼 북한이 15%씩 10년간 성장하면 우리나라에도 그렇지만 미국에도 얼마나 큰 이익이 되겠나?" (송영길·박정우 『송영길의 선전포고』[시월, 2023년] 235-236쪽, 244쪽)

물론 송영길의 반도세력론이 현실화되려면 일단 북핵 문제부터 풀어야 한다. 진보정권이건 보수정권이건, 채찍을 쓰든 당근을 쓰든, 대한민국은 북한 비핵화에 실패했다. 이런 상황에서 아무런 이념적 정체성이 없는 윤석열 정권이 들어섰다. 그의 빈 머리를 뉴라이트 세력이 침투, 보수가 그토록 외쳤던 한미일 동맹을 미국의 바이든과 일본의 기시다를 통해 구축했다. 보수진영은 윤석열이 이승만을 능가하는 외교천재라고 찬양가를 불렀다.

하지만 세계적 여론조사 회사 모닝컨설트에 따르면 지금 현재 일본의 기시다는 전 세계 지도자 중 10%대 지지율로 꼴찌를 달고 있다. 그 바로 위가 20% 초반의 윤석열이다. 미국의 바이든 역시 우크라이나 전쟁, 이민 문제 등에 발목이 잡혀 트럼프에 대해서 열세에 놓여있다. 제대로 된 한미일 동맹이었다면 3국의 지도자가 이렇게 한꺼번에 몰락할 수 있을까.

개중에 가장 심각한 문제가 발생한 건 윤석열의 대한민국이다. 한미일 동맹을 강화하겠다며 아무런 이익도 없이 중국 및 러시아와 모두 충돌하면서 경제, 안보 관련 보복을 당할 위기에 빠졌다. 소련 해체 이후 줄곧 우방국이었던 러시아는 한국이 불필요하게 앞장서서 우크라이나를 지원하자 북한과 손을 잡기 시작한다. 러시아는 북한에 원유, 가스 등을 제공할 수 있고 북한이 필요한 장거리 미사일 기술도 전수해줄 수 있다. 북한이 러시아와 손을 잡고 있는 한 한미일 동맹으로 북한 체제를 무너뜨릴 방법이 없다.

러시아 문제로 한국은 경제적으로도 심각한 압박을 받고 있다. 러시아 내의 반한감정이 격화되자 결국 현대차는 연간 23만 대 생산이 가능한 상트페테르부르크의 자동차공장을 단돈 14만 원에 매각하고 철수해야 했다. 공장의 장부상 가치는 4,100억 원대이다. 러시아와의 외교에 금이 가면서 경제와 안보 분야의 타격이 불가피한 것이다. 과연 역대 이런 한미일 동맹이 있었던가.

송영길은 2017년 5월, 러시아 특사로 파견돼 푸틴과 한반도 문제를 논의하기도 했다. 송영길은 특히 러시아를 활용한 남북평화 문제에 깊은 관심을 갖고 있다. KBS의 관련 보도화면

보수진영은 이명박, 박근혜의 9년 집권에 이어서 윤석열의 약 2년 집권의 기회를 가졌다. 중국과 손을 잡고 북한을 개방해보려했던 박근

혜의 일부 정책을 제외하곤 보수진영은 "북한이 스스로 핵을 포기할 때까지는 아무 것도 안 하겠다"는 자세를 유지했다. 진보의 햇볕정책이 별 효과가 없었다고 해도, 그렇다고 보수의 상호주의 정책이 효과를 낸 것도 아니다. 이 상황이라면 진보든 보수든 북핵 제거를 위해 열린 마음으로 모든 수단과 방법을 검토해볼 필요가 있다. 외교안보 정책의 수단을 좌우 이념적 잣대로 재고 가리지 말자는 것이다. 그런 점에서 송영길의 북한 비핵화 전략도 검토해볼만하다.

> 송영길이 생각하는 북한 문제의 해법은 우선 북핵 문제에 대한 단계적인 협의다. 1994년 제네바기본합의서에 명시한 것처럼 북·미간 연락사무소도 다시 설치해야 하고, 미국에 자국 국민의 방북을 차단해놓은 조치도 풀어서 가능한 북한을 국제사회로 끌어내야 한다고 한다.
> 북한은 기본적으로 이슬람 국가와는 다르다. 북한은 유교 사회일 뿐 종교 사회는 아니다. 북한 사람들은 이슬람 사람들처럼 신을 위해 언제든 목숨을 바칠 수 있고, 심지어 빨리 알라신에게 가고 싶다고 생각하지 않는다. 김일성을 수령님으로 떠받든다고 해서 얼른 김일성 장군이 계신 하늘나라로 가야겠다고 마음먹는 이들이 아니다. 김정은을 비롯한 북한의 그 누구도 평양이 잿더미가 되길 원하지 않는다. 그래서 타협이라는 게 가능하다. 북한과 싸울 필요가 뭐가 있나? 아무리 북한을 제재한다고 해도 북한은 스스로 무너지지 않는다. 그러니 최대한 개방하도록 하고, 외부 정보가 많이 들어가도록 해서 내부적인 변화를 이끌어내는 것이 가장 합리적인 전략이다.
> 북한도 자신들의 안보를 해결하고 경제 발전을 가져다줄 수 있는 나

라는 중국이 아니라 미국임을 알고 있다. 중국은 생존에 필요하지만 거기까지일 뿐, 추가 발전에는 결정적인 한계가 있다. 이를 가능하게 하려면 미국의 역할이 절대적이고, 미국을 움직이게 하는 것이 결국 우리나라의 임무일 수 밖에 없다. (송영길·박정우 『송영길의 선전포고』[시월, 2023년] 231-232쪽)

박근혜 정부 시절, 김정일에서 김정은으로의 권력 교체기에 북한 체제가 붕괴될 것이라고 믿는 보수우파 인사들이 많았다. 이때는 최대의 압박을 통해 북한을 붕괴 직전까지 몰아 스스로 백기를 들게 하겠다는 강경책이 주를 이뤘다. 이 시절은 중국의 시진핑조차 김정은을 탐탁치 않게 여겨 시진핑이 김정은을 제거할 것이라는 책이 일본에서 쏟아지기도 했다. 이 시절에 박근혜는 천안문에 올라가 시진핑과의 협력을 자랑하며 북한을 압박하기도 했다. 그러나 결국 미국의 사드 배치 문제로 중국과의 밀월은 끝나버렸다. 북한을 압박하여 백기를 들게 하려면 중국, 러시아의 협조가 필요하나 미국의 입장 등에 따라 대북 압박 공조가 흔들릴 수 있는 것이다. 중국보다는 늘 한국에 더 우호적이었던 러시아가 한국의 우크라이나전 무기 지원과 윤석열 정권의 비이성적 태도 등을 통해 완전히 북한 편으로 돌아선 사례를 보라.

이제 한국 외교의 1순위 과제는 러시아를 다시 한국편으로 돌려세우는 일이 되었다. 그 일조차 러시아와 인천시장 때부터 오랜 교류를 해온 송영길이 적임자 아닌가. 그는 러시아-우크라이나 전쟁 문제도 다음과 같이 진단하며 자신에게 공직만 준다면 이 문제로 중재 역할을 할 수 있다는 야심을 숨기지 않는다.

대한민국 대통령이라면 당연히 대한민국이 최우선이어야 하고, 대한민국의 안보가 가장 중요해야 한다. 그렇다면 한쪽의 편에 서기 전에 가장 먼저 생각해야 할 것은 '러시아가 대한민국 안보에 위협이 되고 있는가?'하는 문제이다. 실질적으로 전혀 그렇지 않다. 러시아와 우리는 수교관계이자 오랜 전략적 협력 관계였다. 노태우 정부 시절 추진한 북방 정책에 따라 러시아, 중국과 국교를 정상화했고, 박근혜 대통령도 푸틴 대통령과 수차례 정상회담을 가졌다.

현재 우리나라의 교역 상대국으로, 150개가 넘는 기업이 러시아에 투자했으며, 수많은 고려인이 러시아에 살고 있다.

게다가 러시아는 우리나라와 북한의 관계를 위해서나 북한의 핵 포기 설득에 있어 매우 중요한 파트너다. 우리나라는 안보 측면에서든 경제 측면에서든 북한과의 관계가 매우 중요하다. 예컨대 러시아·우크라이나 전쟁으로 인해 식량 위기가 오게 되면 연해주 땅이 우리의 식량 창고가 될 수 있다. 조금만 영리하게 접근하면 우리의 식량 안보는 물론 에너지를 지키는 데도 러시아가 큰 도움이 될 수 있다. 그런 국가를 함부로 적이라고 규정하는 것은 헌법을 위반하는 행위이자, 무식을 넘어 자해에 가까운 행위이다. 결과적으로 러시아는 대한민국에 위협이 되는 나라가 아니라 오히려 경제나 안보에 도움이 될 수 있는 상대이다.

전 정부가 러시아와 닦아놓은 관계를 유지만 해도 되는 걸 윤석열 대통령은 왜 악화시키지 못해 안달인 것일까? 왜 굳이 NATO까지 가서 러시아와 적대적 전선에 서려고 발버둥을 치는 것일까? 한국은 수해로 난리인 와중에 왜 굳이 우크라이나로 가서 우리나라에 도움은커녕 해가 되는 오지랖을 부리는 것일까? 나는 이 정권을 도무지 이해할 수 없고, 인정할 수 없으며, 존중할 수도 없다. (중략)
나는 푸틴 대통령도 여러 번 만났고, 개인적으로 러시아 서열 1위부터 10위까지를 다 알고 있다. 최근 사태에 관해 이야기를 나눠보면, 원래는 러시아의 관료들도 우리나라와의 관계가 중요하다는 것을 잘 알고 있는 만큼 우리나라에 대단히 우호적이었다. 하지만 이번 일로 인해 그들도 당혹감을 감추지 못 하고 있다. 러시아 전 대통령인 드미트리 메드베데프는 자신의 SNS에 "대한민국이 우크라이나에 살상무기까지 제공할 의사를 표시하는데, 러시아의 신무기가 북한에 전달되면 한국인들은 어떻게 생각할까"라고 자신들의 의사를 우회적으로 내비치기도 했다. 러시아 대사관 측에서는 '심은 대로 거둔다'는 러시아 관용구를 언급하며 "콩 심은 데 콩 나고, 팥 심은 데 팥 난다는 한국 속담을 상기시키고 있다"고 말하기도 했다. (중략)
미국도 언뜻 보면 우크라이나 편을 드는 것 같지만 실제로는 매우 냉정한 입장을 유지하고 있다. 무기는 지원하되 군대는 파견하지 않았고, 우크라이나의 NATO 가입도 승인하지 않고 있다. 분쟁 중인 상태에선 가입할 수 없다는 요건이 있긴 하지만, 이런 태도가 미국의 기본적인 입장임을 알아야 한다. 냉정하게 들릴지 모르겠지만 이게 외교다. 미국도 여러 상황을 고려하면서 결국엔 자국의 이익을 최우선으로 생각하고 있는 것이다. 마찬가지로 우리나라도 러시아, 우크라이나 양쪽 모두와 우호적인 관계를 유지할 필요가 있다. (중략) 그래서 대선 당시에 이재명 후보에게 대통령에 당선되면 나를 특사로 임명해 달라고 부탁했고, 이재명 후보도 동의했다. 젤렌스키와 푸틴 양쪽에 네트워크가 있는 만큼 중재안을 만들어 러시아·우크라이나 전쟁 해

> 법을 찾고 싶었다.
> 대한민국의 국제외교 역량을 보여주고 싶었다. 지금 생각해도 매우 아쉬운 지점이다. 만약 나였다면 러시아 침략 전쟁에 반대하는 의견을 전달하고 평화적 해결의 원칙을 강조하는 한편, 우크라이나를 에너지나 건설, 의료 등 민간 분야에서 지원하는 등의 방안을 통해 우크라이나와의 관계를 유지했을 것이다. 동시에 러시아와는 중재하는 역할을 맡으며 러시아 시장도 잃지 않는 전략을 취했을 것이다. (하략) (송영길·박정우 『송영길의 선전포고』[시월, 2023년] 186-188쪽, 192쪽)

송영길은 대러시아 외교뿐만 아니라 외교 전반에 대해서 누구에게도 모자라지 않게 평생을 준비해왔다. 송영길은 오랫동안 국민들의 세금으로 자신의 전문성이 만들어졌다면서 2023년 6월 25일자 유튜브 채널 스픽스의 프로그램 '박진영의 마키아벨리'에 출연해 다음과 같은 포부를 밝혔다.

> 이 송영길은 대한민국에 필요한 정치인입니다. 지금 러시아 관계, 중국 관계, 이런 것을 다룰 수 있는 정치인이 만들어지는 일이 쉬운 게 아닙니다. 저도 국가 세금을 수없이 쓰고 다섯 번 국회의원에, 당대표, 인천시장까지 경험했는데, 얼마나 많은 국가 세금이 들어가서 이런 경험을 쌓게 해준 것입니까. 저는 국가가 써먹어야 할 자산입니다.

그는 특히 남북문제를 반드시 해결하는 것이 정치인으로서 자신의 최대 역사적 사명이라고 말한다. 이 문제만 해결되면 이 나라의 안보, 외교,

경제 등이 자연스럽게 해결되고, 세계 최강국, 세계 최부국이 가능하다고 그는 믿는다. 그렇기에 그는 문재인 정권에서 자신의 국회의원 자리를 내려놓더라도 외교부 장관은 꼭 되고 싶다는 의사를 드러내기도 했다.

> 언젠가 이런 외교적 성과를 만들기 위해 송영길은 오랫동안 준비했다. 국회의원이 되어서도 외교문제를 계속 공부했고, 남북통일을 위해서 4대 강국과의 네트워크를 만들어야 한다는 생각에 20년 넘게 영어, 일본어, 중국어, 러시아어를 공부했다. 송영길은 지금도 평범의 연속은 비범이라는 말을 좌우명으로 여긴다. 시간과 여건이 되는 대로 한 문장이든 두 문장이든 외국어를 매일 공부한다. 언어는 송영길의 좋은 무기가 되었다. 깊이있는 대화가 가능한 만큼 각 나라의 정치인, 관료들과 종종 메시지를 주고 받으면서 다양한 인맥과 네트워크가 쌓였다. 문재인 정권하에서 좋아지던 남북 관계가 조금씩 악화될 무렵, 자신이 나선다면 이 방향을 돌릴 수 있을 거라 판단했다. 이것은 송영길이 정치에 입문한 목적이기도 했다. 열정과 에너지가 충만했던 만큼 온몸을 바쳐 해보고 싶었다. 노영민 당시 비서실장을 만나 자신이야말로 외교부 장관의 적임자라고 몇 번을 부탁했다. '당대표는 물론이고 총선에도 출마하지 않겠다. 국회의원이고 뭐고 다 포기하겠다. 폼페이오와 고노, 왕이, 라브로프 등 4대 강국의 외교부 장관과 네트워크가 있는 만큼 그들과 직접적인 소통이 가능하다. 임기 말까지 반드시 성과를 만들어 보이겠다.' 백방으로 설득했지만 문재인 대통령은 완강히 강경화 외교부 장관 유임을 결정했고, 아무 것도 바꿀 생각이 없었다. (송영길·박정우 『송영길의 선전포고』[시월, 2023년], 230-231쪽)

'친일파'가 되고 싶다고 말하는 정치인 송영길

송영길이 운동권 출신인 만큼 사람들은 그를 으레 '반일'이라고 생각할만한데, 그렇지 않다. 진보진영 정치인으로서 유독 눈에 띄는 그의 일본에 대한 전향적 접근은 분명 김대중을 떠오르게 하는 면이 있다. 그는 자신의 외교관을 설명한 저서에서 일본과의 과거사 문제는 짚되 "친일 정치인이 되고 싶다"는 소신까지 당당하게 밝히고 있다.

> 일본 정치인들을 만날 때마다 강조하는 말이 있다. 동북아시대를 만들기 위해서는 한국, 중국, 일본, 세 나라에서 인정받고 롤 모델로 삼을만한 지도자들이 나와야 한다고. 돌아가신 김대중 대통령이 그런 지도자였다. 김대중 대통령은 지금까지도 중국과 일본의 정치인들에게 존경받는 지도자이다. 특히 오부치 총리와 함께한 '21세기의 새로운 한·일 파트너십 공동선언'(1998년) 일본 참의원·중의원 합동연설은 지금도 일본 정치인들 사이에 회자되고 있다. 나는 새로운 의미의 친일 정치인이 되고 싶다. 과거 군국주의 일본제국의 잔재를 청산한 민주주의 국가 일본과 친해지고 싶다는 의미다. 구(舊) 친일이 민족을 배반한 반인륜적 범죄행위에 동참, 동조하는 행위였다면, 신(新) 친일은 인권과 민주주의를 억압하던 군국주의 체제를 해체하고 새롭게 평화헌법 아래 만들어진 민주주의 국가 일본과 우호적인 관계를 유지하는 것이다. (중략)
>
> 나는 방송대 일본학과를 졸업했고, 일본어를 열심히 공부하고 있으며 야마오카의 소설 『대망』을 읽었다. 30차례 이상 일본을 방문하면서 오키나와에서 홋카이도까지 일본 지역을 골고루 돌아보았다. 사이

코 다카모리(西鄕隆盛), 사카모토 료마의 묘도 다녀왔다. 이와쿠라 사절단의 행적을 공부하며 일본의 메이지유신을 주도한 세력들, 인물 하나하나를 공부하는 중이다. 일본은 전쟁에 패배한 뒤에 평화헌법과 민주주의를 채택했다. 일본은 이웃국가이고 우방국가이므로 상호협력해야 한다. 그러나 그 전제는 제국일본과 단절된 새로운 민주주의 국가 일본이어야 한다. (중략)

일본과 한국이 손잡고 해야 할 일들이 너무 많다. 일본, 한국 모두 에너지자원을 비롯하여 대부분의 원자재를 해외에 의존하고 있다. 안전한 통항질서와 해로를 확보해야 한다. 자유로운 국제무역질서를 같이 발전해나가야 할 입장이다. 지구온난화·기후변화 문제와 지진·쓰나미 등 자연재해 대책을 비롯하여 급속한 노령화사회와 저출산사회를 공동으로 경험하면서 지혜와 경험을 나누어야 한다.

디테일에 강한 일본과 추진력과 돌파력이 강한 한국이 결합하면 세계적인 경쟁력을 만들어낼 수 있다. 새로운 친일·친한시대를 만들어 나가야 한다. 구동존이(求同存異, 서로 다른 점은 인정하면서 공동의 이익을 추구한다)의 자세로 함께할 과제들을 풀어 나가야 한다. (송영길 『둥근 것이 강한 것을 이긴다!: 송영길의 지구본외교』[메디치미디어, 2020년] 176-177쪽, 183-184쪽, 189-190쪽)

이런 소신으로 인해 송영길이 실제로 '친일파' 공세에 시달린 적도 있다. 2018년 6월 12일 TBS '뉴스공장'에 북방경제협력위원장 자격으로 출연하여 한일해저터널과 관련한 질문에 대해 "검토가 필요하다고 본다"고 얘기했다가 논란을 불러일으켰던 것.

[김어준] 해저터널 얘기도 나오지 않습니까? 그 해저터널을 하는 게 우리한테 좋은 겁니까? 안 하는 게 좋은 겁니까?

[송영길] 어디로의 해저터널이요?

[김어준] 일본과 우리의 해저터널 얘기가 오래전부터 나왔잖아요.

[송영길] 그것은 저는 앞으로 가능성이 있다고 생각합니다. 왜냐하면 그렇지 않으면 일본이 홋카이도를 통해서 하바로프스키로 바로 해저를 연결해 버리면 코리아 패싱이 될 수 있거든요.

[김어준] 아, 그것보다는 우리가 직접 하는 게 낫다?

[송영길] 네. 그걸 하면 부산항이 항구로써의 기능이 없어지는 게 아니냐, 이런 염려를 해서 부산에서 반대를 하는데 저는 오히려 같이 연계 물류로 발전시킬 수 있다고 생각하기 때문에 검토가 필요하다고 봅니다.

사실, 한일해저터널은 이미 김대중 정권, 노무현 정권에서도 유라시아 철도와 남북 철도의 연장선에서 공개적으로 적극 검토가 이뤄졌던 것이다. 송영길은 더구나 북방경제협력위원장 차원에서 민주당 정부의 철학을 잇는다는 차원에서 그 검토 필요성을 당당하게 얘기했던 것이다.

같은 질문을 문재인에게 했다면 문재인은 뭐라고 답했을까? 생각조차 하고 싶지 않다고 답하지 않았을까? 문재인 정권은 그렇다면 과연 김대중 정권, 노무현 정권을 계승하는 민주당 정권인 것인가?

송영길은 김대중 이후 호남 정치인들 중에서 김대중을 가장 떠올리게 하는 정치인이다. 사진은 2008년 5월 8일 송영길이 김대중과 면담하는 장면.

문재인과 충돌한 송영길의 경제관

안보관에 이어서 보수진영에서 민주당 후보를 지지하지 못하는 이유는 성장을 포기한 듯 분배만 강조하는 경제관 탓이다. 특히 문재인 정권의 부동산 폭등과 소득주도 성장론을 내세운 무분별한 공무원 증원, 가파른 최저임금인상에 대해 보수진영은 혀를 내두를 정도였다. 이러니 문재인보다 더 좌클릭한 것처럼 보이는 이재명의 등판에 보수 측은 차라리 문재인의 사냥개 출신 윤석열까지 지지하며 이재명 집권을 저지할 수 밖에 없었던 것이다.

송영길은 부동산 폭등은 물론 문재인 정권의 경제실정에 대해 사안마다 직언을 해왔고 그 바람에 문재인 측에 찍혀 그가 바라던 외교부 장관 자리도 얻지 못했다. 더구나 잘못된 정책에 어떠한 시정도 용납하지 않은 문재인 정권 탓에 이재명과 함께 대선 패배의 패장이 되고 말았다.

> 문재인 정부 시절 송영길은 문재인 대통령이 주재하는 경제회의에 두 번 참석했다. 그때 대통령 비서실 정책실장이었던 장하성이 추진했던 정책이 소득주도 성장이었다. 소득주도 성장의 핵심 개념은 노동자의 소득이 올라가면 유효 소비, 즉 구매력이 높아지고 이렇게 소비가 늘어나면 생산이 활성화되면서 결국 경제가 선순환한다는 것이었다.
> 이에 송영길은 소득주도 성장에 대해 최저임금 상승이 아니라 근로장려세(Earned Income Tax Credit)를 우선적으로 추진할 것을 강조했다. 사실 조금의 경제 상식만 있었어도 이 정책이 허점이 많다는 사실을 알았을 것이다. 더불어민주당 의원들 또한 이 정책에 대해 문제의식을 가지고 있었다. 하지만 마치 '임금님 귀는 당나귀 귀'처럼 아무도 제대로 말하지 못했다. (중략)
> 흔히 생산의 3요소로 토지, 노동, 자본을 꼽는다. 이 요소들이 결합해 생산이 이뤄지고 이윤이 발생하면 토지에는 지대로, 자본에는 이자로, 노동에는 임금으로 나눠준다. 이 기준은 생산에 얼마나 기여했는지가 되어야 한다. 생산 기여도를 따지지 않은 채, 노동자한테만 임금을 올려주면 생산이 늘어나고, 심지어 이게 지속 가능하다는 건 말도 안 되는 주장이다. 경제성장과 소득 간의 인과관계가 바뀌었을 뿐 아니라, 임금 인상이 수요에 미치는 효과만 고려했을 뿐 공급에 미치는

효과는 고려하지 않았다. 결국 소득주도 성장은 생산성이 높아졌을 때 그 결과물로 나오는 것이지, 그 자체로는 생산성을 높이는 데 한계가 있다.
또한 소득주도 성장에는 우리나라 진보주의 학자들의 고질적인 문제점이 고스란히 드러나는데, 이들 대부분이 우리나라를 폐쇄 경제, 단일경제로 상정하고 논리를 전개한다. 우리나라에서 만든 생산품 중 우리나라 국민이 소비하는 것이 반도 안 된다는 사실을 간과한 것이다. (중략)
이런 맥락에서 송영길은 우리나라 경제의 한 축은 수출이고, 또 한 축은 '질 좋은 성장'이 되어야 함을 늘 주장해왔고, 국회의원으로서 인천시장으로서 그런 경제 정책을 펼치기 위해 많은 노력을 기울였다. 송영길이 처음으로 문재인과 대립했던 것도 경제정책 때문이었다. 송영길은 문재인 대통령이 대선 후보 시절에 선거대책위원회 총괄본부장을 맡았는데 공공 일자리 81만 개를 만들겠다는 문재인 후보의 주장에 의문을 표시했다. 국민세금으로 나누어주는 일자리는 누가 못 만들겠는가? 그런 일자리가 무슨 지속 가능성이 있겠는가? 문재인 후보는 이를 이해하지 못했다. 언론이 집중적으로 질문했다. "송영길 선대위 총괄본부장의 발언이 문재인 후보의 81만 개 공공 일자리 정책과 충돌하는데 후보의 의견은 어떠한가?" 문재인 후보의 유명한 답변이 "후보는 접니다"였다. 그래서 송영길의 아들딸은 아빠를 놀릴 때 "후보는 접니다"라고 조크를 했다고 한다. (하략) (송영길·박정우 『송영길의 선전포고』[시월, 2023년] 291-292쪽, 298쪽)

서울대학교 한국정치연구소에서는 2012년 대선 관련 '정치와 민주주의에 관한 의식조사' 결과를 발표했다. 차기 대통령이 가장 시급하게 해결해야 될 과제라는 질문에서 박근혜 후보 투표자는 경제성장(60.9%)> 사회통합(9.4%)>경제민주화(8.4%)>복지확대(7.3%)라 응답했다. 문재인 후보 투표자도 경제성장(47.7%)>경제민주화(13.0%)>정치개혁(11.1%)>복지확대(10.7%)>사회통합(10.0%) 순으로 응답했다. 연세대학교 김대중도서관 연구원의 장신기 박사는 이 결과에 대해 "한국 사회 내부에 전반적으로 성장을 우선시하는 추격 정서가 강하며, 이것이 경제적 고통을 겪는 빈곤층의 보수적 성향과 관련이 있다고 평가할 수 있다"고 지적했다.

노년층의 경우 박정희 정권, 전두환 정권 시절, 경제성장을 통해 빈곤을 해결한 경험을 아직 갖고 있다. 이런 상황에서 경제성장 전략을 내세우지 않은 진보진영의 후보는 빈곤층에서조차 지지를 받을 수 없다는 것이 장신기 박사의 경고이다.

애초 송영길의 경제관은 문재인은 물론이고 이재명과도 다를 수 밖에 없을 것이다. 왜냐하면 법학과 출신인 문재인이나 이재명과는 달리 그는 상경대학 경영학과 출신으로서 나름 경제학적 훈련이 돼있기 때문이다. 학부 전공 때문에도 그는 늘 경제에 관심이 많았고, 대학 선후배 대부분이 기업 최일선에 있어서 보고 듣는 것도 많았다고 말한다. 그의 큰형 송하성도 경영학과 교수다. 국회 재정경제위원회에서도 일부러 6년 동안 활동했었다고 하는데, 한미FTA 추진위원장을 맡았던 것도 다 이런 기반이 있었기 때문일 것이다.

송영길은 자신의 경제철학에 대해서 다음과 같이 말한다.

> 국가 예산, 시 예산 나눠주는 행정을 누가 못합니까? 세금에 의존해 공공예산을 무작정 나눠주는 행정은 무능한 행정입니다. 없는 자금에 좋은 아이디어와 기획으로 땅의 가치를 올린 다음에 매각해 재정수입을 늘리거나, 해외 기업이 우리나라에 투자하게 하거나, 일자리가 많은 기업을 유치해서 성장도 늘리고 세수도 늘리는 행정을 해야 합니다. 그게 아니라면 혁신을 통해 예산을 절감하든지요. 그게 창조 행정이고 유능한 행정입니다. (송영길·박정우 『송영길의 선전포고』[시월, 2023년] 301쪽)

제 7 장

보수의 호남 대권후보론, 이낙연 혹은 최대집?

윤석열은 차기주자로 이낙연을 영입할 것

앞에서 언급했듯이 보수진영은 민주당의 영남후보론을 역이용하여 언제든지 호남후보를 앞세울 준비가 되어있다. 보수진영은 마땅한 대권주자가 없었을 때 문재인의 사냥개 노릇을 하며 보수우파 인사 200여 명을 구속한 윤석열을 모셔와 승리했다. 보수진영에 더 이상 보수의 원칙, 이념 같은 것은 없다. 오직 승리할 수만 있다면, 그 누구 밑에라도 줄을 서겠다는 것이다. 현실적으로 승리만 보장해준다면, 인공기를 들고 김정은 만세라도 부를 법 한게 보수진영의 타락한 현 주소다.

만약 범야권이 이번 총선에서 윤석열 심판 및 퇴출에 실패하고, 또 윤석열이 적당히 임기를 마쳐 다음 대선이 시작된다면, 보수진영의 가장 유력한 후보는 전남 영광 출신 이낙연일 것이다. 김대중에 의해 영입되었고, 더구나 문재인 정권의 총리 출신이 어떻게 보수로 갈 수 있냐는 질문은 윤석열로 인해 무의미해졌다. 단순히 보수의 대권 승리를 위해 어떤 카드가 가장 효과적이냐는 정치공학적 계산만 있을 뿐이다.

현재 시점에서는 한동훈이 보수의 유력 대선주자로 보일 것이다. 한동훈은 현재 586 퇴출론을 제기하며 차기 대선 여론조사에서 이재명을 앞서고 있다. 그러나 한동훈은 윤석열과 함께 양승태 대법원장, 삼성 이재용 등 문재인 정권에서의 각종 정치보복성 사건을 도맡은 실무총책임자이다. 세부적으로 따져 들어가면 윤석열보다 더 심각한 부실, 조작 수사의 책임을 지게 될 가능성이 높다. 일단 그가 앞장선 양승태, 이재용 관련 사건들부터가 모두 무죄가 나오고 있지 않은가.

더구나 박근혜 탄핵용 태블릿 조작수사 사건의 경우, 윤석열은 특검 당시 수사팀장으로서의 총괄적 책임을 져야 하는 반면, 한동훈은 장시호와 공모하여 '제2의 최순실 태블릿'을 조작한 정황이 뚜렷하여 직접적으로 법적 책임을 지게 될 공산이 크다. 현직 대통령이 아닌 한동훈은 형사소추 면책 특권도 없다. 보수진영 내에서도 벌써 정규재 전 「한국경제신문」 주필, 조갑제 전 「월간조선」 편집장, 신혜식 신의한수 대표, 이상로 MBC기자, 윤창중 전 청와대 대변인 등등이 이 문제를 공론화하고 있다. 더구나 표의 확장력조차 없어 지난 대선 당시 윤석열과 이재명의 승부처럼 살얼음판 승부가 예상된다. 역대 최약체 후보라고 할 수 있는 이재명을 상대로 또다시 힘든 싸움을 할 필요가 있겠는가. 게다가 다음 대선에서 혹시라도 이재명이 태블릿 조작수사 사건을 시비하고 나온다면?

그보다는 화끈하게 호남 출신 이낙연을 데려오는 게 더 확실한 승리를 보장한다. 일단 이낙연은 김대중에 의해 스카웃되었을 뿐 운동권 출신도 좌파도 아니다. 「동아일보」에서 논설위원, 도쿄 특파원, 국제부장까지 승승장구한 만큼, 전체적으로 보수쪽 정치성향과 비슷하다고 볼 수 있다. 즉 당장 국민의힘 당대표나 대권주자로 세워 놓아도 노선만큼은 크게 어색할 게 없다는 것이다.

전체적으로 근엄한 태도나 조용한 화법 등은 윤석열보다도 보수층에 훨씬 더 친숙할 수 있다. 윤석열이 TK에서 75%의 득표율을 얻었다면 이낙연이 그보다 덜 얻을 이유가 없다. 그리고 전남 영광 출신에, 전남도지사까지 지낸 이낙연이 윤석열이 호남에서 얻은 15%보다 덜 득표할 이유도 없다. 20%는 기본이고, 내심 30%대까지도 노려볼 것이다. 호남에서 약진하면 호남 출신들이 대거 진출해있는 서울, 경기, 인천 등 수도권에서도 득표율이 올라간다. 만약 총선 기준 3%만 올라가도 수도권에서 60여 석 이상을 뒤집을 수 있는 수치이다.

보수에서는 이탈표가 거의 없을 것이고 낡은 수구세력에 거부감을 가진 중도층, 그리고 호남, 민주당 지지층까지 공략한다면, 윤석열에 비해서도 훨씬 더 높은 경쟁력을 갖추고 있다. 그렇다면 윤석열에게도 패한 민주당의 영남후보 이재명으로선 접전을 벌여볼 기회조차 없을 수 있다.

이낙연은 호남 곳곳을 다니며 "여기 호남의 아들이 있는데, 왜 경북 안동의 후보를 호남인들이 지지합니까" 이렇게 호소하고 다닐 것이다. 노년층일수록, 농촌지역일수록 이념보다는 고향에 끌린다. 이념 자체도 나이가 들면서 보수화된다. 전남 농촌지역에서는 이낙연이 이재명을 멀리 따돌릴 것이다.

민주당이 이미 20년 이상 지속된 영남후보론을 고집할 때, 보수에서 역으로 호남후보를 영입하면 벌어지게 될 필연적인 상황이다. 민주당의 영남후보는 보수의 호남후보를 절대 이길 수 없는 것이다.

물론 이낙연이 대선 승리할 시점 때까지만 성공이다. 마치 윤석열처럼 막상 이낙연이 보수진영의 힘으로 대통령이 된다면, 결국에는 정체성 혼란에 좌충우돌하며 윤석열 스타일로 정권은 실패할 것이다. 이낙연은 질서가 있는 곳에서는 나름 능력을 발휘하지만 이런 혼란 상황을 강력한 카리스마형 리더십으로 돌파해본 경험이 없다. 윤석열처럼 보수 지지층을 묶어두려 극우로 가다가 또 자신의 호남 민주당 지지층을 확보하려 극좌로 움직이는 일을 반복하다가 국정은 산으로 가게 될 것이다. 오직 승리만을 위해 조합했기 때문에 안정적이고 발전적인 통치는 준비조차 할 수 없을 것이다. 이낙연의 승리가 뻔하지만 이낙연 정권의 실패도 뻔하다. 대한민국이 또다시 예정된 실패의 길로 가야겠는가.

목포 출신의 보수 대권후보 최대집이 있다

이낙연 보수 대권론은 윤석열 체제가 무사히 임기를 마쳤을 때를 전제로 한다. 그러나 윤석열은 이미 양평고속도로 노선 특혜 변경, 채상병 사건 수사방해 등 여러 비리 의혹 사건에 휘말려있다. 이 사건 대부분에 대해서 특검이 발의되었고, 일부는 180여 석의 찬성으로 국회에서 통과되기도 했다. 거부권 행사를 통해 가까스로 시간을 벌고 있을 뿐이다.

더구나 윤석열과 한동훈이 박근혜 국정농단 특검 시절에 조작한 '제2의 최순실 태블릿'은 「미디어워치」 차원에서 포렌식 검증까지 다 마쳐 기기 조작을 100% 확인했다. 박근혜 탄핵을 추진했던 현 민주당 이재명 지도부가 의도적으로 이들의 범죄를 은폐해주며 버티고 있을 뿐이다. 이 침묵의 카르텔을 깨버린 송영길 신당이 총선 전후 바람을 일으킨다면 자연스럽게 윤석열·한동훈의 내란 범죄는 범국민적으로 알려진다. 그리고 박근혜 탄핵무효 태극기 집회 때부터 '최순실 태블릿' 조작 문제로는 이미 학습이 된 보수진영은 윤석열의 범죄를 은폐할 길이 없다고 판단했을 때 미련없이 윤석열을 버릴 것이다. 승산이 없어 보이자 박근혜까지 버리고 승리를 위해선 윤석열까지 모셔온 게 보수진영의 습성이다. 윤석열로는 승산이 없어 보이면 그날로 내다버릴 준비가 다 되어있다.

최대집 현 정권퇴진당(가칭) 창당추진위원장(전 대한의사협회 회장)은 2017년 3월 7일 '제2의 최순실 태블릿' 조작수사를 벌인 박영수 특검팀을 비판하는 기자회견에 참석해 박영수, 윤석열의 각종 비위 문제를 폭로했었다. KBS 영상 캡쳐.

총선 전후 이런 상황이 벌어졌을 때 보수의 정치 리더는 오직 한 사람 최대집 전 의사협회 회장으로 결정이 나 있다. 박근혜에서 윤석열로 99.99%의 보수세력이 변절을 했기 때문에 변절하지 않고, 윤석열과 끝까지 맞서 싸운 보수의 정치, 사회 인물이 최대집 한 사람 밖에 없는 것이다. 최대집은 이미 '정권퇴진당'(가칭)을 창당한다고 밝히며, 다음과 같이 윤석열 퇴진을 총선 제1공약으로 내세웠다.

> 우리 정권퇴진당은 우리 시대의 시대정신은 '윤석열 정권의 완전한 조기 퇴진'에 있음을 분명히 하며, 창당하여 정치 세력화할 것을 결의한다. 우리는 정권퇴진당을 결성하고 총선과 국회를 통해 합헌적 방법으로 '윤석열 정권의 완전한 조기 퇴진'을 이루어낼 것이다.
> 정권퇴진당은 올해 4월 총선 이후 22대 국회에서 반드시 대통령 윤석열을 탄핵하여 윤석열 정권 조기 퇴진을 관철시키고자 한다. 대한민국의 정기를 바로 세우고 위기에 빠진 국가를 살리기 위한 제일의 과업이기 때문이다. 정권퇴진당은 윤석열 탄핵과 조기 퇴진이라는 국가적 절체절명의 과업 쟁취를 위한 도화선이 되고야 말 것이다.
> 국회에서 대통령 윤석열을 탄핵하고 윤석열 정권 조기 퇴진이 이루어진 이후에는 특별법과 특별사법재판소를 통하여 첫째, 윤석열 정권 비리에 대한 전방위적 수사가 이루어져야 하고 둘째, 윤석열 정권에서 새롭게 입안된 외교, 안보, 국방, 경제, 복지, 의료 정책 등 모든 정책을 전면 무효화하고 원점 재검토하여야 한다. 셋째, 혁명적 수준의 검찰 개혁을 반드시 해내야 한다. (최대집, 정권퇴진당 창당발기인대회 선언문 중)

윤석열의 탄압으로 의사들 지지 확보한 최대집

최대집은 제40대 대한의사협회 회장 출신이다. 윤석열 정권은 총선을 앞두고, 의사 정원 2천 명을 늘리는 공약을 발표하며, 사실상 의사들과의 전쟁을 선포했다. 최대집은 전직 회장 출신으로 자신의 정당을 통해 의사들의 전쟁을 지원하고자 한다.

최대집은 지난 2월 6일 성명을 통해 "우리 정권퇴진당 창당추진위원회는 이번 2,000명 의대정원 확대라는 광인의 망나니 같은 정책을 이번 4월 총선을 기점으로 윤석열 정권 조기 퇴진을 통해 전면 무효화할 것임을 천명한다"며 "정책의 전면 무효화와 책임자 처벌, 그리고 원점 재검토를 이루어 낼 것"이라고 공언했다.

그는 "윤석열 정권에서 실행되고 있는 망국적 정책은 외교안보 분야, 경제 분야, 환경 분야 등 국가 정책 전반에서 만연하며 대한민국의 생존과 번영 자체를 위협하고 있다"며 "이번 2,000명 의대정원 확대도 같은 선상에 놓여 있는 것"이라고 비판했다.

덧붙여 "뜻을 함께 하는 나라를 걱정하는 국민들, 제 사회단체, 정치세력들과 연대하여 우리 정권퇴진당 창당추진위원회는 대통령 윤석열 탄핵과 정권 조기 퇴진을 통해 국민의 생명을 위협하는 엉터리 의료정책을 전면 무효화하고 합리적이고 전문적인 대안을 원점에서 다시 모색할 것임을 분명히 밝히는 바"라고 강조했다.

너무 많은 수가 변절한 보수에서 윤석열 퇴진을 추진하는 최대집과 함께 하려는 인물은 거의 없다. 그런 상황에서 최대집 입장에서는 자신의 동료 의사들을 지원군으로 확보할 수 있는 기회를 잡은 것이다.

호남 출신 보수 아스팔트 운동가로서 최대집의 자전을 담은 책 『나는 최대집』

의사 출신 아스팔트 보수운동가 최대집

최대집은 목포에서 태어나 목포고등학교 재학 시 전교 1등을 딱 한 번 놓쳐봤다고 한다. 가장 자신하던 과목은 수학으로, 전국 수학경시대회 입상 기사도 공개되어있다. 최대집 본인의 말로는 고교 시절에 대학의 학과와 장래 직업 등을 제대로 알려주는 교사가 없어서 그냥 점수 그대로 서울대 의예과를 지원하여 합격했다고 한다.

최대집은 의대를 졸업한 뒤 의사보다는 기초의학자가 되기를 희망했고 병역은 3년간의 공중보건의사직으로 마쳤다. 이 기간 동안 최대집은 각종 다양한 독서를 하면서 점차 정치, 사회 운동에 눈을 떠간다. 나중에는 독학으로 공부한 내용들을 정리하기 위해 한양대 철학과 대학원을 입학해 석사과정까지 수료했다.

그러면서 최대집은 병원을 개업한 뒤 본격적으로 사회운동에 투신한다. 호남 출신으로 1997년 정권교체를 위해 김대중을 찍었던 최대집은 김대중의 대북정책과 의약분업정책에 반대하며 점차 보수의 길로 들어선다. 그러다 최대집은 2005년 9월 민노총의 인천 맥아더 동상 철거 시위에 맞서 육탄전을 벌이면서, 아스팔트 보수운동가로서의 활동을 본격적으로 시작한다.

> 우리가 단체 승합차로 인천 자유공원의 맥아더 장군 동상이 있는 곳으로 향하는 좁은 진입로를 막고 진을 친 지 한두 시간도 지나지 않아 30-40미터 앞까지 일단의 무리들이 몰려들었다. 그들은 집회 신고를 한 민주노총, 한총련, 전교조와 각종 친북단체들이었다. 6.25 남침전쟁에서 북한이 승리하지 못하도록 방해하여 남북통일이 되지 않은 것은 맥아더 장군 때문이며, 민족의 원수 맥아더 동상을 철거해야 한다는 것이 그들의 주장이었다. 현장으로 몰려든 이들은 5,000여 명 가량이었다.
>
> 도무지 이해할 수 없었다. 어떻게 이런 생각을 하는 사람들이 대한민국 국민들이며, 이 나라에 버젓이 살고 있단 말인가.
>
> 2005년 9월 11일, 당시 노무현 정권은 이런 국가 반역에 해당하는 만행을 저지르는 단체의 집회 신고를 받아주었다. 보호 장비와 시위 진

압 장비로 무장한 수천 명의 전경들도 인천 자유공원 곳곳에 배치되었다. (중략)

나라를 사랑하는 수많은 시민들이 피흘린 투쟁 덕분이었을까. 맥아더 장군 동상 철거 책동이 국민적 비판 여론으로 들끓었다. 그러자 이 중대 사태를 무시와 외면으로 일관했던 각종 단체들과 야당의 모 대표는 그제야 인천 자유공원을 찾아 참배를 하고 철거 난동세력들을 비판하는 등 정치적 인기나 좇아다니는 한심한 행태를 보였다. 사태를 진지하게 생각하고 당시 철거 책동세력들과 이들을 비호한 노무현 정권과 강한 투쟁을 생각하는 사람들이라면 최소한 우리들에게 인사나 위로의 말 한마디라도 했어야 했다. 변호사 선임 등 실질적인 지원은 애초에 기대하지도 않았지만. (하략) (최대집 『나는 최대집』[지우출판, 2021년] 13-14쪽, 25쪽)

최대집은 이렇게 아스팔트에서 보수운동을 시작하면서 자연스럽게 지금의 국민의힘, 즉 보수기득권 세력과도 거리를 두게 되었다. 애초에 보수기득권 세력은 아스팔트 운동가에 대한 대우 자체를 하지 않는다. 보수당의 공천을 받으려면 아스팔트 근처에도 가면 안 되고 보수당이 개최하는 국회 세미나 혹은 조중동, 종편 등에서 적당히 듣기 좋은 말만 하는 게 유리하다.

진보진영에서는 전광훈 목사 그룹을 보수진영에서 가장 위험한 세력으로 보지만, 실제 전광훈 근처에만 가도 보수당 공천은 물 건너가기 때문에 생각보다 그리 강한 세력은 아니다. 최대집도 단지 아스팔트에서 싸웠다는 이유로, 처음부터 보수당 공천 레이다에는 벗어나 있었던 것이다.

최대집의 아스팔트 투쟁 활동을 일일이 기록한다면 책 한 권으로는 부족할 것이다. 최대집이 보수운동가, 그리고 의사협회 회장으로서 특히 민노총과 싸운 주요 활동상만 본인이 직접 밝힌 바 그대로 여기 옮겨둔다.

1) 맥아더 장군 동상 파괴 책동에 주도적으로 참여한 민노총과 2005년 9월, 인천자유공원에서 육탄전

2005년 9월 11일, 맥아더 장군이 북한에 의한 6.25 남침 전쟁을 저지시켜 북한에 의한 한반도 통일을 방해했다며 맥아더 장군 동상 철거 책동을 당시 민노총, 한총련 등이 주도가 되어 5,000명의 인원을 동원, 불법 집회를 벌였고 이들을 저지하기 위해 인천 자유공원 진입로에서 이들과 육탄전을 벌리며 싸웠습니다.

2) 2005년 12월, 평택역 인근과 평택 대추리 인근의 평택 미군기지 반대와 미군 철수 주장 등 반미친북 현수막 수거, 소각

반국가적 선전물들인 주한미군 철수를 주장하는 민노총 등이 게시한 현수막 등을 평택역 주변과 평택 대추리 인근에서 수십 점 수거하여 2005년 12월 11일 집회 현장에서 대검으로 찢고 완전 소각하였습니다. 이는 수개월전 공권력이 철거했어야 할 불법 현수막과 구조물이었음에도 불구하고 민노총 등을 두려워한 평택시, 경찰 등 공권력이 방치하고 있는 상황이었습니다.

3) 2006년 5월, 북한 혁명열사릉 참배한 민노총 간부 등 50명 국가보안법 위반 혐의로 검찰에 고발

2006년 5월 북한을 방문, 혁명열사릉을 참배한 민주노총 진경호 통일위원장(현재 민노총 전국택배노조 위원장), 최은민 여성부위원장, 이시욱 금속노조연맹 통일위원장, 이수미 등 4인과 함께 묵념 및 참배한 50명을 서울중앙지검에 고발하였습니다. 이들은 통일부 공무원들의 만류에도 불구하고 참배를 강행하였고 제가 대표로 있던 자유개척청년단은 이들이 대한민국의 존립과 안전을 위태롭게 한다는 정(情)을 알면서도 참배 행위를 한 것이므로 국가보안법 제7조 제1항 고무찬양의 죄를 범했다고 판단, 검찰에 고발한 것입니다. 고발 이후 북한 혁명열사릉, 애국열사릉 등 집단적 참배 행위의 사례가 크게 줄어 들었습니다.

4) 2006년 11월, 일심회 간첩단 사건에 연루된 민주노동당 화형식

2006년 10월 국가정보원은 민노총이 주도하여 창당된 정당인 민주노동당(이하 민노당) 일부 전현직 간부들이 연루된 일심회 간첩단 사건을 발표하였고 이에 우리는 민노당 당사 앞에서 긴급 기자회견을 개최하여 첫째, 민노당 해산 국민청원운동을 결의하였고 둘째, 민노당 즉각 자진 해산을 촉구하면서 민노당 당기와 인공기를 불태웠고 '간첩노동당'이란 현판을 만들어 가서 민노당 당사 정문 앞에서 화형식을 개최하였습니다. 이후 민노당 지도부에 항의 방문을 위해 면담을 요청하였으나 이들은 끝내 경찰 몇 개 중대를 부르고 문을 걸어 잠근 채 나오지 않았습니다.

5) 2019년 11월, 민노총 산하 분당서울대병원 노조 고발

2019년 11월 14일 저는 대한의사협회 회장으로서 민주노총 공공연대 노조 분당서울대병원 분회 책임자와 노조원을 검찰에 고발했습니다. 분당서울대병원 노조가 파업을 진행하는 과정에서 환자 진료에 방해를 일으키는 지속적인 시설 점거, 환자들에게 욕설 등의 피해를 입힌 사실 등에 대해 폭행 및 업무방해죄로 검찰에 고발한 것입니다. 저는 당시 대한의사협회 회장으로서 의협 전 산하단체와 전 병원에 공문을 발송해 민노총 소속 일부병원 노조들의 각종 폭력행위, 불법 행위들에 대한 사례를 수집해 정부 당국에 처벌과 예방조치를 요구하는 한편 심각한 불법행위들은 직접 고발해 민노총의 불법적 행위들을 발본색원할 것임을 천명하였습니다.

보수인사로서 안중근 의사를 참배하는 최대집

2000년대초부터의 보수운동가로서 최대집의 선구적 경력은 보수진영 그 누구라도 쉽게 폄훼할 수 없을 정도다. 다만 최대집은 보수진영에서 한창 유행이었던 뉴라이트 노선도 따라가지 않았다. 뉴라이트가 야기하는 불필요하고 비상식적인 친일-반일 논란에 눈살을 찌푸리면서, 최대집은 큰 활동을 시작할 때마다 안중근 의사를 참배한다. 대한의사협회 회장직 임기를 마치고 다시 보수운동가로 활동을 선언한 최대집이 처음 찾은 곳도 안중근 동상 앞이었다.

[안중근 의사 동상에 참배]
오늘은 장기정 실장을 비롯한 동지들과 함께 남산 안중근의사기념관에 있는 안중근 의사 동상 참배 행사를 가졌습니다.
국정 파탄, 민생 도탄의 문재인 정권을 철저하게 종식시키기 위한 범국민적, 전국적 총력투쟁을 기획하고 실행함에 있어 안중근 의사의 사상과 행동을 상기하기 위해 찾은 것입니다. 20년이 넘는 기간 동안, 대한민국을 위한, 우리 국민을 위한 애국운동에 임함에 있어 중요한 순간마다 안중근 의사 동상을 찾아 참배하고 이를 고하여 왔습니다.
현장에서 안중근 의사 동상에 묵념한 후, 세 가지 사항을 국민들께 말씀드렸습니다.
첫째, 안중근 의사가 이토 히로부미를 저격하던 그 심정과 각오로 문재인 정권을 완전하고 철저하게 종식시키는 전국적 총력 투쟁을 결연하게 단행할 것입니다.
둘째, 민생과 자유민주주의를 위한 정치사회적 운동, 정치 투쟁에 있어 장기적 관점의 중요성입니다. 안중근 의사가 옥중에서 쓴 자서전, 안응칠 역사에서 말한 바,
'우리가 소원하는 바를 이루기 위해서 한 번에 안 되면 두 번, 열 번, 백 번을 행하고, 일년에 안 되면 이년, 십년, 백년이 가도 이루어낼 것이며 우리 대에서 안 되면 아들 대, 손자 대에서 반드시 성취해낼 것이다' 이 대목을 인용, 강조하였습니다.
자유민주주의와 민생을 위한 정치사회적 투쟁은 단기적 관점으로 임해서는 절대로 성과를 낼 수 없고, 장기적 관점을 지니고 조직 결성, 사상 연구, 국민 교육, 정책 개발, 중단없는 투쟁에 나서야 할 것입니다.
셋째, 민생과 자유민주주의를 위한 범국민적 투쟁을 위해 2005년 자유개척청년단 창립 이래, 16년 만에 국민운동단체인 '민생민주 국민

전선'을 결성하고자 합니다. 조만간 발기인 대회, 창립 대회를 가지고 범국민적 투쟁체의 구심점이 되도록 할 것입니다. 향후 온라인, 오프라인을 통한 전투적인 회원 모집에 박차를 가할 것인 바, 힘찬 동참을 촉구합니다.

2021.5.3.
나라사랑 뜨거운 가슴으로
최대집

윤석열 취임 열흘 뒤, 곧바로 윤석열 퇴진 집회를 시작한 최대집

조작, 날조 수사로 박근혜 탄핵을 주도한 윤석열을 보수 대통령으로 인정할 수 없는 최대집은 지난 대선에서 자신도 대선출마를 선언했었다.

최대집은 선관위 대통령 예비후보 등록을 앞두고 2021년 7월 8일 "국가 대수술을 단행하겠다"며 서울 중구 상연재 별관에서 대선 출마 기자회견을 가졌다. 이 자리에서 그는 "대한민국이 앓고 있는 심각한 경제 자유의 억압, 위중한 국가 안보, 과중한 세금과 준조세, 나날이 비대해지는 공공 부문, 맹목적 평등주의에 경도된 교육 등 중병을 치료하지 않으면 안 된다"고 말했다.

당시 최대집은 "국가방역 대책의 전환이 필요한 시점에 정부와 여당에서 적임자는 보이지 않는다"며 "야당인 국민의힘도 총선 당시 의

사출신 비례의원을 한 명도 만들지 않았다는 점에서 이 사안에 관심이 없어 보인다"고 위기감을 토로했다.

이어 "차기 정권이 담당할 가장 시급하고 중요한 국가적 과제는 코로나 극복"이라고 하면서 "대선 후보 중에서 이러한 과제를 제대로 수행할 최적임자는 저 최대집"이라고 단언했다. 그는 코로나 상황을 안정적으로 관리하며 국민의 경제활동을 정상화하고, 사유 재산권을 침해하는 각종 세금을 폐지하겠다는 공약을 내놨다. 한미동맹 관계, 일본과의 우호 협력 관계도 되살리겠다고도 그는 밝혔다.

하지만, 보수우파 인사 절대 다수가 윤석열 쪽으로 변절하자 결국 최대집은 본선거 후보 등록은 포기하게 된다. 그러면서 그는 "윤석열이나 이재명이나 그 누가 당선되든 곧바로 정권 퇴진운동을 시작할 것"이라고 공언했다.

실제로 최대집은 윤석열이 취임한 지 약 열흘이 지난 2022년 5월 21일 광화문에서 윤석열 퇴진 집회를 열어 "(박근혜 대통령을 탄핵시킨) 검찰조작의 핵심이 바로 지금 대통령이 된 윤석열, 그리고 그 '똘마니' 한동훈"이라며 "한동훈이 이번에 법무부 장관이 되어 증권범죄합동수사단을 만들겠다고 하는걸 다들 칭송하는데, 원칙대로라면 한동훈은 김건희 도이치모터스 주가조작 사건부터 철저하게 수사해야 맞는 것 아니냐"고 반문했다. 이어 그는 "김건희 도이치모터스 주가조작 사건은 무슨 의혹도 아니고 검찰 공소장 범죄일람표에 그대로 명시돼 있는 문제"라고 강조했다.

집회 현장에서 최대집은 “윤석열 정권을 최대한 빠른 시간 내에 합법적으로 합헌적으로 교체해내지 않으면 안 되는 또다른 이유가 바로 청와대 파괴, 용산 집무실 이전”이라면서 “대통령이 집착해야 하는 것은 민생 문제 해결 같은 것인데도 윤석열은 무슨 무당, 주술사 말을 듣고 집무실, 공관 옮기는 일에나 몰두했고 사실 그게 인수위 시절에 한 일의 전부”라며 목소리를 높이기도 했다.

특히 최대집은 “죄없는 무고한 이를 죄인으로 만드는 조작수사 검사는 그저 나쁜 검사라고 할 수 있는 수준이 아니라 연쇄살인마 유영철보다 더 나쁜 범죄자”라며 “법치주의를 무너뜨리고 법치주의를 부정한 이는 선거로 대통령이 됐다고 하더라도 정통성을 인정해줄 수 없다”고 단언해 많은 박수를 받았다.

최대집은 “윤석열이 개입된 태블릿의 진실, 그리고 탄핵 과정에서의 조작수사, 문재인 정권에서의 적폐 청산 수사, 이런 대학살극, 법치파괴 문제에 대해서 하나하나 사실관계, 증거를 따져서 반드시 정의를 바로 세워야 한다”고 거듭 강조했다.

최대집이 국회 입성하면 바로 보수 대권주자로 올라설 것

최대집의 ‘정권퇴진당’은 송영길의 ‘검찰해체당’과 입장과 노선이 거의 유사하다. 송영길이 범민주진영에서 윤석열 퇴진을 추진한다면 최대집은 보수진영에서 이를 동시에 추진하겠다는 것이다. 현재까지는 윤석열 퇴진과 관련 범민주진영의 세력이 압도적으로 크다. 그러나 보수진영도 박근혜 탄핵무효 운동을 해왔기 때문에 태블릿 조작수사 이슈가 터지고 이를 도저히 덮을 수 없다고 판단하면 언제든 윤석열을 내버릴 수 있다.

즉 범민주진영이 이재명의 리더십 부족으로 200석을 확보하지 못하더라도, 만약 최대집 한 사람이라도 국회에 입성하는 순간, 보수진영을 설득해 언제라도 수십 여 석을 이탈시켜 윤석열 퇴진을 준비할 수 있는 것이다. 박근혜 탄핵 때 김무성이 60여 석을 찬성으로 이탈시키며 탄핵을 성공시킨 것과 비슷한 맥락이다.

현재 최대집이 국회에 입성할 수 있는 길은 '정권퇴진당'이 최소 3% 이상 득표하여 비례대표로 당선되는 것이다. 윤석열이 "아주 싫다"고 하는 비토층 60%의 국민에서 약 5% 정도 보수층이 존재한다. 이 표심을 공략하는 것이다. 다른 방법은 송영길 신당 등 다른 윤석열 퇴진 정당과 함께 비례 플랫폼 정당을 구성하는 것이다. 만약 이렇게 좌우의 시너지가 날 수 있다면, 최대집의 국회 입성 가능성은 더 높아지고 윤석열 퇴진의 가능성도 더 높아진다. 그리고 윤석열이 퇴진하면 앞서 언급한 대로 변절하지 않은 보수의 유일한 정치, 사회 활동가로서 경쟁없이 대권주자로 올라설 것이다.

2023년 7월 15일, 한동훈의 타워팰리스 자택 앞에서 태블릿 조작수사 자백을 촉구하는 집회에 참여한 필자와 최대집.

호남 대권후보 최대집이야말로 보수진영 최강의 카드

앞서 보수진영에서 이낙연을 내세웠을 때, 민주당의 영남후보 이재명으로는 감당이 어려울 것이라고 분석했다. 그런데 만약 최대집이라면? 최대집은 호남 출신이지만 이낙연과 달리 보수의 정통성을 갖춘 인물이다. 보수는 더 강력히 결집할 것이고, 호남의 표도 더 자신있게 공략할테니, 이낙연보다 더 강력한 후보가 아닌가.

그러나 최대집이 집권을 하려면 더 큰 과제부터 풀어야 한다. 집단변절로 인해 원칙부터 명분까지 모두 상실한 보수진영의 재건이다. 진영 자체를 재건하지 않고 썩어빠진 몸과 머리 그 상태로 집권해봐야 윤석열에 이어 또다시 실패한 정권이 될 것이다. 현재 보수진영에서 변절자들, 기회주의자들, 부패 기득권 세력들을 다 제외하면, 집권해봤자 정상적인 내각을 꾸리기조차 쉽지 않다. 최소 3년 이상 시간을 갖고 물갈이를 할 신진세력부터 키워야 한다.

최대집이 보수의 대권주자가 되었다는 것은, 윤석열은 박근혜, 태블릿 등과 관련한 조작수사 문제로 인해 이미 실각이 되었다는 것을 의미한다. 이 상황에서도 만약 민주당의 대권후보가 이재명이라면 최대집은 범보수진영의 이재명에 대한 부정을 넘어 혐오정서까지 고려해서 현 상태의 보수진영이라도 어떻게든 이끌고 대선에서 싸워야 할 것이다. 반면, 만약 윤석열 퇴진을 위해 힘을 합쳐 싸워왔고, 외교안보나 경제에서 우려할 정도의 좌클릭 노선이 아닌 송영길이 나선다면? 최대집 입장에서는 무리하게 기존의 썩은 보수와 손잡고 대선에 올인하는 것보다는 한 텀을 쉬면서 보수진영의 재건에 방점을 찍을 가능성이 높다.

민주당과 호남이 호남후보 송영길을 내세우고, 만약 최대집이 대선판에서 빠진다면? 보수에서는 송영길과 맞서 이길만한 다른 후보가 존재할 수 없다. 애초에 윤석열 퇴진 이후라면 보수에서 최대집이 경쟁없이 대권주자가 될 것이라 분석한 것과 같은 맥락이다. 윤석열 정권에 부역한 변절자들은, 윤석열과 함께 감옥을 가든지 영원히 정계은퇴를 해야 할 것이다. 오세훈, 원희룡 등에게는 기회조차 없다.

마지막 남은 인물들이 유승민, 이준석 등등이다. 그러나 유승민, 이준석은 바로 윤석열의 조작수사만 믿고서 박근혜 탄핵을 밀어붙인, 다른 측면에서의 대역죄인들이다. 보수진영 대권후보로서의 최대집은 앞서 탄핵을 반대하고 필자와 「미디어워치」를 음으로 양으로 도우면서 8년 이상 윤석열의 조작수사를 파헤쳐왔다. 그리고 강력한 좌우연대 투쟁으로 윤석열을 퇴출시키는 데도 성공한 인물이다. 윤석열과 박근혜 탄핵 공범들인 유승민, 이준석 등이 최대집과 대선후보 토론을 한다면 과연 눈이라도 제대로 마주칠 수 있을까?

만약 송영길이 진보진영의 대선주자로 나서면 보수진영에서는 최대집이 판을 정리하며 보수정당이 윤석열을 대통령으로 배출한 책임을 물으면서 대권후보를 무공천으로 정리할 가능성도 높다. 송영길은 사실상 자동당선이다.

민주당과 호남은 호남의 대권후보 송영길을 자신있게 국민 앞에 소개하라

즉 민주당과 호남에서 윤석열을 퇴진시키며 호남후보 송영길을 출마시키면, 그 다음 대선은 100% 승리가 보장되는 것이다. 최대집은 72년생, 송영길은 63년생으로 9살 차이다. 라이벌이 되기에는 나이 차가 있다. 최대집은 송영길 집권 이후에 대선을 준비해도 여전히 50대일 것이다. 그때의 최대집은 범보수진영을 완벽히 개혁, 재건해낸 최대집일 것이고, 아마 그때가 보수역사상 가장 강력한 호남후보가 준비되는 것이다.

그러나 보수의 호남후보 최대집은 진보의 영남후보 노무현과 같이 특수한 사례로 봐야 한다. 어찌보면 최근 20여년 동안 영남후보에 경도된 민주당이 워낙 좌클릭을 하다보니 최대집이 보수진영으로 넘어간 것일 수도 있다. 보수에서 최대집이 대권후보가 된다는 것은, 이낙연 사례와 같이 호남 공략을 위한 전략 전술이 아니라, 보수에서 호남 출신 최대집보다 더 적합하고 강력한 여타 지역의 대권후보가 없기 때문이다.

가장 이상적인 것은 보수진영과 진보진영 간 상호 소통과 토론을 지속하면서 공통점은 늘리고 차이점을 줄여가며 간극을 좁히는 것이다. 그러면 자연스럽게 영호남 간의 간극도 좁혀질 것이다. 상대 지역 후보를 데려와서 상대 진영을 공략하는 따위의 전략 전술을 머리에 떠올릴 필요조차 없다. 호남에선 호남 인물을, 영남에선 영남 인물을 각자 내세워 장점을 제시하고 상생적 경쟁을 하면 되는 것이다.

애향심을 통해 정치가 복원되면 중장기적으로는 이념과 지역 간 격차가 점점 좁혀지며 애국심을 바탕으로 한 여야 간 협치도 이루어질 것이다. 마침 송영길과 최대집은 1년 이상 촛불과 태극기를 들고 좌우 연대를 통한 윤석열 퇴진 운동을 함께 하면서 이미 상대 진영과 소통하는 법도 익혔다.

이런 애향심, 애국심의 정치를 위한 첫 단추로 민주당과 호남에서부터 호남 대통령 후보 송영길을 전 국민 앞에 자신 있게 소개해보라고 권한다.

〈부록 1〉

미국과 서방 세계가 한국의 태블릿 조작수사 사건에 관심을 가져야 하는 이유

본 부록 내용은, 이 책의 저자 변희재가 '미국과 서방 세계가 한국의 태블릿 조작수사 사건에 대해서 관심을 가져야 하는 이유'라는 주제로 쓴 글을 임마뉴엘 페스트라이쉬(Emanuel Pastreich) 박사가 자신의 블로그 '서클즈앤드스퀘어즈(Circles and Squares)'에 2023년 1월 23일 영문으로 편집 게재한 것을 다시 국문으로 번역한 것이다. 하버드대학 출신의 동아시아 문제 석학인 페스트라이쉬 박사는 한국 이름 '이만열'로도 잘 알려져 있으며, 『한국인만 모르는 다른 대한민국』(21세기북스)의 저자로도 유명하다. 경희대 교수 등을 거쳐 현재 아시아인스티튜트(Asia Institute) 소장으로 있는 페스트라이쉬 박사는 정치적 입장으로는 좌파 쪽에 속해 있으며 미국 녹색당 대통령 후보 경선에도 도전하는 등 미국과 일본에서 활발한 공적 활동을 벌이고 있다.

[부록]

동아시아를 재앙으로 이끌고 있는 한국 윤석열 대통령의 상습적 범죄

- 박근혜 탄핵에 사용된 태블릿PC 조작이 어떻게 '제도적 암'으로 자라나게 되었나 -

현재 한국 정부는 상식적으로 이해할 수 없는 형태의 외교안보적 자살 행위를 하고 있다.

좌파와 우파를 막론하고 한국의 역대 대통령들은, 중국과 러시아를 소외시킨다든지 또는 북한과의 전쟁을 부추긴다든지 하는, 미국의 갈수록 혼란스러운 지시를 그저 맹목적으로 좇는 일은 한국 외교에 있어서 치명적이라는 것을 잘 알고 있었다. 하지만 윤석열 대통령은 전후 한국의 어떤 대통령들과도, 어쩌면 한국 역사상 어떤 정치인들과도 다르다.

경제를 파괴할 수도 있는 중국과의 전쟁에 한국을 끌어들이는 일, 또 한국의 주권을 훼손할 수 있는 방식의 미사일방어(MD)로서 북한에 대한 통합적 대응을 꾀하는 일, 그리고 지난 30년 동안 전례가 없는 수준으로 국내의 좌우 반대파를 괴롭히는 일 등에서 윤석열 대통령은 그야말로 독보성을 드러내고 있다.

저자 변희재가 2023년 12월경 투고한 이 글의 영문 글 제목은 South Korean President Yoon's criminality as a habit in policy leads East Asia towards catastrophe 이며, 부제는 How institutional cancer grew out of the fabrication of the tablet PC used to impeach Park Geun-hye 이다.

문제는, 윤석열 대통령은 단지 외교가나 정치인이 아니라 속임수와 기만을 통해 정상에 오른 범죄자라는 점이며, 이제 그 가면이 벗겨져서 사기극의 전모가 드러나게 됐다는 것이다.

이번에 미국 샌프란시스코에서 열린 제30차 아시아태평양경제협력체(APEC·아펙) 정상회의에서 윤석열 대통령은 중국의 시진핑 주석과도, 또 미국의 바이든 대통령과도 양자회담을 하지 못했다. 같은 친미보수 노선의 박근혜 대통령이 과거에 시진핑 주석으로부터 극진한 예우를 받은 것을 감안하면 심각한 수준이다. **[1]**

윤석열 대통령은 이명박, 박근혜 등 앞서 다른 친미보수 노선의 대통령과 비교하더라도 유별날 정도로 한미일 동맹을 강조하고 있다. 더 나아가 중국은 물론이거니와 러시아도 직접 공격하는 발언까지 불사하면서 동북아를 '한미일 Vs 북중러' 냉전구도로 회귀시키고 있다.

윤석열은 2022년 4월 19일 로이터통신과의 인터뷰에서 "우리는 국제사회와 함께 힘에 의한 현상 변경을 절대 반대한다", "(양안 문제는) 단순히 중국과 대만만의 문제가 아니고 남북한 간의 문제처럼 역내를 넘어서서 전 세계적인 문제"라고 하면서 급작스럽게 '양안 문제'를 끄집어내면서 중국을 상대로 도발을 하고 나섰다. **[2]**

중국 입장에서 '양안 문제'를 한국과 북한 문제처럼 세계적 이슈로 만든다는 것은 절대 받아들일 수 없는 일이다. 그래서 중국의 친강 중국 외교부장은 이틀후인 21일에 "양안 문제에서 불장난을 하는 자는 반드시 스스로 불에 타 죽을 것"라며 크게 반발을 하기도 했다. **[3]**

윤석열 대통령은 집권 이전에는 아무런 소신을 밝혀본 적이 없는 '양안 문제'와 관련 매우 강한 '반중'적인 메시지를 내기 시작했다. 배경과 역사가 아리송한 그의 '반중', '반러' 행보를 이해하려면, 그의 집권 과정을 되짚어보는, 한국 내정 문제에 대한 일정한 이해가 필요하다. 사진은 관련 한국의 주요 방송사 MBC의 보도.

하지만 '양안 문제'로 대만 편을 들며 파격적인 발언을 하고 나선 윤석열 정권이 그렇다고 대만과 그 어떤 긴밀한 협조를 하고 있는 것도 아니다. 오히려 대만 측은 사전에 어떤 치밀한 계획과 협의도 없이 제3국인 한국이 '양안 문제'를 갑자기 내세우며 중국에 도발을 감행하는 것을 불편해 하고 있다고 봐야 할 것이다. 윤석열은 국내적으로 한미일 동맹을 보수층에 강조하기 위해서 '양안 문제'도 이용하고 있을 뿐이다.

이런 윤석열은 그간 중국보다도 한국에 더 우호적이었던 나라인 러시아와의 관계도 깨뜨리고 있다. 현재 러시아와 전쟁을 하고 있는 우크라이나를 돕는다는 명목으로 우크라이나 측에 급작스레 무기 지원을 시사하고 나선 것이다. 결국 참다 못한 러시아는 고립돼 있던 북한 김정은까지 불러들이며 사실상 한국에 대한 외교안보적 보복에 나섰다. 윤석열은 이를 또다시 '직접적 도발'로 규정했고, 이후 수시로 사실상 전쟁도 불사하겠다는 식의 발언을 하면서 동북아의 긴장감을 높이고 있다. [4] [5]

물론, 한미일 동맹은 한국 보수진영의 기본 원칙이기는 하다. 그러나 한미일 동맹을 한다고 해서 한국이 불필요하게 중국은 물론 러시아에까지 각을 세워서는 곤란하다. 특히 한국은 북핵 위기 해결을 위해선 중국과 러시아의 협조를 구해야 하는 처지가 아닌가. 그럼에도 불구하고 윤석열은 오히려 중국, 러시아, 북한을 더 뭉치게 만들면서 동북아의 긴장을 높이는 외교를 하고 있는 것이다.

윤석열이 동북아 외교안보 질서를 흔드는 것은 그의 치명적 과거 범죄 문제 때문

그렇다면 윤석열이 이토록 동북아의 외교안보 질서를 위험에 빠뜨리고 있는 이유가 무엇일까. 그것은 일단 그가 태생적으로 보수의 정체성을 갖고 있지 않은 인물이기 때문이다.

직업검사 출신인 윤석열이 한국 정계에 처음으로 주목을 받은 때는 2013년 박근혜 정권 초기 국가정보원의 대선개입 스캔들에 대한 수사 때였다. 이 스캔들은 국정원이 2012년 대선 당시 인터넷 댓글로 박근혜 당선을 도왔다는 스캔들로, 당시 윤석열 검사는 박근혜 정권 초기에 국정원에 대해서 과도한 수사를 밀어붙이며 박근혜 정권의 정통성을 공격했고 이에 한국의 진보파 민주당 세력의 눈에 띄게 된다.

박근혜 정권의 눈 밖에 났던 윤석열은 한직을 전전하다가 박근혜 정권의 힘이 크게 빠지자 2016년 박근혜 탄핵을 위한 특검에서 수사팀장으로 발탁됐다. 결국 윤석열은 이 수사를 통해 박근혜를 뇌물죄로 엮어 구속을 시키고 30년형을 구형, 진보파 입장에서는 보수파를 몰락시키는 데 1등 공신이 된다.

이후 윤석열은 문재인 정권에서 검찰의 핵심 요직인 서울중앙지검장으로 초고속으로 승진했고, 박근혜 전 대통령의 전임자인 또다른 보수파 이명박 전 대통령은 물론이거니와, 양승태 전 대법원장 등 주요 보수인사 200여 명을 구속시키며 당시 진보파 대통령인 문재인의 신임을 크게 받게 된다. 그리고 검사들의 수장인 검찰총장으로까지 승진한다. **[6]**

그러나 윤석열은 검찰총장이 되자마자 문재인 정권의 차기 대권주자로 손꼽히던 조국 법무부 장관까지 수사하면서 민주당 지지층과 갈등을 겪기 시작한다. 그러면서 그 길로 1~2년 동안 차근차근 보수로 전향, 결국 보수의 지지를 얻어내어 대통령에 등극하게 되었다.

즉 윤석열은 애초에는 진보파 쪽에 서서 보수파를 구속시키면서 출세가도를 달렸던 이인데, 2022년 대선을 앞두고 갑작스럽게 보수파 쪽에 가담하면서 정체성에 혼란이 야기된 것이다. 정권이 교체된 이후에 현재 윤석열 정권의 검찰은 진보파 야당인 더불어민주당의 이재명 대표를 근 2년여째 뇌물죄 의혹으로 몰아세우고 있는데, 윤석열 본인이 과거 검찰을 이끌며 2018년도까지만 해도 보수파 거두들을 숱하게 구속시켜왔던 것을 상기해보면 참으로 격세지감이 아닐 수 없다. [7]

하지만, 더욱 근본적으로, 윤석열이라는 인물은 일찍이 보수파 박근혜 대통령을 탄핵으로 이끌어 낸 수사를 벌일 때부터 심각한 조작수사 논란에 휩싸였던 인물임을 알아둘 필요가 있다.

2016년말 한국의 주요 방송사인 JTBC는 대통령의 막역한 지인으로 알려진 민간인인 최순실 씨(본명은 '최서원'이다)가 각종 국정 기밀 정보를 받아봤다는 증거로 한 태블릿 기기를 내세우며 보도를 했고, 보도와 함께 해당 태블릿 기기를 곧바로 검찰에 제출했다. 검찰은 JTBC의 그런 보도를 '사실'로 추인했다. 국민들은 이를 대통령이 자신의 권력을 민간인에게 자의적으로 넘긴 일로 인식했고, 박근혜는 대통령으로서의 근본적 자질 논란에 휩싸이게 된다. 실제로 박 대통령은 문제의 태블릿이 등장한 이후로 한달여만에 탄핵 소추를 당했고 이후 넉달만에 대통령 자리에서 물러나야만 했다. [8]

윤석열 대통령과 한동훈 법무부 장관은 각각 서울중앙지검 지검장과 3차장 시절인 2017년(문재인 정권때) 국회 국정감사에서 '최순실 태블릿'이 검찰 수사 결과 실제로 최순실 씨의 것이라고 명확히 발언했다. 사진은 관련 한국의 주요 방송사 JTBC의 보도.

그러나, 당시부터 이미 JTBC 보도와 검찰 수사의 진실성에 의문을 품었던 필자는 관련해 1년간의 감옥살이와 수년 여 동안 재판을 받는 등 난관을 뚫어가며 이 사건의 진상을 조사해나갔으며, 결국 JTBC와 검찰이 청와대 공무원의 태블릿을 입수한 뒤 이를 민간인 최서원의 것으로 둔갑시키는 조작보도와 조작수사를 했었다는 결정적 증거를 확보할 수 있었다. JTBC와 검찰은 당연히 청와대 국정 기밀 문서가 저장되어 있을 수 밖에 없는 기기를 이용해서 마치 민간인이 대통령으로부터 각종 기밀을 넘겨 받아온 것처럼 '의사사건(pseudo-event)'을 만들어냈던 것이다. [9]

분명히 얘기해두지만, 현 한국 대통령 윤석열이야말로 바로 2016년말 2017년초 당시 JTBC와 검찰이 공모하여 저지른 '대통령 탄핵용 태블릿 조작수사 사건', 곧 내란음모성 범죄에서의 핵심 키맨이다.

이 사건의 진상을 규명하기 위해서 필자는 물론이고 피해자 중 한 사람인 최순실 등은 지난 수년 여 동안 20여 건에 가까운 민형사 소송을 제기함으로써 윤석열을 압박해왔다. 최근에 최순실은 민사소송을 통해서 당시 윤석열이 수사했던 태블릿 관련 수사 내용들이 상당수 거짓이란 점을 법원으로부터 결국 인정받았다.

필자 자신이 제기한 여러 소송, 그리고 최순실이 제기한 소송을 법률적으로 재정적으로 지원함으로써 태블릿 조작수사의 각종 증거를 확보할 수 있었던 필자는, 이를 통해서 결국 한국의 권력자 전담 공소제기기관인 고위공직자범죄수사처(공수처)에 윤석열 현 대통령과 태블릿 관련 수사 당시 2인자로서 그의 공범인 한동훈 현 법무부 장관까지 고발할 수 있었으며 실제 공수처는 올해(2023년) 11월부터 수사에 착수했다.

필자가 부당한 감옥살이를 하게 된 이유가 애초 윤석열과 한동훈의 태블릿 조작수사 때문이었기에, 필자는 얼마전에 윤석열과 한동훈을 상대로 손해배상 민사소송도 제기, 현재 재판이 진행 중이다. **[10] [11] [12]**

이렇게 과거 자신의 조작수사 범죄가 공식화되어 드러날 위기에 처한 윤석열이 벌이고 있는 일이 무엇인가. 그것이 바로 현재 자신의 유일한 지지 기반인 보수층을 확고히 다잡기 위한 무차별적 강경 보수

노선으로 회귀인 것이다. 윤석열은 한국의 국익에 노골적으로 반하는 극단적 외교정책을 펼치고 있고, 이는 동북아 외교안보 질서가 자칫하면 현 한국 대통령의 치명적 과거 범죄 문제로 인해 무너지게 될 수 있다는 것을 의미한다.

윤석열 대통령의 태생적 성향은, 정책 준비나 실무진 회의, 커피나 차를 마시면서 진지하게 한국이 나아가야 할 방향에 대해서 토론 등을 하는 노력이 아니라, 결국 모두를 속이고 상대를 매수하거나 겁이나 주는 꼼수를 생각해내는 데 있다.

윤석열이라는 범죄적 정치인의 쑈가 동북아를 당장의 긴장 수준을 넘어 심각한 위기 수준으로 악화시킬 수 있는 것이며, 윤석열은 이를 자신의 권위를 세울 기회로 여길 것이다. 대한민국의 미래는, 장기적인 전략이라는 게 없는 그와 그의 충성스러운 추종자들에게는 그다지 중요하지 않다.

옛 군사정권 시절처럼 언론인을 감옥에 보내려고 하는 윤석열 정권

윤석열은 국내적으로 혹시라도 언론이 자신의 치명적 과거 범죄 의혹을 보도할까봐 온갖 언론 탄압은 다 하고 있다. 윤석열은 집권 초기부터 대한민국의 양대 공영언론인 KBS와 MBC 경영진을 갈아치우려 시도해왔고 실제로 KBS에 대해서는 결국 이를 실현하는 데 성공했다. 또한 자신에 대한 비판보도를 해온 진보파 언론들인 뉴탐사, 뉴스타파, 경향신문 등에 대해서도 수시로 구속시도, 압수수색을 벌이고 있는 실정이다. **[13] [14]**

윤석열의 이런 탄압 때문에 한국 언론은 그의 태블릿 조작수사 범죄만큼은 좀체 다루지 못하고 있다. 다행스럽게도, 올해 여름과 가을에 일본의 보수 언론 「재팬포워드(JAPAN Forward)」와 「겟칸하나다(月刊Hanada)」, 「슈칸포스트(週刊ポスト)」, 그리고 홍콩의 주요 언론인 「아주주간(亞洲週刊)」이 윤석열의 태블릿 조작수사 문제를 추적해온 필자의 사연을 크게 다뤄주었다. 하지만 안타깝게도 한국 언론은 이들 해외 언론을 인용하는 형식으로도 윤석열의 가장 치명적인 과거 범죄 문제를 거론하지 못했다. 윤 정권은 정작 해당 해외 언론에 대해서는 항의 한번 하지 못했음에도 불구하고 말이다.

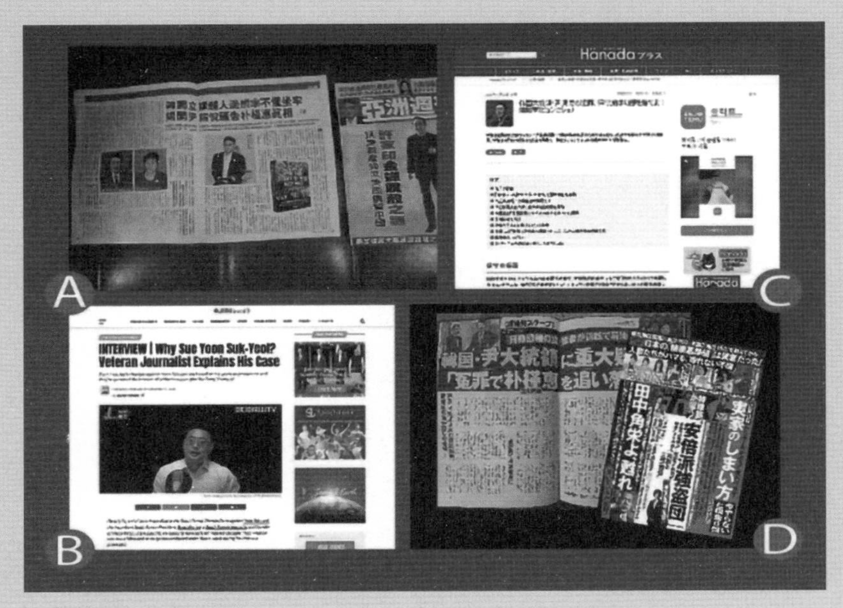

(A) 홍콩의 유력 주간지 '아주주간(亞洲週刊)'(2023/10/9-10/15)이 커버스토리로 태블릿 조작수사 문제와 관련 변희재의 인터뷰를 게재했다. (B) 일본의 유력 영자지 '재팬포워드(JAPAN Forward)'가 2023년 9월 11일자로 태블릿 조작수사 문제 변희재의 인터뷰를 게재했다. 9월달에 가장 많이 본 기사 1위로 등극했다. (C) 일본의 유력 월간지 '겟칸하나다(月刊Hanada)'가 온라인판 2023년 11월 2일자로 태블릿 조작수사 문제 변희재의 기고문을 게재했다.(D) 매주 30만 부를 발행하는 일본의 대표적 시사주간지 '슈칸포스트(週刊ポスト)'가 2023년 12월 22일호에서 한국 현지 취재 특종보도로 윤석열의 태블릿 조작수사 문제를 다뤘다.

대한민국은 미국의 동아시아 전략의 핵심 파트너이다. 당연히 미국과 동맹국으로 함께 손을 잡고 가야 한다. 하지만, 윤석열은 자신의 정체성 혼란 문제와 과거 범죄 문제를 은폐하고서 보수층 지지를 확보하기 위해 중국, 러시아, 북한과의 적대적 긴장감을 고조시키고 있다.

궁극적으로, 윤석열의 조폭식 외교는 한국 뿐만이 아니라 미국과 역내 전체에 큰 피해를 입히게 될 것이다.

후주

[1] [Hankyoreh] (2023-11-20) Lack of Yoon-Xi summit in San Francisco highlights Seoul's troubled ties with Beijing

[2] [Reuters] (2023-4-19) Exclusive: South Korea's Yoon opens door for possible military aid to Ukraine

[3] [Korea JoongAng Daily] (2023-4-21) China, Korea back and forth goes another round over Taiwan

[4] [Reuters] (2023-9-14) Putin and North Korea's Kim discuss military matters, Ukraine war and satellites

[5] [Reuters] (2023-9-21) South Korea's Yoon tells UN that Russia helping North Korea would be 'direct provocation'

[6] [East Asia Forum] (2022-4-23) Yoon Suk-yeol's rise from rebel prosecutor to president

[7] [The Diplomat] (2023-10-26) Can Yoon Suk-yeol Break South Korea's Decades-Old Political Curse?

[8] [East Asia Research Center] (2019-7-12) The Fall of the Rule of Law in South Korea: The Impeachment of Park Geun-Hye, Part I: The Media, the Tablet, Public Sentiment, Gookjeong Nongdan, and the National Assembly

[9] [East Asia Research Center] (2017-11-25) Suppression of Freedom of the Press in South Korea: What's So Special About a Tablet PC that a Journalist is in Jail?

[10] [One Free Korea] (2018-5-31) Guest Post: Journalist preemptively jailed for libel in South Korea, a prosperous OECD country

[11] [North Korea Freedom Coaliton] (2020-8-4) Suppression of Fundamental Freedoms, and Oppression of Human Rights

Activists and North Korean Defectors

[12] [Japan Forward] (2023-9-11) INTERVIEW | Why Sue Yoon Suk-Yeol? Veteran Journalist Explains His Case

[13] [The New Yorker] (2023-9-30) The Worrying Democratic Erosions in South Korea

[14] [The New York Times] (2023-11-10) Korean President's Battle Against 'Fake News' Alarms Critics

〈부록 2〉

윤석열·한동훈의 박근혜 탄핵용 '최순실 태블릿' 조사수사 문제에 대하여

본 부록 내용은, 미국과 일본의 여러 '코리아워처' 분석가들, 기자들에게 한국 검찰의 내란성 범죄 문제인 윤석열·한동훈의 태블릿 조작수사 문제를 브리핑해주기 위하여 2023년 11월경 영어, 일본어로 작성한 보고서를 다시 한국어로 번역한 것을 그대로 전재하는 것이다. 이 보고서를 토대로 실제로 일본 「슈칸포스트(週刊ポスト)」 등에서 태블릿 조작수사 문제와 관련 단독기사 등이 나왔다.

[부록A]

'최순실 태블릿' 조작수사 문제: 이동통신사 계약서 날조를 통한 태블릿 실사용자 바꿔치기

'최순실 태블릿'은 컴퓨터가 아니라 이동통신 기기로서, JTBC 방송사와 검찰·특검이 밝힌 바와 같이 2012년 6월 22일에 김한수(2012년 당시에는 (주)마레이컴퍼니 대표이사, 2016년말에는 청와대 행정관)라는 이의 회사인 (주)마레이컴퍼니 명의로 개통되었던 것이다.

이 태블릿은 개통자가 김한수 측이고, 원 실사용자이자 원 실소유주가 김한수였다. 말하자면, JTBC가 2016년말에 특종 보도로 '민간인에 의한 국정농단'의 증거라며 공개했던 태블릿은, 민간인인 '최순실의 태블릿'이 아니라, 당시 청와대 직원인 '김한수의 태블릿'이었던 것이다.

그간 JTBC 방송사는 여러 취재 결과로써, 또 검찰·특검은 여러 수사 결과로써 '최순실 태블릿'은 최서원(개명전 최순실)의 것이라고 공식적으로 공개적으로 주장해왔다. 그러나 '최순실 태블릿'은 애초 '김한수 태블릿'이라는 전제에서, 이 태블릿 기기가 김한수에서 최서원(개명전 최순실)에게 건너간 사실조차 없음에도 불구하고 검찰·특검이 마치 그런 사실이 있었던 것처럼 날조를 감행했다는 점만 입증이 된다면, 그렇다면 JTBC 방송사의 관련 취재 결과와 검찰·특검의 관련 수사 결과가 어떻게 거짓 주장들이거나 무리한 주장들인지에 대해서는 또 별도로 하나하나 증명할 필요조차 없을 것이다.

이는, 어떤 아이의 출생 사실이 애초 없었고 그 출생증명서부터가 인위적으로 날조된 것이라면, 그 아이의 돌사진 진위라든지 초등학교 입학 여부, 대학교에서의 정확한 성적, 그리고 그의 비행이나 범죄가 사실인지를 따지는 것이 전혀 무의미한 일인 것과 같다.

가. '김한수 태블릿'은 어떻게 '최순실 태블릿'이 되었나 (검찰·특검의 설명)

검찰·특검에서는 과거에 '김한수 태블릿'이 '최순실 태블릿'이 되어버린 경위를 다음과 같이 설명하고 있다.

김한수는 자기 회사((주)마레이컴퍼니) 명의로 태블릿 한 대를 2012년 6월 22 일에 개통했다. 김한수는 그 즉시 해당 태블릿을 지인이었던 이춘상 보좌관(박근혜 당시 대통령 후보의 참모로, 2012년 12월 2일에 교통사고로 사망)에게 넘겼다고 한다. 김한수는 해당 태블릿의 통신요금 납부 방식을 개통부터 자기 회사 법인카드를 통한 자동납부로 설정해놨고 회사 법인에서 태블릿 통신요금을 납부했었기에, 자신은 태블릿의 소재, 행방에 대해서도 개통 이후 2012년 하반기 6개월여 동안에는 그냥 잊고 있었다고 한다. 김한수는 2013년 1월경에 최서원과 통화를 하게 됐는데, 당시 최서원의 권유로 청와대에 근무를 하게 됐다고 한다. 김한수는 또한 바로 이때 자신이 개통한 그 태블릿이 2012년 하반기에 이춘상을 거쳐 최서원에게 건너가서 사용되고 있다는 것을 알게 됐다고 하는데, 또한 바로 이때(2013.1.경) 이 태블릿의 통신요금 납부자를 회사가 아닌

본인 개인으로 변경하였다고 하였고, 故 이춘상 보좌관과의 관계를 생각하여 최서원을 위해서 태블릿의 통신요금은 계속 자신이 개인적으로 대신 납부해주기로 했다고 한다.

이상의 내용은 김한수의 검찰과 특검에서의 진술, 그리고 박근혜 전 대통령 1심 재판에서의 증언 그대로다. 검찰·특검은 김한수의 저러한 진술, 증언에 추가로, 저 진술, 증언을 뒷받침하는 물증으로 ㈜마레이컴퍼니 명의의 태블릿 이동통신 계약서, 그리고 김한수의 2013년 2월부터의 통신요금 납부 기록도 법원에 제시하였다. 이에 박근혜 전 대통령 관련 1심 재판부는 판결을 통해 위와 같은 '최순실 태블릿'의 기원 내용을 '사실'로 확정지었다.

자리에 이△상을 수행하여 함께 갔는데, 그 자리에서 최○원이 위 태블릿PC와 같은 색상인 흰색 태블릿PC를 가방에 넣는 것을 본 사실이 있다.", "2013. 1. 초순경 최○원이 전화하여 대통령직 인수위원회에서 일할 것을 권유하면서 '그런데 태블릿PC는 네가 만들어 주었다면서?'라고 이야기하였다. "최○원의 권유에 따라 대통령직 인수위원회에서 일하기로 마음먹고 운영하던 회사(마○○컴퍼니 주식회사)를 정리하면서 위 태블릿PC의 사용요금 납부자를 위 회사에서 '김△수' 개인으로 변경하였는데, 당시 '이△상이 최○원에게 위 태블릿PC를 사용하게 하였다면 얼마 되지 않는 요금 정도는 매월 납부해도 될 것 같아서 납부자를 변경했던 것'이다."라고 진술한 점, ② 정○성은 수사기관에서부터 이 법정에 이르기까지 일관되게 '별지 범죄일람표 4 순번 1, 35, 38 기재 각

[박근혜 전 대통령에 대한 1심 판결문 중에서 김한수 진술 내용을 그대로 인용한 태블릿 관련 내용]

나. 단 한번도 '최순실 태블릿'이었던 적이 없는 '김한수 태블릿'

하지만, 검찰·특검이 제시한 이러한 '최순실 태블릿'의 기원 스토리는 처음부터 끝까지 모두 거짓이다. 이에 관해서는 2020년초 변희재(미디어워치 창업자이자 사주)와 미디어워치 기자들이 받게 된 태블릿 명예훼손 항소심 형사재판(서울중앙지법 2018노4088)의 증거조사를 통해 본격적으로 그 진실이 드러나기 시작했다.

변희재와 미디어워치 기자들은 항소심 형사재판 과정에서 김한수의 '최순실 태블릿' 통신요금 납부와 관련한 내용에 의문을 품고서, 재판부를 통해 하나카드(구 외환카드, (주)마레이컴퍼니의 법인카드 발급처)와 SK텔레콤(태블릿 관련 이동통신사)에 사실조회를 했다. 그 결과, (주)마레이컴퍼니는 '최순실 태블릿' 통신요금을 애초에 단 한번도 납부한 바가 없었으며 카드사에는 법인카드 자동이체 설정 이력 자체도 없었다는 사실이 밝혀졌다.

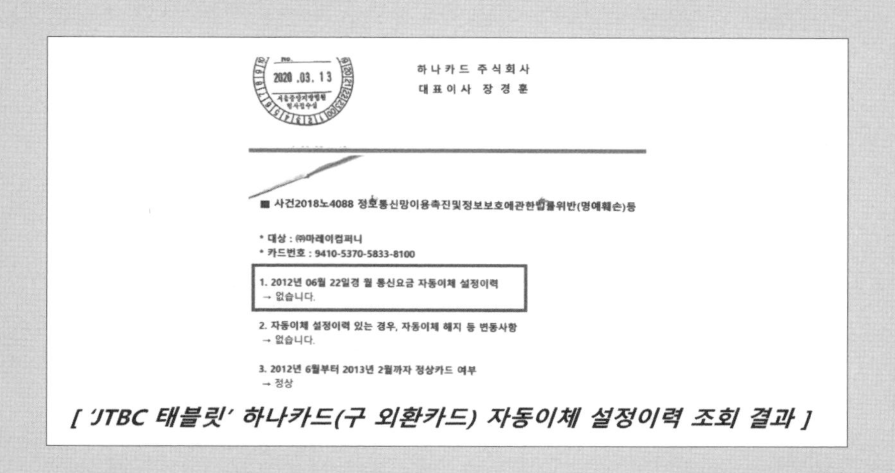
2020 .03. 13

하나카드 주식회사
대표이사 장경훈

■ 사건2018노4088 정보통신망이용촉진및정보보호에관한법률위반(명예훼손)등

* 대상 : ㈜마레이컴퍼니
* 카드번호 : 9410-5370-5833-8100

1. 2012년 06월 22일경 월 통신요금 자동이체 설정이력
→ 없습니다.

2. 자동이체 설정이력 있는 경우, 자동이체 해지 등 변동사항
→ 없습니다.

3. 2012년 6월부터 2013년 2월까지 정상카드 여부
→ 정상

['JTBC 태블릿' 하나카드(구 외환카드) 자동이체 설정이력 조회 결과]

또한, 사실조회 결과, '최순실 태블릿'은 개통 직후부터 통신요금 미납으로 3개월만에 이용이 정지되었는데, 김한수가 2012년 11월 27일에 밀린 통신요금을 자기 개인신용카드(신한카드 4658-8761-XXXX-1006)로 한꺼번에 완납하며 이용정지를 해제하고서 '최순실 태블릿'을 사용했었다는 사실도 역시 밝혀졌다.

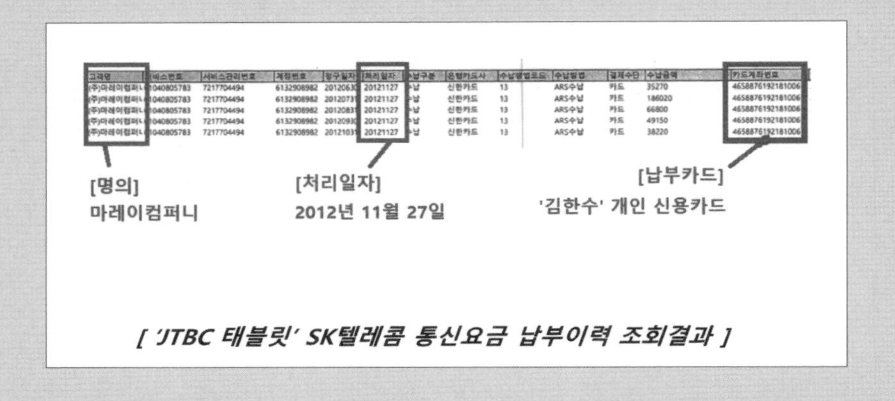

고객명	비스번호	서비스관리번호	계정번호	청구일자	처리일자	수납구분	은행카드사	수납방법코드	수납방법	결제수단	수납금액	카드계좌번호
(주)마레이컴퍼	1040805783	7217704494	6132908982	2012063	20121127	납	신한카드	13	ARS수납	카드	35270	4658876192181006
(주)마레이컴퍼	1040805783	7217704494	6132908982	2012073	20121127	납	신한카드	13	ARS수납	카드	186020	4658876192181006
(주)마레이컴퍼	1040805783	7217704494	6132908982	2012083	20121127	납	신한카드	13	ARS수납	카드	66800	4658876192181006
(주)마레이컴퍼	1040805783	7217704494	6132908982	2012093	20121127	납	신한카드	13	ARS수납	카드	49150	4658876192181006
(주)마레이컴퍼	1040805783	7217704494	6132908982	2012103	20121127	납	신한카드	13	ARS수납	카드	38220	4658876192181006

['JTBC 태블릿' SK텔레콤 통신요금 납부이력 조회결과]

자기 회사 명의로 개통된 태블릿이 2012년도 하반기에 자신도 모르게 모종의 경로로 최서원에게 넘어갔다고 하는, '최순실 태블릿'과 관계된 '김한수의 알리바이'가 물증으로써 모두 거짓임이 밝혀진 것이다.

다. '김한수 태블릿'을 '최순실 태블릿'으로 날조한 검찰·특검의 조작수사

이는 검찰·특검이 수사 과정에서 어떤 착오를 일으켜 발생한 일이 아니다. 이는 검찰·특검이 '김한수 태블릿'을 '최순실 태블릿'으로 만들기 위해 명백히 고의로 조작수사를 했기에 발생한 일이다. 검찰·특검이 조작수사를 했다는 근거는 다음과 같다.

첫째, 검찰·특검은 박근혜 전 대통령 관련 재판에서 김한수의 '거짓 알리바이'(즉, '최순실 태블릿'은 김한수 측이 개통하였으나 그 직후 타인에게 넘어 갔고, 관련 통신요금은 2012년 6월 22일 개통 이후 2013년 1월경까지는 (주)마레이컴퍼니의 법인카드로 납부되면서, 김한수 본인은 최서원에게 최종적으로 태블릿이 넘어갔던 바로 이 시기에 '최순실 태블릿'의 소재, 행방을 전혀 몰랐다는 것)를 허무는, 김한수가 태블릿을 개통했던 2012년도의 통신요금 납부 기록만 박근혜 전 대통령 관련 재판부에 제출하지 않고 누락시켰다. 통신요금 납부 기록은 상식적으로 당연히 개통 이후의 전체 납부 자료를 제출하는 것이지, 개통 이후 전체 납부 자료 중에 일부러 첫 1년치 납부 자료만 누락시킨다는 것, 그것도 김한수의 위증을 드러내는 결정적 부분만 누락시킨다는 것은 말이 되지 않는다.

둘째, 검찰·특검은 김한수의 '거짓 알리바이'대로, 2012년도 '최순실 태블릿' 통신요금 납부기록이라는 물증과 완전히 반하는 내용의 진술조서를 박근혜 전 대통령 관련 재판부에 제출했다. 검찰·특검은 이러한 진술조서와 같은 내용으로 거짓질문을 하고 김한수가 박근혜 전 대통령 관련 재판에서 거짓증언을 하도록 했다.

문 해당 태블릿PC는 선거가 끝난 후에도 최근까지 계속 개통 상태였고, 마레이컴퍼니㈜에서는 진술인이 퇴사한 후에도 계속 요금을 부담하였던 것으로 보이는데, 그 경위가 어떻게 되나요.

답 저도 까맣게 잊고 있어서 전혀 몰랐습니다. 제가 회사를 퇴사한 후에도 회사에서 제게 해지 요청을 한 사실도 없었습니다.

김한수 검찰 진술조서 (2017년 10월 29일, 김용제 검사)

문 검찰에서 확인한 바에 따르면, 위 태블릿 PC의 사용요금은 2013. 1. 31.까지는 마레이컴퍼니에서 지급하다가 그 이후부터는 진술인의 개인명의 신한카드로 결제된 것으로 확인되었는데 어떠한가요.

이때, 진술인은 진술인의 휴대전화로 신한카드 콜센터(1544-7000)에 전화하여 카드사용 내역을 확인한 다음,

답 네, 맞습니다. 요금 납부 부분은 제가 잊고 있었는데 제가 태블릿PC

김한수 특검 진술조서 (2017년 1월 4일, 김종우 검사)

[김한수 전 청와대 행정관의 검찰, 특검 진술조서

문 증인은 2012. 6.경 태블릿PC를 개통하고 여의도 대하빌딩에 있는 박근혜 대통령 후보 경선 캠프 사무실에서 이춘상 보좌관에게 위 태블릿PC를 전달한 사실이 있지요.

답 예.

문 위 태블릿PC를 개통한 2012. 6.경부터 2013. 1. 31.까지의 사용요금은 증인이 운영하던 법인인 마레이컴퍼니㈜에서 지급하였지요.

답 그렇게 확인했습니다.

문 그 이후인 2013. 2.경부터 2016. 12.까지의 사용요금은 증인 개인 명의의 신용카드로 지급하였지요.

답 예.

문 증인은 2013. 2.경부터 청와대 행정관으로 근무하게 된 것이지요.

답 예.

문 그래서 2013. 1.경 마레이컴퍼니㈜를 퇴사하였고, 이에 따라 위 태블릿PC의 사용요금 납부자를 마레이컴퍼니㈜에서 증인 개인으로 변경하게 된 것이지요.

답 예, 그렇게 추후 확인했습니다.

김한수 법정 증언
(2017.9.29. , 강상묵 검사)

[김한수 전 청와대 행정관의 박 전 대통령 재판 법정 증언]

셋째, 검찰·특검은 김한수의 '거짓 알리바이'를 뒷받침하는 핵심 물증으로서 '최순실 태블릿 관련 SK텔레콤 이동통신 서비스 신규계약서' 서류(이하 '최순실 태블릿 계약서')를 날조했다. 검찰·특검은 김한수 이외에

SK텔레콤과도 공모하여 '최순실 태블릿'의 2012년도 원 이동통신 신규계약서에는 없었던 '㈜마레이컴퍼니 법인카드에 의한 통신요금 납부' 내용을 2016년말에 새로이 날조하여 써넣는 방식으로 증거를 조작하였다.

라. 검찰·특검의 '최순실 태블릿 계약서' 날조

'최순실 태블릿 계약서' 날조 문제는 '서증(書證)'을 조작한 것이기에 변개(變改) 그 자체로 고의성까지 자동으로 증명이 되는 사안이 아닐 수 없다.

'최순실 태블릿 계약서'는 비단 박근혜 전 대통령 공무상비밀누설죄 관계 1심 형사재판만이 아니라, 미디어워치 측의 '최순실 태블릿' 관련 JTBC 방송사 명예훼손 문제 관계 1심 형사재판에도 제출되어 각각 유죄 증거로 활용되었다. 이에 미디어워치 측은 항소심 형사재판을 통해 '최순실 태블릿 계약서' 8쪽 전체를 받아볼 수 있었다.

미디어워치 측의 정밀감정 결과, '최순실 태블릿 계약서'가 정상적인 계약서가 아니라는 사실을 대번에 알아낼 수 있었다. 십여 가지 이상의 의혹 지점이 있으나, 일단 크게 두 가지 사항에서 심각한 문제가 있었다.

첫째, 계약서의 1, 3쪽의 서명·사인과 2, 4, 5쪽의 서명·사인이 전혀 다르다는 것이다. 필적 감정 결과, 계약서 1, 3쪽은 김한수의 것이나 2, 4, 5쪽은 김한수의 것이 아니었는데, 이는 계약쌍방이 계약 전면 무효까지 주장할 수 있는 치명적 문제였다. 둘째, 계약서 1쪽에서 기기정보,

약정내용 등 대리점 직원이 쓰는 란을 포함해 계약서 1쪽 전체가 한 사람의 필적으로 되어있다는 것이다. 김한수는 계약서 1쪽에서 계약자 본인이 아닌 대리점 직원이 쓰는 복잡한 신규 서비스 가입정보까지 모두 손수 작성했다. 이동통신사 대리점 현장 실무에선 사실상 있을 수 없는 일이다.

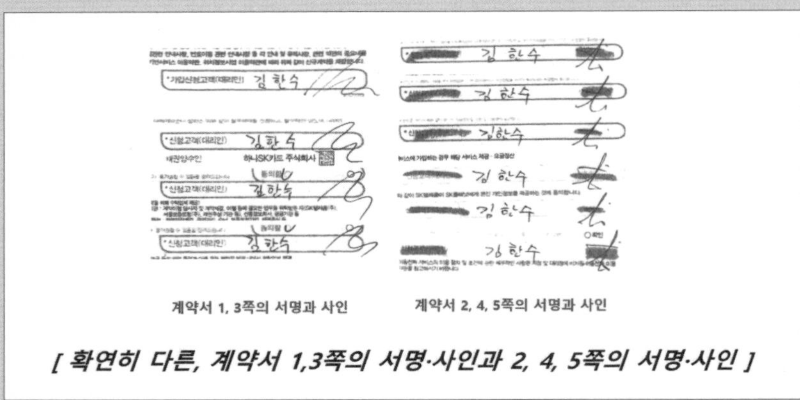

[확연히 다른, 계약서 1,3쪽의 서명·사인과 2, 4, 5쪽의 서명·사인]

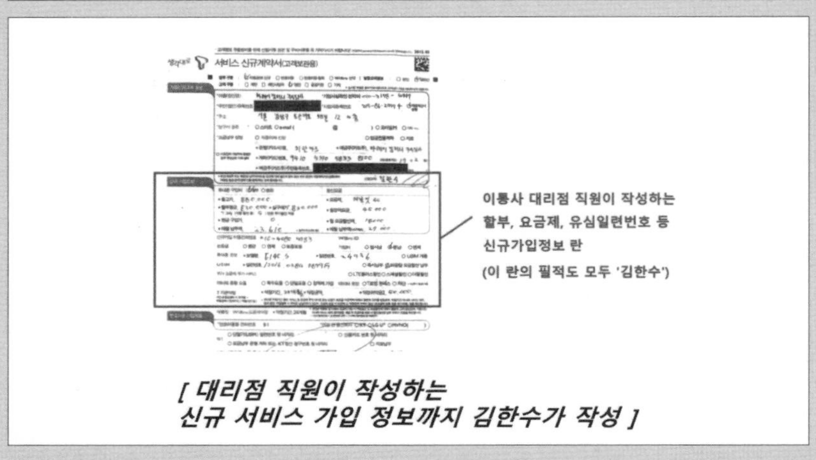

*[대리점 직원이 작성하는
신규 서비스 가입 정보까지 김한수가 작성]*

이러한 문제는, 원래는 2012년도 6월에 작성되어 SK텔레콤 서버에 저장돼 있던 원 계약서가 2016년말에 검찰과 김한수의 공모로 특히 통신요금 납부 방법 등 부분을 손보면서 1, 3쪽만 재작성되어 SK텔레콤 서버에 재저장됐고, 이것을 명의자 측인 (주)마레이컴퍼니 측이 다시 내려받아 검찰에 제출하였으며, 검찰이 이를 이후 박근혜 전 대통령 형사재판과 미디어워치 측 형사재판에 유죄 증거로 활용했다고 한다면 설명이 잘 되는 일이다.

마. SK텔레콤 및 김한수 상대 소송으로 최종 증명된 태블릿 조작수사

변희재는 위 문제를 2020년 상반기에 파악하고 SK텔레콤을 '최순실 태블릿 계약서' 조작 공범으로 경찰에 형사고발하였으나 수사는 정상적으로 이뤄지지 않았다. 이에 변희재는 2022년도에 SK텔레콤 측(서울중앙지법 2022가합 502162)과 김한수 측(성남지원 2022가단236711)을 상대로 각각 민사소송을 제기하였다. SK텔레콤과 김한수가 검찰·특검의 조작수사에 가담해 만들어낸 조작증거로 인해 자신이 관계 형사재판 1심(서울중앙지법 2018고단3660)에서 유죄 누명을 쓰게 된 것에 대해 손해를 배상하라는 취지였다.

변희재의 소송에 대해서 SK텔레콤은 자신들은 '최순실 태블릿 계약서' 조작을 한 바 없다는 취지로, 의혹이 제기된 '최순실 태블릿 계약서'와 같은 방식으로 작성된 샘플계약서로서 같은 시기에 작성된 다른 가입자의 '청소년 이동전화 신규계약서'를 물증으로 법원에 제시하였다. 실제로 이 '샘플계약서'도 역시 계약서의 1, 3쪽의 사인과 2, 4쪽의 사인이 다르며, 계약서 1쪽에서 기기정보, 약정내용 등 대리점 직원이 쓰는 란을 포함 전체가 하나의 필적으로 되어있었다.

그런데, 결국 이 '샘플계약서'에서 조작 사실이 확인되었다. 필적 감정 결과, 이 '샘플계약서'조차도 김한수가 1, 3쪽을 손수 작성했다는 사실이 밝혀진 것이다. SK텔레콤이 '최순실 태블릿 계약서'에 드러났던 문제를 마치 이동통신사 대리점의 관행인 것처럼 가리기 위하여 김한수를 다시 불러서 같은 스타일의 새로운 두 번째 계약서 조작을 감행했던 것이다.

결정적으로, 문제의 '샘플계약서'는 필적이 김한수의 것임에도 명의는 윤홍O(가입자), 윤석O(법정대리인)로 되어 있다는 사실이 김한수 상대 소송에서 추가로 밝혀졌다. 이로써 이 샘플계약서는 누가 봐도 논란의 여지가 없는 날조 계약서임이 100% 최종 증명되었다.

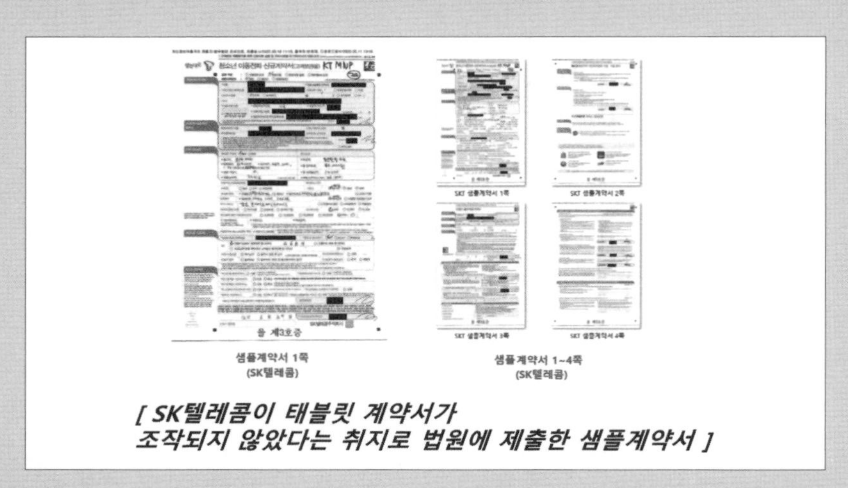

[SK텔레콤이 태블릿 계약서가 조작되지 않았다는 취지로 법원에 제출한 샘플계약서]

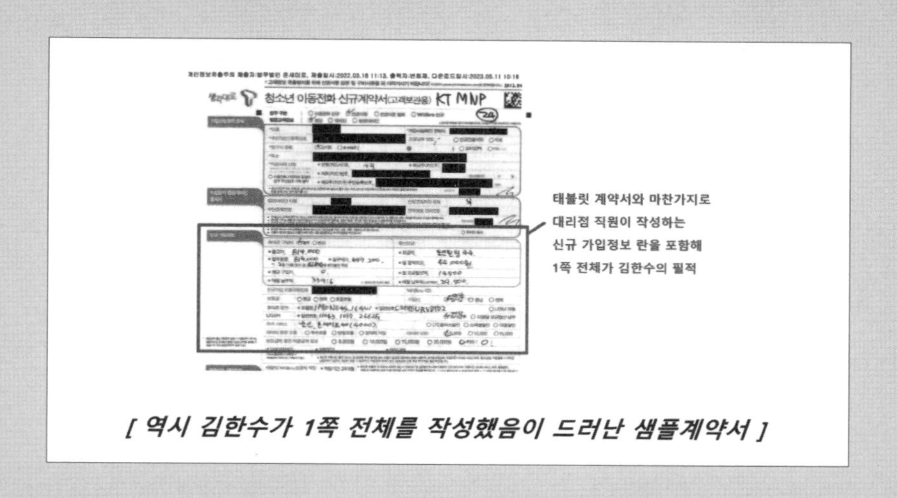

[역시 김한수가 1쪽 전체를 작성했음이 드러난 샘플계약서]

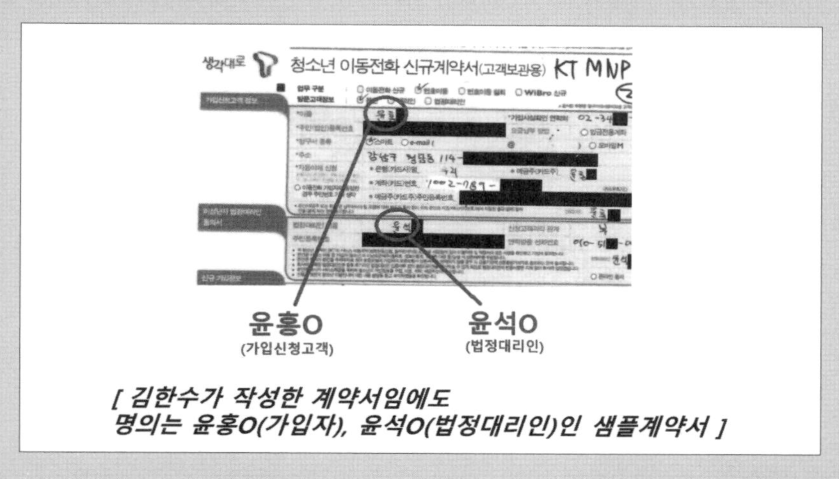

[김한수가 작성한 계약서임에도
명의는 윤홍O(가입자), 윤석O(법정대리인)인 샘플계약서]

'샘플계약서'는 '최순실 태블릿 계약서'가 조작이 아니라는 취지로 SK텔레콤 측이 법원에 제출한 증거였다. 이에 <u>'샘플계약서'가 조작이</u>

라는 사실은 '최순실 태블릿 계약서'가 조작이라는 사실까지 같이 증명하는 것임이 논리적으로 명백하다. 또한 '최순실 태블릿 계약서' 조작 사실 확정은 곧 '최순실 태블릿'의 실사용자 및 입수경위 조작 사실까지 같이 확정하는 것도 논리적으로 명백하다.

검찰·특검의 김한수와 SK텔레콤 공모에 의한 '최순실 태블릿' 조작 수사 사실은 이로써 완전히 증명되었다.

[부록B]

JTBC 방송사와 검찰 공모에 의한 ‘최순실 태블릿’ 기기 국립과학수사연구원 감정 결과 왜곡

JTBC 방송사는 2017년 11월 27일자 <‘국과수 “태블릿, 조작·수정 없었다”... 조작설에 ‘쐐기’> 제목으로, 사실상 검찰발로 보이는 ‘최순실 태블릿’ 관련 보도를 내보냈다. 국립과학수사연구원에서 1) 태블릿이 최서원의 것이라고 했으며 2) 태블릿 기기에서도 조작, 수정 흔적은 발견되지 않았다는 것이다.

> 작년에 JTBC가 입수해 보도했던 최순실 태블릿PC에 대한 국립과학수사연구원의 최종 감정 결과가 나왔습니다. 국과수는 “태블릿PC에 대한 조작과 수정은 없었다”는 결론을 법원에 통보했습니다. 태블릿PC의 동선과 정호성 전 비서관의 진술, 그리고 그 안에 있던 국가 기밀 자료를 토대로 최순실 씨가 실제 사용자라고 못박았던 검찰의 결론을 국과수가 최종적으로 확인해준 것입니다.
> 이른바 ‘태블릿PC 조작설’은 태블릿을 본 적도 없고, 사용하지도 못한다던 최순실 씨 주장이 친박 단체에서 극우매체, 그리고 정치권까지 이어지며 지난 1년 동안 사실인 양 퍼져나갔습니다. JTBC는 물론 검찰과 법원, 한국디지털포렌식학회, 그리고 이제 국과수까지 나서서 사실이 아니라고 입증을 한 것입니다.

하지만, 이 보도는 JTBC 방송사가 사실상 검찰과 공모하여 국립과학수사연구원의 감정 결과를 왜곡하여 내보낸 거짓 보도다.

JTBC 방송사의 2017년 11월 27일자 "국과수 〈"태블릿, 조작·수정 없었다"...조작설에 '쐐기'〉 보도

1. JTBC와 검찰에 의한 '최순실 태블릿' 증거훼손 개연성

국립과학수사연구원의 포렌식 감정에 따르면, 오히려 JTBC와 검찰이 이 사건 태블릿 기기 곳곳에 손을 댄 흔적이 확인된다.

국과수는 JTBC가 '최순실 태블릿'을 입수했다고 주장하는 2016.10.18. 이후에 무결성(integrity)이 훼손된 파일이 5,659건에 달한다고 밝힌 바 있다. JTBC가 갖고 있는 기간에 4천여 건, 검찰이 갖고 있는 기간에 1천 5백여 건 정도이다. 다음은 국과수 회보서의 관련 내용이다.

2016.10.18.자부터 2016.10.31.자까지 생성, 수정된 파일들이 다수 발견되어 2016.10.18.자 이후 태블릿PC 전체에 대한 무결성이 유지되지 않음. ... ... 다만, 감정물 태블릿PC 의 경우, 태블릿PC가 부팅되는 것만으로도 다수의 파일들이 생성, 변경이 되어 태블릿PC 전체에 대한 무결성이 쉽게 훼손되기 때문에, 사건과 관련된 파일 단위의 무결성을 파일의 해시값 및 파일 관련 정보들의 연관성(다운로드 로그, 이메일 로그, 임시파일(Cache) 데이터, 파일시스템 상의 시간정보 등)을 함께 확인할 필요성이 있음.

<표 14. 2016.10.18.자 이후 생성/수정 파일 수>

파티션24(시스템영역)			
날짜	구분	생성일시 기준	수정일시 기준
2016.10.23.	삭제	3	-
	활성	-	-
2016.10.24.	삭제	-	1
	활성	-	-
2016.10.25.	삭제	1	3
	활성	-	-
Total		4	4
파티션28(사용자영역)			
날짜	구분	생성일시 기준	수정일시 기준
2016.10.18.	삭제	62	3
	활성	147	152

2016.10.20.	삭제	1	2
	활성	368	378
2016.10.21.	삭제	5	5
	활성	43	67
2016.10.22.	삭제	274	327
	활성	73	146
2016.10.23.	삭제	543	568
	활성	1	4
2016.10.24.	삭제	593	706
	활성	86	111
2016.10.25	삭제	305	376
	활성	21	76
2016.10.31.	삭제	20	51
	활성	38	107
Total		2,580	3,079

JTBC와 검찰은 저런 파일들이 100% 전부 다 기기를 켰을 경우의 시스템 파일 같은 것들이 자동업데이트된 결과라고 주장하지만, 감정회보서를 작성한 국립과학수사연구원의 나기현 연구관은 법정에 출석해 증언, 인위적 조작이 있었을 가능성도 배제할 수 없다고 밝혔다.

문(최순실 측 변호사) : 그렇다면 사용자 어플리케이션을 동작했다는 것 아닙니까. 꺼진 상태에서 켰을 때 자동으로 업데이트된 그 어플리케이션이 아니라 면 누군가가 구동시켰다는 것 아니라는건가요.

답(국과수 연구관) : 예, 그런 것도 있고 어플리케이션을 새로 구성시켰을 때 막 생성되는 파일들도 있었고, 그렇습니다.

.....

문 : 그렇다면 누군가가 특정 일시에 이렇게 업데이트를 했다든지, 아니면 그 파일을 열어봤다든지, 뭘 변경했다든지, 이러한 개연성도 있는 것 아닙니까.

답 : 그러한 개연성도 있을 것 같습니다. 그 부분은 말씀드렸듯이 그것들을 열어보고 쭉 봐야 하는, 정확하게 말씀드려야지, 제가 지금 상황에서 정확하게 말씀드릴 수는 없는 부분입니다.

변호인-8항 : 2016.10.18. 이후 기록된 데이터의 무결성 여부

1) 2016.10.18.자 이후 태블릿PC의 무결성 여부에 대한 질의로 판단되며, 이를 위해 태블릿PC 사본화 파일을 파일시스템 기반으로 분석한 결과, 표 14와 같이 2016.10.18.자부터 2016.10.31.자까지 생성, 수정된 파일들이 다수 발견되어 2016.10.18.자 이후 태블릿PC의 전체에 대한 무결성이 유지되지 않음. 파일들의 생성/수정 시간을 확인할 수 있는 파일시스템 정보는 '파일시스템 정보.xlsx'(HASH-MD5 : 16ec3f84cbc4fca8721d6ffe27cd8dcc)와 같이 별도 송부함.

<표 14. 2016.10.18.자 이후 생성/수정 파일 수>

국립과학수사연구원 회보서(2017년 11월 21일), p.35

문	그것이 그 파일수가 이렇게 몇 천 개가 되지는 않을 것 아닙니까. 누군가가 계속, 지금 이것을 보면 시간상으로도 날짜가 다른, 일자별로 특정한 '생성일시 기준' 해서 파일이 생성되는 것이 다 다르지 않습니까, 숫자가.
답	예.
문	그렇다면 누군가가 특정 일시에 이렇게 업데이트를 했다든지, 아니면 그 파일을 열어봤다든지, 뭘 변경했다든지. 이러한 개연성도 있다는 것 아닙니까.
답	그러한 개연성도 있을 것 같습니다. 그 부분은 말씀드렸듯이 그것들을 열어보고 쭉 봐야 되는, 정확하게 말씀드려야지, 제가 지금 상황에서 정확하게 말씀드릴 수는 없는 부분입니다.

국립과학수사연구원 나기현 연구관 법정 증언 녹취서(2018년 5월 23일), p.33

2. 태블릿이 최서원의 것이라고 보고한 적이 없는 국립과학수사연구원

국립과학수사연구원은 '최순실 태블릿'의 사용자가 최서원이라는 검찰의 결론을 확인해준 바가 없다. 국과수는 이 사건 태블릿 실사용자를 최서원이라고 특정을 한 바가 없으며, 오히려 다수 사용자설까지 공식적으로 밝혔다. 다음은 국과수 회보서의 관련 내용이다.

> 감정물 태블릿PC에 등록된 구글 계정이 다수의 기기에 등록되어 사용된 점, 감정물 태블릿PC에 다수의 구글 계정으로 접속된 점을 보았을 때 다수의 사용자에 의해서 사용되었을 가능성도 있음. 다만, 하나의 구글 계정을 통해 다수의 안드로이드 운영체제의 기기에 등록이 가능한 점, 단수의 카카오톡 계정 및 전화번호가 발견된 점, 특정 일자에 특정 장소에서 발견된 위치 정보(GPS)가 함께 발견된 점으로 보

았을 때, 다수의 구글 계정에 접근가능한 단수의 사용자가 사용하였을 가능성도 배제할 수 없음. 상기의 이유로 제시된 태블릿PC에 대한 분석 결과만으로는 사용자가 단수인지 다수인지 명확하게 판단하기 어려움.

태블릿 감정을 수행한 국과수 나기현 연구관도 법정 증언을 통해 "국과수는 태블릿을 최서원의 것으로 확정한 바가 없으며, 기기에서 그 누구의 소유나 사용을 확정할 수 있는 자료를 발견치 못했다"고 분명히 밝혔다.

문(최순실 측 변호사): (JTBC는 국과수 보고서를 회신한 당일 "국과수도 최순실의 태블릿으로 확정했다."고 대대적으로 보도했습니다. 국과수는 보고서에서 '최순실의 태블릿'이라고 확정한 사실이 있습니까.) 제가 묻는 것은 이 사건 태블릿이 최순실의 태블릿이라고 보고한 사실 있느냐, 확정한 사실 있느냐고 묻는 것입니다.

답(국과수 연구관): 없습니다.

문: 없지요. 최순실의 태블릿이라고 특정하지 못한 이유는 무엇인가요.

답: (...) 사용자 측면에서는 그 자료들을 보고 재판관님이나, 이렇게 판단하셔야할 부분이지, 저희가 그 자료를 가지고 이것은 누구 것이다, 판단할 수 있는 사항은 아니라고 보입니다.

문: 그러면 이건 태블릿이 최서원의 것이라고 확신하도록 만드는 기록은 따로 증인 확인할 방법은 없었지요.

답: 저희 감정서에 기술된 내용입니다.

문: 그정도이지, 특정하거나 할 만한 흔적, 기록은 없었던 것이지요.

답: 예, 특정할 수 있는 내용이 있었다면 저희가 그 내용을 적었을 것인데, 일단 저희 감정서상에 기재된 내용으로 봐주시면 되겠습니다.

국립과학수사연구원 나기현 연구관이 법정에서 증언을 한 날은 2018년 5월 23일이다. '최순실 태블릿' 조작 의혹을 제기해 JTBC 방송사의 명예를 훼손했다는 혐의로 변희재 대표에 대한 검찰의 구속영장이 청구된 것은 그 다음날인 24일이다. 변 대표는 29일에 법원에서 구속 여부에 대한 심사를 받았고, 30일에 구속되었다.

검찰은 변희재 대표의 구속과 기소 사유로 국과수의 포렌식 결과를 거론했다. 법원도 변희재 대표의 형사재판 1심 판결문(서울중앙지법 2018고단3660)에서 국과수의 포렌식 결과를 거론하면서 '최순실 태블릿'에 대한 조작설은 국과수에 의해 부정당했다고 적시했다.

> 국과수 감정 결과에 따르면, ... 이 사건 태블릿의 내용이 조작되거나 변조되었다고 보기 어렵다는 결론을 내리고 있다.

JTBC 방송사의 '최순실 태블릿' 보도와 관련 미디어워치의 문제제기로 이뤄진 열린 민사재판의 1심 판결문(서울서부지법 2017가합40443)도 역시 마찬가지다.

> 이 사건 태블릿에 대한 국립과학수사연구원의 감정(저장기록의 변개여부 등)이 이루어졌는데, 감정결과 이 사건 태블릿의 내용이 조작 변조되었다고 보기 어렵다고 판단되었다.

독해력이 조금이라도 있다면, 국과수의 원 포렌식 결과 자체는 '최순실 태블릿' 조작설을 부정하는 데 인용될 수 있는 내용이 전혀 아님을 알 수 있다. 하지만, 변희재와 미디어워치가 영장심사, 1심 민형사 재판 과정에서 반복적으로 국과수 감정서와 국과수 연구관 증언과 같은 1차 자료를 제시하면서 상세히 항변했음에도 불구하고, JTBC 방송사와 검찰에 이어서, 법원에서만 파생적으로 이 문제와 관련 엉터리 판결문이 둘이나 나왔다.

국과수의 태블릿 포렌식 결과를 국민에게 왜곡 전달하는 것이 '최순실 태블릿' 조작 문제를 은폐하려는 세력에게 그만큼 중요한 문제라는 것이다. 이에 한국의 공적기관에서도 일종의 '폰지 사기극'과 같은 현상이 벌어지고 있음이 확인된다.

[부록C]

윤석열과 한동훈의 박근혜 탄핵용 '최순실 태블릿' 증거조작 범죄 (타임라인)

2016년 10월 24일, JTBC 방송사는 최서원(최순실)이라는 민간인이 박근혜 대통령의 배후에서 마음대로 국정개입을 해왔다는 특종보도를 하고 관련 물적 증거로 '최순실 태블릿'이라는 모바일 기기를 내세웠다.

당시에 검찰은 방송 직전에 JTBC 방송사 측으로부터 이 '최순실 태블릿'을 제출받았고, 이후 JTBC 방송사의 관련 방송 내용이 모두 사실이라고 공식화를 해주었다. 그리고 이 '최순실 태블릿'을 박근혜 대통령을 피의자로 하는 공무상비밀누설죄의 핵심 물적 증거로 삼았다.

검찰이 "대통령이 민간인에게 자의로 국가기밀을 넘겼다"는 내용의 수사결과를 공표하자 대통령의 지도자 자격과 관련한 심각한 국민적 논란이 일었고, 박 대통령은 결국 JTBC 방송사의 '최순실 태블릿' 특종보도 다섯달만에 탄핵이 되고 말았다.

윤석열과 한동훈이 '최순실 태블릿' 증거조작 및 그 은폐 사건에서 한 역할을 시간순으로 정리하면 다음과 같다.

순번	일자	내용
1	2017년 1월	'최순실 태블릿'이 조작됐다는 의혹 여론이 크게 들썩이자 윤석열과 한동훈의 특별검사 수사 제4팀은 '제2의 최순실 태블릿'이라는 새로운 물적 증거를 조작하고 이를 내세워 해당 의혹 여론을 잠재우는 데 앞장섰음. * 윤석열과 한동훈에 대한 적용 범죄 죄목 : 공용물건손상죄, 모해증거인멸죄, 허위공문서작성죄, 직권남용권리행사방해죄, 모해위증교사죄 (궁극적으로는 '내란죄'를 구성할 것으로 보임.)
2	2017년 10월	국회 국정감사에서, 윤석열(당시 서울중앙지검장)은 특정한 증인(정호성)이 하지도 않은 말을 인용하면서, 또 한동훈(당시 서울중앙지검 3차장)은 입증되지도 않은 독일 동선 문제를 거론하면서, 이 두 사람은 '제1의 최순실 태블릿'이 최순실(최서원) 본인의 것이 맞다고 국회의원들 앞에서 거짓증언을 하여 또다시 '최순실 태블릿'에 대한 조작 의혹 여론을 잠재우는 데 앞장섰음.
3	2018년 5월	서울중앙지검(지검장 윤석열, 3차장 한동훈)은 JTBC 방송사를 상대로 '최순실 태블릿'이 조작됐다는 의혹을 제기한 미디어워치 언론사 사주 변희재를 사전구속했음.
4	2018년 6월	서울중앙지검(지검장 윤석열, 3차장 한동훈)은 JTBC 방송사를 상대로 '최순실 태블릿'이 조작됐다는 의혹을 제기한 미디어워치 언론사 사주 변희재를 포함하여, 황의원 대표이사겸 편집국장, 이우희 기자, 오문영 기자, 한 언론사 구성원 전원을 기소했음.
5	2018년 11월	윤석열 서울중앙지검장이 홍석현 JTBC 방송사 사주와 심야 회동을 했음. 미디어워치에 대한 기소를 지휘한 이가 사건 관계자인 JTBC 방송사 사주를 검찰 구형 직전에 만난 불미스러운 일이기에 이 문제는 2020년 12월에 법무부에서 윤석열 당시 검찰총장을 징계할 때 첫번째 사유로 제시되었음. (징계 자체는 이후 유야무야됨.)

6	2018년 12월	서울중앙지방법원은, JTBC 방송사를 상대로 '최순실 태블릿'이 조작됐다는 의혹을 제기한 미디어워치 언론사 사주 변희재(징역 2년)를 포함하여, 황의원 대표이사겸 편집국장(징역 1년), 이우희 기자(징역 6개월, 집행유예 2년), 오문영 기자(벌금 500만원), 한 언론사 구성원 전원에게 유죄 판결을 내림.
7	2019년 5월	변희재와 황의원 석방. 이후 현재까지도 항소심 재판.
8	2020년 12월	법무부, 윤석열 검찰총장에 대한 징계 시도. 미디어워치에 대한 기소를 지휘한 윤석열 당시 서울중앙지검장이 검찰 구형 직전에 사건 관계자인 홍석현 JTBC 방송사 사주와 심야 회동을 한 사유. (징계 자체는 이후 유야무야 됨.)
9	2022년 5월	윤석열 대통령 취임. 한동훈 법무부 장관 임명.
10	2022년 6월	한동훈, '최순실 태블릿' 조작 실무 검사들 전원 승진 발령.
11	2022년 10월	'최순실 태블릿'을 최서원(최순실)의 것이니 본인에게 돌려주라는 1심 판결에도 한동훈(법무부 장관)은 이에 불복하고 항소.
12	2022년 11월	검찰, 법원의 제출명령에도 '제2의 최순실 태블릿' 관련 수사자료 제출거부.
13	2022년 12월	미디어워치 언론사 사주 변희재는 법원을 통해 '제2의 최순실 태블릿'의 내부 사본 데이터 일체를 확보하여 한국사이버포렌식전문가협회(KCFPA)에 포렌식 감정을 의뢰하고, 이로써 윤석열과 한동훈의 특검 수사 제4팀이 이 기기를 조작했다는 사실을 증명. 변희재는 관련 문제를 해명하라는 공문을 한동훈(법무부 장관)에 발송했으나, 한동훈은 답변 거부.
14	2022년 12월	변희재가 '제2의 최순실 태블릿' 조작 문제와 관련 기자회견을 열고 공수처에 고발하였으나 역시 윤석열과 한동훈은 일체 대응하지 않음.

15	2023년 6월	변희재가 한동훈의 자택 앞에서 '제2의 최순실 태블릿' 조작 문제 자백을 요구하는 집회를 열었으나 한동훈은 일체 대응하지 않음. 이후 매달마다 집회 중.
16	2023년 6월	송영길 전 더불어민주당대표가 한동훈이 '제2의 최순실 태블릿' 조작 의혹이 제기되었음에도 불구하고 제대로 된 대응을 하지 않는다며 공식석상에서 문제제기를 하자 한동훈은 기자들 앞에서 "민주당대표까지 지낸 분이 저질괴담에 가담한다"고 대응.
17	2023년 7월	'제2의 최순실 태블릿'을 최서원(최순실)의 것이니 본인에게 돌려주라는 1심 판결에도 한동훈(법무부 장관)은 이에 불복하고 항소.
18	2023년 7월	변희재, 윤석열과 한동훈에게 '제2의 최순실 태블릿' 조작수사 문제와 관련 민사소송 제기. 윤석열과 한동훈 측이 이후 9월에 답변서 보내왔으나 태블릿이 자동으로 켜지고 꺼졌다는 황당무계한 답변.
19	2023년 7월	검찰, 변희재에 대한 재구속(보석 취소) 청구. 사유는 윤석열과 한동훈을 상대로 한 집회를 하면서 태블릿 조작 문제를 거론했다는 것.
20	2023년 9월	'최순실 태블릿'을 최서원(최순실)의 것이니 본인에게 돌려주라는 항소심 판결에도 한동훈(법무부 장관)은 이에 불복하고 상고.
21	2023년 11월	윤석열과 한동훈을 상대로 한 '제2의 최순실 태블릿' 조작수사 문제와 관련 민사소송 첫번째 변론기일(11월 9일)이 열렸음. 재판장은 윤석열 측(법무법인 율우)에게 '증거 보관 규칙 위반 문제', '태블릿 잠금패턴 파일 등에 대한 증거훼손 문제', '증거 보관 중에 태블릿 카메라에 찍힌 인물 사진 문제' 등, 앞서 변희재 측이 해명을 요구했던 사안에 답변을 할 것을 명령했음.

[부록D]

특검 수사 제4팀

윤석열과 한동훈의 '제2의 최순실 태블릿' 조작수사(조작내용)

1. 태블릿 개통 경위 조작

휴대폰 판매점 점주로부터 최서원(최순실)이 태블릿을 개통하러 왔다고 허위 진술을 받아냄.

2. 태블릿 입수 경위 조작

'제2의 최순실 태블릿'의 존재를 특검에 제보한 이는 장시호. 특검은 장시호로부터 최서원(최순실)의 아파트에서 이 태블릿을 찾아내 갖고 있었다는 허위 진술을 받아냄.

3. 태블릿 제출 경위 조작

'제2의 최순실 태블릿'을 특검에 제출한 장본인은 장시호(당시 구속 상태)가 아니라 장시호의 변호인으로, 장시호의 변호인은 2017년 1월 5일 오후 2시 특검에 제출 직전까지 태블릿이 계속 꺼져있었다고 증언했음. 하지만, 태블릿은 실제로는 전날밤부터 다음날 제출때까지 10여 시간 이상 계속 켜져 있었음이 최근 사이버포렌식전문가협회(KCFPA) 포렌식 감정을 통해 밝혀짐. (태블릿은 장시호의 진술과 달리 애초 특검이 다른 곳에서 압수해 보유하고 있던 기기일 가능성이 큼.)

4. 태블릿 실사용자 조작

'제2의 최순실 태블릿'에서 발견된 이메일은 모두 공용 이메일이거나 최서원의 비서 이메일이었음에도 이를 최서원의 것으로 단정. 태블릿 전화번호의 뒷자리 9233도 최서원의 비서가 써오던 핸드폰 전화번호의 뒷자리와 동일.

5. 태블릿 기기 자체 증거인멸

⑴ 2017년 1월 5일에 압수된 물품이 한달 후인 2월 2일에야 봉인. 그 사이에 전원이 15차례 on/off

⑵ 사용자 정보를 전체적으로 삭제했을 가능성의 리커버리 모드 진입

⑶ 조작 흔적 남기지 않는 전문 프로그래밍 도구 ADB도 20일 이상 동.

⑷ 장시호가 특검에 태블릿을 제출한 직후 시점에 L자 잠금패턴 최초 설정.

⑸ 실사용자를 판별하는 결정적 증거인 지문이 등록되어 있었으나 관련 시스템 파일은 없었음. 포렌식으로도 복구가 불가능하게끔 삭제 처리 정황.

⑹ 2017년 1월 25일 12시 58분경, 태블릿에서 증거훼손 관련 검찰 관계자 얼굴 사진 찍힘.

6. 태블릿 관련 최초 수사보고서 조작

'본문'과 '결론'이 따로 노는 '제2의 최순실 태블릿' 최초 수사보고서. 본문에선 최서원 비서가 이메일 닉네임을 등록했다고 해놓고, 결론은 이메일 닉네임으로 봤을때 최서원의 것이라는 결론내림.

* 윤석열과 한동훈에 대한 적용 범죄 죄목 : 공용물건손상죄, 모해증거인멸죄, 허위공문서작성죄, 직권남용권리행사방해죄, 모해위증교사죄 (궁극적으로는 '내란죄'를 구성할 것으로 보임.)

특검 보관기간 '제2의 최순실 태블릿'에 찍힌 특검 관계자의 사진(2017년 1월 25일).

2024년 2월 27일 초판 1쇄 발행

지은이 변희재
편　집 황의원
디자인 미디어워치

발행인 변희재
발행사 미디어워치

ISBN 979-11-92014-10-4

주　소 서울특별시 마포구 마포대로 4길 36, 2층
전　화 02-720-8828
팩　스 02-720-8838

이 메 일 mediasilkhj@gmail.com
홈페이지 www.mediawatch.kr

값 18,000원